ALFREDO
ALVAR EZQUERRA

Isabel la Católica

Una reina vencedora, una mujer derrotada

ALFREDO
ALVAR EZQUERRA

Isabel la Católica

Una reina vencedora, una mujer derrotada

Prólogo de
JOSEPH PÉREZ

temas'de hoy. HISTORIA SELECCIÓN

Colección: Historia Selección

Prólogo de Joseph Pérez, 2004

Paseo de Recoletos, 4. 28001 Madrid
www.temasdehoy.es
Diseño de colección: Tau
Ilustración de cubierta: *Isabel I la Católica*, anónimo del s. XV, Alcázar de Segovia, (Archivo AISA)
Primera edición en colección Historia: mayo de 2002
Primera edición en esta colección: enero de 2004
ISBN: 84-8460-317-2
Depósito legal: M. 52.377-2003
Compuesto en EFCA, S.A.
Impreso y encuadernado en Lável, S.A.
Printed in Spain-Impreso en España

ÍNDICE

A mi padre, cuya muerte ahogó
la voz de estas endechas.

MANUEL ALVAR,
Endechas judeo-españolas,
Granada, 1953.

A mi padre, cuya muerte ha
hecho de este libro mi planto
filial.

13 de agosto de 2001.

PRÓLOGO

Isabel I de Castilla ante la Historia

La reina Isabel I de Castilla sigue siendo una figura emblemática de la Historia de España. Por lo general, se presta más atención a la reina que a la mujer, lo cual es lógico, ya que, si Isabel ocupa un lugar de primer plano en los anales, es por el protagonismo que le tocó ejercer en la formación de la doble monarquía castellano-aragonesa y del Estado moderno, conformando un modelo político que recogerán y ampliarán los Austrias y que se mantendrá por lo menos hasta la extinción de aquella dinastía, a finales del siglo XVII.

Alfredo Alvar opta resueltamente por otra perspectiva. Le interesa ante todo la persona o, más exactamente, el proceso por el cual, en aquella época, se creaba una infanta y cómo, de repente, se pensaba en hacerla reina. Curiosamente, ésta es también la perspectiva de la Conferencia Episcopal Española, empeñada en promover la canonización de la reina Isabel. Según expuso, hace poco, su portavoz, Juan José Asenjo: «Aquí no entramos a valorar algunas de sus decisiones políticas como gobernante, sino la altura y la categoría religiosa y moral de Isabel la Católica, que es lo que da pie para la canonización.» [1] Ahora bien, es difícil separar de un modo tajante las dos facetas de Isabel: la persona privada y la que, de infanta, pasa a ser, primero, princesa heredera, luego reina «propietaria» de Castilla, según la terminología jurídica de la época. De ahí que Alfredo Alvar, a pesar de su intención de analizar preferentemente los comportamientos personales de Isabel de Trastámara, se vea, sin embargo, como es obvio, en la obligación de examinar también su tarea de gobierno para entender plenamente su vida. El autor considera a Isabel como una mujer llena de virtudes morales, pero también ambiciosa y dispuesta a hacerse con el poder supremo, aunque esto suponga humillar a su Juana, a esa que ha pasado a la Historia como la *Beltraneja*.[2] La demostración es rigurosa y confirma lo escrito anteriormente por varios historiadores del reinado: en Guisando Enrique IV no excluye a su hija por ilegítima [3]; sencillamente la excluye de la línea sucesoria por miedo a un sector de la aristocracia; en último término, Isabel debió la Corona de Castilla, no a sus derechos, sino a la fuerza de los que la apoyaban; ella le quitó pues el trono a la verdadera heredera, aunque luego, con el tiempo, después de su victoria en la guerra de sucesión, gobernó de tal manera que logró legitimar *a posteriori* su reinado, lo mismo que hiciera su nieto, Carlos V, que realizó un golpe de Estado para reinar junto con su madre —a la que siempre se consideró como reina legítima de Castilla— y que, tras una guerra civil, acabó siendo aceptado y legitimado. En ambos casos, si no hubieran salido bien las cosas, los protagonistas habrían sido acusados de ignominiosos usurpadores e incluso se les hubiera podido destronar.

La ambición política es la que explica las bodas de Isabel con Fernando, heredero de la Corona de Aragón, mera alianza política, que no historia de amor, por lo menos al principio. Mucho se ha discutido sobre este matrimonio y la dispensa papal que vino después, ya celebrada la boda. Alfredo Alvar propone una explicación convincente para aclarar las vacilaciones y la decisión final de la diplomacia vaticana: «El propio Juan II [rey de Aragón y padre de Fernando] aseveraba en cierta carta que el Papa le había prometido que tan pronto se celebrara el matrimonio, expediría la dispensa. Aunque a tal situación no suele darse crédito, a mí no me extraña: la situación es genial y diplomáticamente muy hábil. El Papa, si otorgaba la dispensa antes de la boda, se enfrentaría al rey de Castilla con el riesgo de que, además, no se celebrara el matrimonio porque se rompiera el compromiso por cualquier razón; sin embargo, si se casaban, aunque no fuera válido, era en serio y entonces sí que se otorgaba la dispensa y todo zanjado.»

¿Es legítimo estudiar separadamente a Isabel y a Fernando? En el caso del libro de Alfredo Alvar este propósito está plenamente justificado, ya que se trata fundamentalmente de examinar las condiciones en las que Isabel llegó al poder. Al estudiar el reinado desde un punto de vista más amplio, resultaría sumamente difícil señalar lo que corresponde a cada uno de los dos soberanos. Sólo se pueden apuntar algunas direcciones, no siempre rigurosamente documentadas. Como es natural, don Fernando dirige las operaciones bélicas durante la guerra de sucesión y la de Granada, pero doña Isabel casi siempre estuvo presente en la retaguardia en las principales batallas y encuentros. En todo lo demás, tratándose de los grandes acontecimientos como son el establecimiento de la Inquisición, la expulsión de los judíos, las negociaciones con Colón, la política indiana, la diplomacia, la instauración de un orden nuevo y una monarquía autoritaria..., es casi imposible determinar la parte de iniciativa que le cupo a cada uno de los Reyes y esto se debe a una intención deliberada. Tanto Isabel como Fernando habían meditado sobre lo que había ocurrido en los reinados anteriores, cuando el poder real se veía sometido a las presiones de partidos y facciones opuestas en detrimento del bien común y de la Corona. De ahí su determinación de actuar siempre de común acuerdo sin permitir que nadie pudiese dividirlos. Después de la subida al trono, esta determinación se hizo aún más fuerte hasta llegar a la consigna dada a los cronistas de no separar nunca al uno del otro. Hernando del Pulgar caracteriza la monarquía de los Reyes como «una voluntad que moraba en dos cuerpos». Por eso, en las monedas, los libros, los edificios públicos..., siempre están grabadas juntas las iniciales de sus nombres y el yugo y el haz de flechas, sus empresas respectivas.

La imagen y la memoria de Fernando e Isabel dominan los siglos XVI y XVII hasta convertirse en verdadero mito. Los mismos Reyes se cuidaron de crear en torno a su figura un nimbo de gloria que la posteridad recogió y amplió. Los cronistas y cortesanos de Fernando e Isabel, siempre dispuestos a censurar «los tiempos pasados», «el tiempo de las turbaciones», pintan todo el período anterior con tintas negras: guerra civil, bandolerismo, en una palabra: anarquía. Los Reyes Católicos restablecen el orden y la autoridad monárquica; España se convierte en una nación fuerte, dinámica y expansiva. Su llegada al trono significa un cambio de rumbo decisivo: algo nuevo empieza en España, escribe Diego de Valera a principios de 1476 (*Doctrinal de príncipes*). Para el profesor Pedro Ciruelo, en 1498, se trata nada menos que de una edad de oro (*Nunc igitur rediit aurea aetas*). En 1528, el italiano Baltasar Castiglione, en su famoso *Cortesano*, advierte que la influencia de la Reina sigue ejerciéndose: «Y así, bajo su nombre y con las maneras por ella ordenadas se gobiernan aún aquellos reinos; de modo que aunque su vida falte, vive su autoridad: como rueda que volteada con gran ímpetu largo rato, gira todavía mucho tiempo por sí misma, aunque nadie la voltee ya.»[4] En 1539, en las honras fúnebres para la emperatriz Isabel de Portugal, nieta de la reina Isabel, el sermón del obispo de Nicaragua suena a blasfemia: «Predicó en el propósito muy ruinmente, porque se metió en comparar abuela y nieta y dio muchas ventajas a la nieta en menoscabo de la abuela, insufrible comparación a los oídos deste reino.»[5] Y, en el siglo siguiente, el cronista Diego de Colmenares no duda en exaltar a la Reina como soberana fuera del común: «Sin competencia puede gloriarse [Segovia] de que con ella [la proclamación de Isabel] dio principio a la mayor monarquía que el mundo ha visto después de Adán, su universal señor.»[6]

Estos elogios a la sola reina Isabel son más bien excepcionales en la época. Por lo general, es don Fernando el que es presentado como el protagonista principal del reinado. Desde este punto de vista, hay que señalar el temprano juicio de Maquiavelo, en *El Príncipe* (1513): «Fernando de Aragón, actual rey de España, puede ser llamado príncipe nuevo, porque de rey débil que era ha venido a ser, en la fama y en la gloria, el primer rey de los cristianos.» En otra parte, Maquiavelo juzga al Rey Católico «más astuto y afortunado que sabio y prudente» y le atribuye «astucia y buena fortuna, más bien que saber y prudencia». Estas frases han dado origen al tópico de un Fernando maquiavélico y calculador contrapuesto a una Isabel que se movería siempre por motivos inspirados por la más alta rectitud moral. Nada en los textos y en los hechos permite corroborar tal contraposición. Lo cierto es que, hasta muy entrado el siglo XVII, don Fernando, más que doña Isabel, pasó por un modelo de soberano. De Felipe II refiere Gracián que se inclinaba reverentemente ante el retrato del Rey Católico, con el siguiente comentario: «A éste lo debemos todo.» Olivares proponía a Felipe IV que siguiera los pasos de don Fernando, «el rey de reyes».

Las cosas empiezan a evolucionar en el siglo XVIII. La exaltación de la Reina Isabel comienza con Ferreras (*Historia de España*, 1722) y Feijoo, continúa durante la Ilustración, que ve ya en la Reina una «heroína [...] especie española émula de Juana de Arco» y en Fernando al «técnico de la administración y de la política secularizadoras, o también de la milicia» (Ferrari). La biografía de la Reina por Diego Clemencín (publicada en 1821)[7] dio un paso más, al centrarse exclusivamente en Isabel. En el siglo XIX la historiografía liberal vio en Isabel y en Castilla la raíz de la unidad nacional, de la lucha contra los privilegios «feudales», mientras la figura de Fernando sufría con la creación de tópicos, generados por la historiografía de la *Renaixença* catalana, que veía en él un introductor del «centralismo», un elemento causante de la decadencia de Cataluña.[8]

Es difícil, sin embargo, oponer una Isabel fundamentalmente castellana y castellanista a un Fernando preocupado sobre todo por los intereses aragoneses. Lo que movía tanto a Fernando como a Isabel eran los intereses superiores de España, una España que, a mediados del siglo XV, comprendía tres reinos cristianos: Portugal, Castilla y Aragón. La unión de las tres Coronas sólo podía realizarse por vía de enlaces dinásticos y ello explica, primero, el matrimonio de los Reyes Católicos, luego el casamiento de infantas castellanas con príncipes portugueses con miras a una futura unión de toda la Península bajo una sola dinastía. Lo que lo complicaba todo eran los particularismos y recelos, frutos de la Historia, que dificultaban una inmediata y total unión entre los diversos territorios de la Península. Así se comprenden las precauciones jurídicas que se tomaron en el momento de celebrarse el matrimonio de los príncipes y luego las dificultades que surgieron al principio del reinado. El acuerdo de Cervera (1469) reservaba sólo a Isabel la condición de heredera de la Corona de Castilla. En Segovia, muerto Enrique IV (1474), Isabel se proclama «reina y propietaria» de Castilla; Fernando queda reducido a la humillante situación de rey consorte, y eso que él se consideraba, por ser varón, el sucesor más directo de Enrique IV. Hace falta mucha diplomacia para llegar a la sentencia arbitral de Segovia (enero de 1475) en la que se vuelven a reiterar los derechos de Isabel pero se conceden a Fernando amplios poderes que lo equiparan de hecho con su esposa. Pero Fernando no pierde de vista la meta: la unión definitiva de las dos Coronas de Castilla y Aragón. Al redactar su primer testamento, en mayo de 1475, en vísperas de la guerra con Portugal, Fernando instituye a la infanta Isabel, entonces hija única del matrimonio, como su heredera, incluso para Aragón, donde convendría suprimir la cláusula que excluye a las mujeres de la sucesión al trono. Estas disposiciones se toman «por el gran provecho que de los dichos reinos resulta y se sigue de ser así unidos con éstos de Castilla y León, que sea un príncipe rey y señor y gobernador de todos ellos». Cuando nace el príncipe don Juan, en 1478, Juan II sugiere que se le reconozca como heredero de Castilla pero con la condición de que la Corona le llegara únicamente después de la muerte, no sólo de Isabel, sino también de Fernando, consejo que Azcona interpreta como un eco de la mentalidad de quienes veían en Fernando, no un rey consorte, sino el «copropietario» de Castilla, mentalidad que choca con un antiaragonesismo bastante arraigado en Castilla, todavía notable en torno al cardenal Cisneros, en los años en los que éste se hace cargo de la regencia, en 1516-1517.

La decisión de don Fernando de volverse a casar después de la muerte de Isabel parece contradecir la voluntad de llegar a una fusión de las dos Coronas. De haber sobrevivido, el hijo que nace en 1509 de la unión de Fernando el Católico con Germana de Foix hubiera puesto en peligro este objetivo. La situación sólo se explica por los recelos que le inspiran a don Fernando los acontecimientos de Castilla después de la muerte de Isabel: Felipe el Hermoso pretende reinar en nombre de su esposa, Juana la Loca, y encuentra numerosos partidarios en Castilla; a Fernando lo echan del reino que había gobernado durante treinta años. La desaparición de Felipe le permite tomar otra vez las riendas del poder, pero no le hace ninguna gracia la perspectiva de tener como sucesor a su nieto Carlos de Gante, educado en Flandes, rodeado de una corte de extranjeros y de castellanos que aspiraban a restituir a la nobleza la influencia política que había tenido antes de 1474. Estas inquietudes permiten entender, primero, el matrimonio con Germana de Foix, luego el proyecto, pronto abandonado, de desheredar a Carlos en beneficio de su otro nieto, el infante Fernando, que vivía y se educaba en España. Más que a sentimientos anticastellanos, hay que achacar estos proyectos y estas vacilaciones al temor de ver la obra de todo un reinado arruinada por la llegada de una dinastía extranjera y en esto también se mostró fiel don Fernando a las grandes orientaciones definidas en estrecha conformidad con doña Isabel, ya que si don Fernando aceptó finalmente las cláusulas matrimoniales de 1469 y la proclamación de Segovia de 1474 que reservaban a la sola Isabel el título de reina y propietaria de Castilla era precisamente para evitar que las vicisitudes de una sucesión futura hicieran recaer un día la Corona en cabeza extranjera, al casarse la heredera del reino con un príncipe de otra nación. ¿Quién hubiera augurado entonces que la nueva dinastía iba a conservar casi íntegramente el ordenamiento político formado entre 1469 y 1504? El libro de Alfredo Alvar permite entender esta trayectoria al analizar la paulatina transformación de una infanta en soberana ambiciosa e inteligente.

JOSEPH PÉREZ

Notas

[1] *El País*, 2 de marzo de 2002.

[2] «Isabel [...] considera absolutamente a Juana de Castilla hija adulterina.»

[3] Como escribió Galíndez :«[Enrique IV] jamás la denegó de hija, antes en público y en secreto siempre afirmó ser hija suya y por tal la había».

[4] MENÉNDEZ PIDAL, Ramón, «Los Reyes Católicos», en *Archivum* (Oviedo), I, 1951, pág. 26-27.

[5] GIRÓN, Pedro, *Crónica del emperador Carlos V.* Ed. Juan Sánchez Montes. Madrid, C.S.I.C., 1964.

[6] COLMENARES, Diego de, *Historia de la insigne ciudad de Segovia y compendio de las historias de Castilla.* Nueva edición anotada. Segovia, Academia de Historia y Arte de San Quirce, 1970, t. II, pág. 106.

[7] CLEMENCÍN, Diego, *Elogio de la Reina Católica Doña Isabel.* Madrid (Memorias de la Real Academia de la Historia, VI), 1821.

[8] LADERO QUESADA, M. A., *La España de los Reyes Católicos.* Alianza Editorial, Madrid, 1999, p. 141.

INTRODUCCIÓN

Este libro que tienes entre manos, lector amigo, trata sobre un personaje de excepcional importancia en nuestro pasado que no debe dejar a nadie frío. De hecho, no lo hace. Isabel de Trastámara, más conocida como Isabel la Católica, fue una mujer llena de virtudes morales, pero a la vez tremendamente ambiciosa, que promovió el establecimiento de la Inquisición en España y a la que se ha propuesto para ser beatificada.

¿Qué encierra su personalidad para suscitar sentimientos enfrentados? Evidentemente, importancia. La toma de gravísimas decisiones. Su consideración como *mujer de Estado*. La vida política de Isabel la Católica está llena de hechos trascendentales, loables unos, oscuros otros, porque fue una reina que *gobernó*, no una figura decorativa. Como a muchos de sus contemporáneos, a mí también me da la impresión, a veces, de que fue una mujer con un corazón viril para los cánones culturales del momento. Su energía vital, su capacidad política o su vasta formación cultural no eran propias de una fémina, nos dicen.

Las biografías de Isabel escritas por Suárez Fernández y Tarsicio de Azcona enriquecen, sin duda, el panorama historiográfico español. Pero, en ocasiones, hablan más de la reina que de la mujer. Es lógico, pero a mí me ha interesado, fundamentalmente, adentrarme en espacios más privados, estudiar cómo se *creaba* a una infanta en los albores del Renacimiento, qué educación recibía, cuál era su mentalidad. Isabel se creyó, sinceramente, puesta por Dios en la tierra para ejercer su labor y, por ende, hacia el bien servirle encaminó todos sus esfuerzos y saberes. Ella era consciente de que sería juzgada en el Juicio Final y que no podía llegar con las manos vacías. Su vida es, pues, una vida con argumento y guión.

La primera parte del libro se centra en su actuación política. Analizo los medios, harto turbios, por los que llegó al poder y cómo logró legitimarse en el trono. Sólo unas páginas de síntesis para varios temas que tienen hoy por hoy en Suárez Fernández, Ladero Quesada, Joseph Pérez, Domínguez Ortiz, Valdeón Baruque, Martín González, Nieto Soria, Juan M. Carretero y tantos más, exquisitos cultivadores.

La segunda está dedicada esencialmente a Isabel, la persona. Esbozo cómo eran las relaciones con su familia: ofrezco una descripción de las negociaciones hechas con su cuerpo y su herencia, esto es, bodas pactadas desde que es niña, hasta el matrimonio político con Fernando, más adelante consolidado sobre la base del respeto recíproco (aunque con más interés por parte de la Reina) y que se bendijo irregularmente. Trato, igualmente, las relaciones con el marido y sobre todo esa apasionante y desoladora vida que tuvo con sus hijos. Los últimos años de su existencia fueron un verdadero calvario que, probablemente, la sumió en una serie de profundísimas depresiones que le quitaron las ganas de vivir, ni siquiera para servir a Dios. ¿Puede una depresión generar un cáncer?

En la tercera parte desarrollo las bases de lo que fue su aprendizaje cortesano y dedico especial atención a cómo fue un producto pedagógico de un fraile tardomedieval que le habló en su infancia de castidades y virginidades; de la costilla de Adán y de las dependencias de género; de virtudes y vicios. Anoto quiénes fueron los otros confesores en su vida y cómo la hicieron limosnera y caritativa; pero también cómo introdujo con todo vigor nuevas corrientes culturales en España que perdurarán en la época de los Austrias, como el mecenazgo regio. Hablo, pues, de sus gustos y de sus inquietudes. No fue una reina pasiva en el fomento de la cultura, sino que tenía interés personal en aprender, difundir, o desarrollar el arte ideológico o el mecenazgo regio.

He querido dedicar especial atención a lo que significa 1504, la fecha de su muerte. En la cuarta parte comento el testamento y la ejecución de sus mandas, así como hago un análisis de sus bienes al morir.

Esta Reina singular no murió en ese momento, porque su fama era tal que sobrepasó el umbral de su propio existir. En efecto, aunque hubo durísimas críticas contra ella y más aún contra su esposo, de lo que recojo un par de ejemplos, me centro en el proceso de beatificación. Creo que es la primera vez que un laico hace una exégesis sobre el mismo a más de veinte años de haberse puesto en marcha.

Por otro lado, este texto se fue acabando en medio de la pena. De la pena que me producía ver cómo se apagaba la inmensa y magistral vida de mi padre con quien me habría encantado discutir más de un capítulo. El mismo día que fui con mi hija Silvia a ver el sepulcro del príncipe don Juan a Ávila (13 de agosto de 2001), al tiempo que la mesa de mi despacho estaba cubierta por sus escritos sobre las endechas sefardíes que lloraban al hijo de los Reyes, su vida terrenal concluyó. Y la verdad, se echa de menos al maestro, al sabio y su experiencia.

No es poco, pues, el sentimiento echado para poder acabar esta obra, que empezó a ser escrita con su satisfacción. Aún conservo algunas correcciones y observaciones que me hizo a los primeros capítulos.

Es natural que se lo haya dedicado.

Nací en Granada y allí pasé los primeros nueve años de mi vida. Veraneábamos en Huéscar o Málaga, hasta que los estudios en el extranjero y otras cosas de la vida cambiaron aquellas rutinas. Cada 2 de enero, esté donde esté, recuerdo que es la gran fiesta de mi ciudad natal. Desde pequeño oía cosas de Isabel y Fernando; pero también de los sefardíes —no había primera semana de enero en que no comiéramos en Málaga en un modesto restaurante sefardí—; oía hablar de romanceros, de maurofilias y maurofobias; de las señales tan grandes que hubo el día que nació Abenámar, el moro de la morería, de la leyenda de la Puerta de la Justicia, de la grandiosidad de la Alhambra y del Palacio de Carlos V; me acostumbré a vivir —y cuánto los echo de menos después— con los olores del ciprés en verano, los arrayanes y las biznagas, con el alegre chisporreteo del agua por todas partes y la visión del ladrillo o el mármol dando geométrica forma a fuentes y palacios. Los recuerdos de mi infancia (¿sólo?) están, pues, todos ligados al reino de Granada. No olvido paseos y visitas con mis padres a la Alcaicería, a la catedral cristiana o a la cripta de la Capilla Real en donde me contaban cosas que yo entonces no entendía, pero que supongo que escucharía con disimulado desinterés, explicaciones de rejerías, mausoleos y arquitectos, de modelos similares en Guadix, Huéscar y Málaga; de aquel pequeño féretro al lado de los otros cuatro mayores.

Poco antes de dar por cerradas estas páginas he vuelto, ahora con mi hija Silvia, para contarle la misma y necesaria historia. Mientras escribía algunas de estas líneas (poco antes de dejar todo apresuradamente), al pie de Gibralfaro, veía erguirse la impar torre de la catedral sobre la remodelada Alcazaba y volvían a aparecer por encima de las tejas las copas de los cipreses, los árboles de la bienvenida. Y enfrente, el mar, ese mar nuestro, el que está en medio de las tierras, entre las tierras del África musulmana y la Europa cristiana. Ese mar que en 1492 volvió a ser frontera.

¿Y el párrafo de los agradecimientos? Dejadme ser escueto y comprended los que no aparecéis aquí que quiera poner sólo unos nombres a los que reconozco el esfuerzo hecho para que este libro se acabara: Ana Gavín, Beatriz Nogueras, Isabel Prieto, Rudy de la Fuente y el resto del equipo de la editorial Temas de Hoy han confiado en mí de manera indudablemente exagerada: espero no defraudarles.

Mas mención aparte merecéis vosotros tres, ¡qué geniales sois!: Elena Ezquerra que me diste apellido y *linaje*, y Jorge y Silvia a los que os los transmití.

Madrid-Málaga-Duruelo, 2 de enero de 2002.

PRIMERA PARTE

¿Reina usurpadora?, Reina legitimada

La turbia ascensión al poder

En una clausura lisboeta, una anciana triste acaba de morir. Podríamos llamarla Olvido. Pero en realidad se llamó Juana... Ha firmado como «Yo, la Reina» hasta el último instante y su lema ha sido, junto a las armas de León y Castilla, «Memoria de mi derecho».

Su vida ha sido infortunada. Infortunada por el padre que tuvo, indigno de tal nombre. Infortunada por las ambiciones de su tía, Isabel de Trastámara, que doblegaron las suyas sin piedad. Infortunada porque unos indecorosos nobles que querían una monarquía débil la usaron como razón o como pretexto para alimentar sus intereses. Infortunada, en fin, por su destino tristísimo: pudo ser reina y ha pasado al conocimiento histórico popular sólo por un despectivo mote que habla de su indemostrable bastardía: la *Beltraneja*.

¿Quién eres, Juana? Permíteme que intente fijar por escrito algunos de mis pensamientos sobre ti y sobre la vida que te tocó llevar a cuestas, sobre esa existencia ensombrecida, inevitablemente, por la fuerza y la vitalidad de Isabel, la mujer que te usurpó tu lugar en la Historia.

Para ello habrá que remontarse a varios años antes de tu nacimiento, al momento en que Enrique IV de Trastámara —el abúlico; el «impotente», según tantos de sus contemporáneos; aquel pobre hombre cuyo drama, quizá, fue ser homosexual en una época en que no existía nada tan deshonroso como ser «reo» del *vicio nefando*— subió al trono de Castilla...

Un monarca «sospechoso»

El reinado de Enrique IV de Trastámara se inicia en 1454, en medio de una gran inestabilidad política y social. Un año antes, el 3 de junio de 1453, ha muerto ajusticiado don Álvaro de Luna, el omnipotente privado del anterior monarca, Juan II. Una parte de la nobleza mira con suspicacia al nuevo soberano. No se le considera un personaje en cierto modo «echado a perder», como lo fuera Juan II, sino algo peor: parece ser que al joven rey no le apetece gobernar, se dice que anda más que carente de fuerzas, físicas y morales. Su sexualidad ya es objeto de malévolos rumores. No es muy difícil entender a qué se refería el cronista Galíndez cuando escribió al respecto, años después: «[El Rey] cerca de sí tenía hombres que seguían sus costumbres.» Su matrimonio con Blanca de Navarra (1440) acaba de ser disuelto por no haberse consumado y permanecer ella aún virgen[1], «virgen incorrupta como avía nascido», tras trece años de convivencia. Enrique no ha sido explorado, aunque eso sí, se han recogido testimonios de mujeres de Segovia que atestiguan su virilidad. Las mujeres eran prostitutas, en el decir de Suárez, por lo que la nulidad papal se ha construido sobre una «base frágil». Según el testamento de Juan II, en caso de que el nuevo rey muriera sin descendencia —fenómeno para el que, según parece, no tiene tesón suficiente— los legítimos herederos al trono serían sus hermanastros, los dos hijos del segundo matrimonio de Juan II: Alfonso e Isabel, por este orden.

Una nobleza levantisca, un conflicto sucesorio en ciernes, y un rey abúlico, sobre el que corren todos los rumores... ¿Hacen falta más piezas para que se empiece a construir el desastre?

Con todo, los inicios del reinado son esperanzadores. Sin embargo, conforme pasa el tiempo, el proceso de descomposición se hace evidente. «No siempre combatieron los nobles contra el Rey; en aquel caos [...] surgían colisiones entre los de igual clase [...]. No era sólo la nobleza. También el clero saltó a la palestra [...]. Ni el pueblo dejaba de participar en tales banderías.»[2]

Tradicionalmente, se ha señalado a Enrique IV como causante único o principal de esa situación. Sin embargo, si los historiadores que han escrito sobre aquel reinado miraran hacia finales del XVII podrían encontrar otro ejemplo de rey incapaz, mucho más incapaz, pero que no ha de sufrir semejantes vejaciones (me refiero, claro está, a Carlos II). La ruptura social, aquellos desórdenes de finales del XV tienen en la aristocracia castellana su principal responsable. Si ella quiere aceptar a un rey inútil o a un rey usurpador, crea una Historia apologética y las sombras del primer momento se disipan en el horizonte. Los Austrias fueron aceptados. Por eso no hubo ningún improperio contra la afición a tener hijos bastardos de Carlos V. Por eso hubo tan pocas cosas —y casi siempre justificaciones— sobre la muerte del príncipe don Carlos, o sobre el escabroso asunto de Antonio Pérez; por eso, nada, casi nada, sobre la dejación de funciones de Felipe III en Lerma, cuya firma equiparó con la propia, o sobre Felipe IV, aquel rey que se carteaba con una monja para resolver asuntos de Estado... A ninguno de estos monarcas les ha salpicado tanta ignominia como a Enrique IV. Como mucho, han caído en el olvido muchas cosas; olvido debido a diferentes circunstancias o estrategias, a diferentes avatares de la Historia.

Si la aristocracia, las elites del poder, hubieran aceptado a Enrique IV, Juana la Beltraneja habría sido hija suya. Sin duda. Y si hubiera habido alguna duda, habría intervenido la divina Providencia para obrar algún milagro, alguna pasajera mejoría. Pero no fue así y a aquella mujer no le quedó más remedio que soportar por siempre el insulto.

En la corte de Enrique IV pululan nobles antiguos y nobles nuevos, de los recompensados por el monarca o por su abuelo o por su padre. La situación social y económica de aquellos años finales del XV, en que se vive en franca expansión, es como un embudo: la aristocracia, la nobleza media, algunos servidores regios, pugnan por acaparar todas las mercedes, todos los beneficios. Hay oportunidades económicas, pero no para todos; por eso saltan las tensiones y cuando no hay revoluciones, hay intrigas y violencia. (Las revoluciones, dicho sea de paso, ni las protagonizan siempre los más pobres ni estallan siempre en los momentos de crisis económica.)

Durante el siglo XVI, por ejemplo, para satisfacer a los necesitados de satisfacción, la monarquía les da permisos para ir a América (desde 1492), para campear en África (desde 1503) o para mostrar sus habilidades en la guerra contra los protestantes en Centroeuropa.

Pero en 1470, en Castilla, ¿qué hacer con las ambiciones personales?; ¿cómo calmarlas? Por las vías habituales: o luchando en las fronteras contra el moro, conquistando su espacio —*reconquistando* el suelo que le es suyo desde setecientos años atrás— o luchando entre cristianos, en palacio.

Es en medio de esta situación, ni mejor ni peor, ni más moral ni menos moral que otras, en la que, ante la incapacidad de canalizar las energías nobiliarias, se destapa el arca de los siete males. Los personajes que «protagonizarán» el momento, como Miguel Lucas de Iranzo o don Beltrán de la Cueva, no serán más que la encarnación en seres humanos de coyunturas históricas. Dejemos a un lado, pues, aquellas lapidarias afirmaciones de Menéndez Pelayo o de Torres Fontes: «Este desconcierto no logró apagar el impulso eterno de la raza.»[3] ¿De qué *raza*?

El magma de la inestabilidad política es fruto de un sinfín de tensiones. Como nadie está satisfecho ni seguro en su lugar, la fidelidad y, por supuesto, la lealtad, son tan frágiles como la vida. Por otro lado, el Rey no parece capaz de poner orden en aquella casa. Él tiene cierta responsabilidad en ello. Pero ¿cómo poner orden en un mundo tan poderoso y de tan gran fragmentación? ¿Con mano dura? ¿Con la mano dura que le sajó el cuello a don Álvaro de Luna, a pesar del respeto que sentía por su monarca? El mundo palatino no hubiera podido vivir en paz ni con un rey fuerte, ni con un rey sin voluntad. Sólo la habilidad política (del Rey, de sus consejeros) de unir a unos contra otros podría ordenar tan maltratado panorama. Pero el Rey no va a tener esa habilidad y sus consejeros tampoco.

«Don Enrique, blando, tímido, abúlico, misántropo, dispuesto de continuo a transigir...»[4] Aquel hombre, pusilánime y cobarde en momentos clave, que con el argumento de que quería evitar derramamientos de sangre no ejerció la autoridad que le era reconocida, fue abandonando su espacio político y las garantías a él aparejadas en manos de desaprensivos. «Tuvo también la enorme desgracia de que la mayor parte de los Grandes de su tiempo fueran levantiscos, ambiciosos y traidores.»[5] El Rey, acaso por calmar banderías, quiso complacer a todos, o como dice el cronista Galíndez de Carvajal: «Era la corte del Rey muy ennoblecida de muchas gentes que de todas partes venían a ella, no sólo los señores de gran estado, mas los de menor condición.»[6] A la par, Galíndez de Carvajal titula uno de los capítulos de su *Crónica* «Cómo el Rey fue a la ciudad de Sevilla por la poner en paz, que estaba revuelta a causa de las diferencias que había entre los dos arzobispos don Alonso de Fonseca, tío y sobrino». Así andaban las cosas de revueltas en el reino, entre grupos sociales, entre clanes familiares. En otra crónica se lee: «Cómo el Rey estaba sospechoso del desagrado que sabía que todos los más de sus reinos tenían de la forma de su gobernación...»[7]

Detengámonos a contemplar tan penoso espectáculo.[8]

Los orígenes del drama

Navidad de 1406. Muere el rey Enrique III. El trono pasa a un crío que aún no ha cumplido los dos años de edad y al que llaman, desde entonces, Juan II, rey de Castilla. Morirá a su vez en 1454 y le sucederá otro Enrique, el cuarto de ese nombre.

La regencia sobre Juan II la constituyen la madre, Catalina de Lancaster, y el tío, Fernando de Antequera, rey de Aragón. Es el hijo segundo de los Trastámaras de Castilla y tendrá, a su vez, siete hijos, los infantes de Aragón; sólo algunos de éstos heredarán reinos, pero todos tendrán ganas de poseerlos. La habilidad política de Fernando de Antequera durante la regencia, encendiendo la guerra contra Granada, pacificando las relaciones de Castilla con el papa Luna, sólo concluye en 1416: al morir.

A Juan II se le casa en 1418 con María de Aragón en Medina del Campo. El resto del reinado es conocido: poco a poco don Álvaro de Luna va cercando al Rey; los infantes de Aragón —rey de Navarra el uno, rey de Aragón el otro— aspiran a inmiscuirse en los espacios castellanos e incluso invaden parte de sus tierras; la nobleza exige más y más; el valido tantea el acercamiento a Portugal...

En 1445, a causa de la guerra con Navarra y Aragón, Juan II envía un embajador al rey de Portugal solicitando su ayuda. El ejército portugués entra en Castilla y, sin sangre apenas, resuelve la situación y vuelve allende la raya. Se calculan los gastos del auxilio y se llega a una conclusión: Castilla no puede pagar más de dos mil soldados; para pagar el resto de la deuda, se ofrece la mano del rey Juan II a la hija mayor del rey portugués, Isabel. Se anuncian, pues, segundas nupcias. Tienen lugar en Madrigal en 1447 y a raíz de la hermosura de la reina portuguesa corren coplas y alabanzas por Castilla, como aquéllas del marqués de Santillana en que muestra su convencimiento de que Dios la hizo tan perfecta como si Giotto la hubiera retratado.

Mas con esta Isabel entra en el trono de Castilla la semilla enfermiza de la locura: ella lo está; lo estarán esporádicamente su hija Isabel y su nieta Juana; el emperador Carlos tendrá reacciones extrañas, como su hijo Felipe y ¡cómo no!, el desdichado por antonomasia, don Carlos... y no seguimos porque ya se van uniendo los problemas psíquicos con los de la consanguinidad.

Juan II, su testamento y los infantes

Aunque la fecha y el lugar concretos del nacimiento de Isabel de Castilla han sido objeto de duda (en tan poca importancia se la tenía, pues se la vería como una infanta más, que nadie se preocupó por anotar con exactitud qué día nació), todo el mundo da ya por sentado que fue el 22 de abril de 1451 en Madrigal de las Altas Torres, en sus «Palacios Reales» tal y como su padre explica en carta fechada en Segovia el 26 de abril y dirigida a varias localidades de sus reinos:

«Fago vos saber que, por la gracia de Nuestro Señor, este jueves próximo pasado, la Reyna doña Ysabel, mi muy cara y muy amada muger, encaesció de una Ynfante.»[9]

Aunque es verdad que no existe constatación documental sobre el sitio exacto, otros indicios indirectos parecen no desmentir la fama de que nació en Madrigal. Al menos ya a mediados del reinado de Carlos V, siguiendo los escritos del médico de los Reyes Católicos, se redactó un *Cronicón de Valladolid* en el que se recogen la fecha y el año que nos han legado las tradiciones. La otra fecha en litigio, la del 23 de abril, se debe a que un par de cronistas del reinado (Alonso de Palencia y Galíndez de Carvajal) la citan como data del acontecimiento. Esos «palacios» de los que hablábamos antes fueron descritos a principios del siglo XX por Gómez Moreno y hoy no queda rastro de ellos.[10]

También pudieron ser el 17 de diciembre de 1453 y Madrigal la fecha y el lugar de nacimiento de Alfonso, el hermano pequeño de Isabel.

En cualquier caso, en 1454 muere el Rey y le sucede Enrique IV, cuyo matrimonio con Blanca II de Navarra (1440), como hemos visto, acababa de ser disuelto. Tras la sentencia de nulidad del matrimonio y la separación absoluta de los cónyuges, Blanca se volvió a Navarra, aspiró legítimamente al trono y, sin volverse a casar, murió envenenada por la facción opuesta a su proclamación como reina de Navarra.

Mas volvamos a Castilla. En el testamento Juan II dejaba ordenada su sucesión[11] de la siguiente forma: Enrique, primero; si éste no tenía descendientes legítimos, Alfonso, aunque era más joven que Isabel; en tercer lugar, los herederos de Alfonso. Isabel, por lo tanto, era la cuarta en la línea sucesoria.

El segundo bloque de disposiciones testamentarias hace alusión a la situación en que deben quedar Alfonso e Isabel. Sobre éste recaería el maestrazgo de Santiago, es decir, el señorío de la Orden y el usufructo de las enormes rentas aparejadas. (Más adelante, cuando Enrique IV lo cedió a don Beltrán de la Cueva, saltaron chispas por todas partes. Aunque es verdad que «Enrique se cuidó poco de cumplir las mandas recibidas»[12], en justicia parece ser que Juan II sólo podía hacer esa cesión durante siete años y no de por vida.) Otro de los beneficios para don Alfonso era el de ser condestable de Castilla y señor de Huete, Escalona, Maqueda, Portillo y Sepúlveda; cuando muriera su madre, heredaría Soria y Arévalo.

Isabel quedaba como señora de Cuéllar y, al morir la madre, lo sería de Madrigal hasta que se casase y cobrase la dote que el marido pusiese a su disposición. Mientras permaneciese soltera recibiría una renta anual de un millón de maravedíes —que Enrique tampoco hizo efectiva—, de la que se restaría lo que produjeran las rentas de sus villas.

Los dos hermanos quedaban sujetos a un consejo de regencia presidido por la madre y asistido por hombres de rigor; si la Reina se volviera a casar o no fuera casta, perdería su papel en este consejo. La Reina, muerto el Rey, cayó en una grave depresión de la que no volvió a salir. Fue ella la que eligió recluirse en su villa de Madrigal. La educación de los infantes era cosa del consejo de regencia. Todo parecía indicar que Alfonso de Castilla iba a suceder a Enrique, salvo que este último volviera a casarse y lograra tener descendencia, algo para lo que nadie le consideraba lo que se dice muy dotado.

Sin embargo, la primera obligación de un monarca es reproducirse. Hay que celebrar esas segundas nupcias. La corte portuguesa ya había ofrecido, en vida de Juan II, una princesa ciertamente hermosa, Juana, pero sin dote, tal vez porque para qué darle nada si Enrique no va a conseguir embarazarla y la Corona pasará a Alfonso en cuanto muera el impotente. Superioridad y recelo definen, en palabras de Azcona[13], la actitud negociadora del reino vecino. Pero la muerte de Juan II ha hecho que los papeles se modifiquen: quien quiere casarse ahora con una princesa portuguesa es el monarca, no el príncipe heredero. En 1455 se firman las segundas y definitivas capitulaciones, por las cuales se acepta de nuevo que no vaya dotada la novia y que de las rentas de Ciudad Real se le den 20.000 florines de oro en concepto de arras, tanto si tiene hijos como si no los tiene. (¡La esterilidad —confundida tantas veces con impotencia— del Rey por doquier!) Aquellas segundas capitulaciones fijaban la procedencia de las rentas que percibiría la Reina para mantenerse y mantener su Casa y dan la impresión de tratarse de un documento asegurador de una situación de riesgo.

En mayo de 1455 se celebró la boda en Córdoba. Actualmente, los investigadores que se han dedicado al tema debaten sobre dos puntos: si el matrimonio fue canónicamente válido y si el Rey era estéril, lo que se desvía del problema real: el que la situación política se concentrase en ese «mito».

Juana y Enrique eran primos carnales y ya desde la Contratación de Guisando se alude a que no había llegado la dispensa pontificia para poderse casar. Pero, por otro lado, ¿quién garantiza que un documento de tal porte no haya sido alterado en el ambiente de una guerra civil? No vamos a entrar en más detalles: Luis Suárez da por nulo el matrimonio al no existir dispensa, mientras que Azcona disiente de esa opinión «por entero y absoluto»[14] entre otras cosas porque no en uno, sino en todos los documentos y de lo más dispar manejados por él nunca «se lanza la más mínima duda sobre el matrimonio del Rey»[15]. La trascendencia de la validez o no del matrimonio repercutirá directamente en la legitimidad (bastardía) o no de la futura hija de ese matrimonio, Juana de Castilla. Azcona concluye: «Es una patraña la ilegitimidad de Juana por ser hija de una unión concubinaria.»[16]

La maldad en el hablar, convertida en causa política, venía de tiempo atrás. Enrique IV tampoco parece atender mucho a su nueva esposa. Los rumores acerca de su virilidad han vuelto a arreciar. Él reacciona y enamora a doña Guiomar (1459), «agraciada y de hermoso parecer»[17]. Ella, claro, se deja querer porque las mercedes reales no son desdeñables: ¿quién le ha dado alguna vez calabazas a un rey? El arzobispo Fonseca, el de la mitra sevillana, se desvive por complacer a la pública y reconocida amante del Rey. El exhibicionismo regio se salda con la pérdida de nervios de la Reina que, en cierta ocasión, abofetea a la amante: «Tenía tan grandes celos cuantos se debía tener. [...] Viéndola díjole muy feas palabras y tomándola de los cabellos le dio muchos golpes con un chapín en la cabeza y espaldas.»[18] El Rey saca a su amante de palacio y le pone «casa y aparato de dueñas [...] y muchas veces el Rey se dejaba a la Reina e iba a estar con ella y a verse agasajado»[19].

Esta situación duró hasta que la Reina parió una niña a la que Enrique IV no dudó en reconocer como hija suya. Demasiado tarde. En la vida de los monarcas ya hacía tiempo que había hecho su aparición un equívoco personaje...

Don Beltrán entra en escena

En 1456, en Úbeda, Enrique IV se ha alojado en la casa de los de la Cueva. Ellos le suplican que tome por servidor a uno de sus hijos, Beltrán. El Rey accede. Los dibujos de corte de este favorito son conspicuos en ocasiones, pero también lo son diáfanos: usaba la voluntad del Rey (tal vez no sólo eso) y las arcas regias para dar mercedes a sus deudos.

Tan pronto como se vio robustecido por los favores del Rey, Beltrán de la Cueva «determinó de buscar parentela con quien se pudiese abrazar y tener mayor parte de valedores cuando fuese menester». (No conviene olvidar que en aquella sociedad el matrimonio era un negocio, no sólo económico, sino político.) Buscó el abrigo de la hija menor del marqués de Santillana, «que estaba doncella»[20].

Cabe preguntarse por qué un ser de tan escasos méritos ascendió tan deprisa. Tal vez porque éstos no fueran tan escasos: complacía al Rey que, en esos momentos de inestabilidad política, no era poco. A la hora de explicar su ascensión autores como Alonso de Palencia o el condestable Lucas de Iranzo no se han ahorrado invectivas. Más recientemente, Marañón lo calificó de: «Señorito jactancioso y lleno de vanidad [...] ser insignificante de torpe ética, al que únicamente ha dado relieve histórico su calidad de favorito.» Galíndez de Carvajal, sin embargo, lo alaba diciendo de él que tenía «respetos de gran señor y corazón para ello...»[21].

En 1457 empieza a recibir dádivas. Es nombrado mayordomo de la Casa del Rey, es decir, el encargado del buen gobierno y despacho de los asuntos domésticos: el que se ha de preocupar por la persona regia. También se le concedió el señorío de la villa de Jimena y una parte de la recaudación de la Bula de Cruzada, que era la contribución económica que la Iglesia le daba al rey de Castilla para sufragarle parte de los gastos ocasionados por la lucha contra los musulmanes. En 1461 se le nombra consejero real y a finales del año, señor de Colmenar de Arenas, cuyo topónimo pasa a ser *Mon-beltrán.* En ese otoño también es agasajado con la cesión de una serie de lugares que habían pertenecido a don Álvaro de Luna y a lo largo del invierno siguieron aumentando los obsequios. Más adelante consiguió el título de duque de Alburquerque.

El otro ayuntamiento de la Reina

Un anónimo asevera que en esas fechas (1461) «ya se sospechaba por consentimiento del Rey hubiese [don Beltrán] con ella [la Reina] ayuntamiento»[22]: cuando un historiador recurre a habladurías, dimes y diretes, no es malo desconfiar de él o plantearse por qué tal toma de partido.

La insidiosa afirmación de antes no está hecha sin interés: la Reina ha quedado embarazada en Aranda de Duero (1461). La Corona puede pasar, por línea directa al fruto de la Reina. De un plumazo, el infante Alfonso queda «descoronado»... y, con él, la nobleza que pretendiera obtener beneficios apoyándole, porque no lo olvidemos, el infante tiene entonces nueve años.

Entre 1460 y 1461, los Grandes hacen *ayuntamiento* y piden al Rey que reconozca por heredero a don Alfonso.[23] Al fin se les pone en orden: «Vista la gobernación del reino y administración de la justicia que andaba en tanta orden, con mucho sosiego, sin turbación de cosa ninguna, el Rey [...] acordó de enviar por la Reina que viniese a parir allí, a Madrid.»[24]

La Reina llega a Madrid, donde está la corte trashumante y a Madrid se lleva, también, a Isabel y a Alfonso, para que estén cerca del Rey. De la Reina —mejor dicho: de su embarazo— se espera mucho, pero sus enemigos ya se están encargando de vituperarla: «Si ella así se quisiera conservar con honestidad y regir discretamente según era estimada entre todas, sin duda muy renombrada fuera su grandeza y la gloria de su fama y no padeciera las adversidades ni infortunio que padecía.»[25] La corte, cerrada, es un hervidero.

El día natural, la mujer de Enrique IV da a luz a una niña ante personajes cortesanos que están presentes en el parto para certificar el nacimiento del heredero. A la niña se la llama como a la madre, Juana. Una semana después, es bautizada por el arzobispo de Toledo con la presencia de otros obispos, los de Calahorra, Cartagena y Osma. Los padrinos son los marqueses de Villena y el conde de Armagnac, a la sazón embajador del rey de Francia ante el rey de Castilla. Isabel, la hermanastra del Rey, es la madrina.

El Rey nombra a don Beltrán de la Cueva conde de Ledesma. Por fin, aquel hidalgüelo de Úbeda había llegado a la nobleza titulada, a la aristocracia. Dejaba su grupo de pertenencia y se adscribía al de referencia. Mas en éste no era bien querido.

A los dos meses doña Juana es jurada princesa heredera por las Cortes compuestas por tres brazos, nobleza, clero y pecheros. Nadie niega nada porque en 1462 todos parecen aceptar formalmente que la hija es legítima. Sin embargo, en las crónicas, y sólo en ellas, se afirmará: «El rey don Enrique, siendo impotente, por mostrar haber generación, consintió a la reina doña Juana, su mujer, que hubiese ayuntamiento de otro varón. [...] Y así fue la reina preñada. [...] La pública fama fue ser [el padre, de entre muchos] don Beltrán de la Cueva.»[26] Algunos relatores de aquellos sucesos querrán crear *a posteriori* el mito. Dirán que la unanimidad fue fingida, que en sus conciencias ya sabían de aquella ilegitimidad: «El cual juramento algunos hicieron más con temor que con voluntad de lo hacer, y otros que no lo quisieron hacer [...] y algunos hubo que secretamente hicieron revocación del juramento.»[27] Ahora bien, un testigo de los hechos, Enríquez del Castillo no hace ninguna alusión a estos requiebros de la conciencia.[28]

El que aquellas Cortes juraran a Juana como heredera marcaba claramente el destino de la Corona. Como quiera que ésta pasó a otra cabeza, no es de extrañar que se hayan perdido las actas de aquellas Cortes. Al parecer, hubo algunos nobles que —según testimonio interesado de Isabel I en 1471— declararon ante escribanos que protestaban por la proclamación de Juana como princesa heredera. Curiosamente se da por cierto ese hecho, pero por ningún sitio aparecen esas protestaciones ante notario.[29]

Las fiestas en Madrid siguieron, y el Rey se entretuvo cazando y gozando de la Reina, hasta que puso rumbo a Alfaro, para entrevistarse con el rey de Aragón. Juana de Portugal volvió a quedarse en Aranda, pues estaba embarazada —de nuevo— de tres meses. Durante esa estancia tuvo lugar un extraño suceso: se le prendieron fuego los cabellos y «tan grande fue el espanto que recibió, que movió [abortó] un hijo de seis meses»[30]. Luego debió escribirse la carta del médico a Enrique IV, en la que se afirmaba taxativamente que si se volvieran a juntar los Reyes, «la señora Reyna sería luego preñada»[31]. No todos creían que Enrique IV fuera impotente. No, al menos, su médico.

Los Reyes volvieron a Segovia y Madrid tan pronto como él pudo recoger a su esposa. En aquel viaje se le intentó recomponer el ánimo a Juana de Portugal, que había caído en una gran depresión. Semanas después se encaminaron a Guadalajara para asistir al matrimonio de don Beltrán con la hija menor del marqués de Santillana. De aquel matrimonio escribe el cronista Castillo que «fue sementera de los males que después sucedieron».

Algunas de las épicas humillaciones a Enrique IV

Tras los sucesos de Cataluña (los catalanes se sublevaron contra su rey, Juan II de Aragón, y se ofrecieron al de Castilla; al final, Enrique se retiró de la operación y todo quedó en un espantoso ridículo general, en el que se vieron involucrados también los reyes de Francia y Portugal), el rey de Portugal acudió a Guadalupe y llamó a su lado al de Castilla que se apresuró a ir, acompañado de la Reina, la princesa Juana y los dos infantes, Isabel y Alfonso.

La reunión de Guadalupe pretendía situar a Portugal, frente a Aragón, en el primer lugar de futuros enlaces. Allí se decidió la boda de Isabel de Castilla con el rey de Portugal. Entonces fue cuando estalló la revuelta nobiliaria, porque aquel pacto lo hizo Enrique IV sin contar con los más potentes señores, ni con el marqués de Villena ni con el arzobispo de Toledo, porque «ya estaba más sospechoso que contento» de ambos.[32] Desde Alcalá de Henares, los dos despechados coordinaron la sublevación, a la que se unieron otros aragonesistas, como el conde de Benavente, el obispo de Coria, el conde de Plasencia o el conde de Alba de Liste. Enrique IV no actuó con la misma agilidad y su dejadez fue aprovechada por los sublevados para robustecerse enormemente. Tanto es así que se llegó a intentar apresar al mismísimo Rey, asaltando el palacio, pero el monarca pudo refugiarse con don Beltrán y logró escabullirse sin ser visto. Villena se presentó como apaciguador del desacato. Pasado el trago, Enrique IV premió a su favorito con el maestrazgo de la Orden de Santiago (la cabeza económica de la orden militar) y Villena se indignó. «Fuera mejor —dijo— haberlo consultado con los Grandes de su reino y no esperar los grandes escándalos que, por ventura, se podrían seguir.»[33] La verdad es que a raíz de este incidente, se desligó del Rey: «[Villena] por ser maestre de Santiago, deshonró al Rey»[34]. Claro que no se quedó atrás su yerno, el conde de Benavente, que decidió asesinar a don Beltrán para arrebatarle el maestrazgo, el cual, por buena ley, y dicho sea de paso, le correspondía a don Alfonso, pues así lo había determinado en su testamento el rey Juan II.

Tras estos desatinos, se intentó aprisionar por segunda vez al Rey; la conjura fracasó y Villena huyó a El Parral. Aún había de producirse una tercera (!) intentona de prender a Enrique IV, en la Meseta, entre San Pedro de Dueñas y Villacastín en 1464, aprovechando una reunión entre el monarca y los aristócratas. Pero una vez más, salvó el tipo refugiándose en Segovia. El juicio del cronista Galíndez acerca de su actitud fue implacable: «Si el Rey quisiera como varón tener osadía de rey [...] los pudiera prender y destruir, porque ellos estaban derramados, mal proveídos y sin orden.»[35] Los sublevados se concentraron en Burgos y se redactó un memorial al Rey en el que los aristócratas exigían ser los tutores de don Alfonso (el crío tenía once años). Si este documento causó sonrojo en su momento, en nuestros días produce estupor ver hasta dónde había llegado la situación de fractura social.

En el documento de Burgos se denunciaba al Rey por no cumplir con sus obligaciones. En efecto, las quejas y reproches procedían de varios puntos: no había convocado Cortes; se le había pedido que se jurara como príncipe heredero a Alfonso y «después las cosas han ido de mal en peor como a todos es manifiesto». Otro de los agravios era el de la proximidad al Rey de «personas infieles enemigos de nuestra santa fe católica y otros *aunque cristianos por nombre, muy sospechosos en la fe*, a los cuales vuestra señoría ha sublimado en altos honores y estados y dignidades de vuestros reinos». No deja de ser interesante la resolución del problema: evidentemente los judíos y los conversos fueron perseguidos como grupo político por los partidarios de la otra opción.

Otra de las quejas hacía alusión a que había hecho poca guerra a los moros y eso que cuando fue alzado Rey «juró defender la santa fe católica». Esa defensa implicaba, naturalmente, luchar contra aquéllos y no hacerlo como lo hizo, «que a [léase contra] los cristianos Vuestra Alteza les ha mandado hacer guerra a fuego y sangre»[36]. En el mismo orden de cosas, cuando hizo tregua con los moros, la hizo «sin consejo de los Grandes...». Ésta es una de las claves de todo el problema: la asunción de decisiones por el Rey sin contar con el grupo de los Grandes. Era, por otro lado, la excusa que usaban para buscar el choque con el Rey. Excusa que, igualmente, endulzaron lamentándose de los muchos cristianos hechos moros y de cómo el Rey, escandalosamente, tenía tratos con algunos apóstatas, que «es grande dolor escribirlo».

En lo referente a la administración de Justicia, «que es la principal virtud que después de la fe los reyes han de haber», se han nombrado tiranos contra los que se han quejado los que los han tenido que soportar.

Igualmente, el haber movido a la guerra contra Aragón o Navarra ha sido otro de tantos dislates; se ha alterado el destino de lo convenido de las rentas reales; se permitió la corrupción de la moneda provocando inflación y, en fin, el Rey ha perdido su dignidad a los ojos de sus vasallos. El discurso es un compendio de cinismo, al tiempo que de absoluta claridad; se declara la guerra política cortesana:

> «Las cosas que por el presente requieren muy acelerado remedio, por el cual deseándolo ver nuestros corazones y de vuestros naturales lloran gotas de sangre, es la opresión de vuestra real persona en poder del conde de Ledesma, pues parece que vuestra señoría no es señor de hacer de sí lo que la razón natural os enseña.»

Beltrán de la Cueva, continúa el manifiesto:

> «No temiendo a Dios ni mirando a las grandes mercedes que de Vuestra Alteza recibió, ha deshonrado vuestra persona o casa real, ocupando las cosas solamente a Vuestra Alteza debidas.»

Y en medio del fragor de la rebelión, salta la más dura acusación jamás oída:

> «[Procuró don Beltrán] con Vuestra Alteza que hiciese a los grandes de vuestro reino y a las ciudades jurar por primogénita heredera de ellos a doña Juana, llamándola princesa, no lo siendo, pues a Vuestra Alteza y a él es bien manifiesto ella no ser hija de vuestra señoría».

El manifiesto continuaba excusando el porqué del juramento, hecho por temor, y aseguraba que a los infantes los tenía presos don Beltrán y temían esos Grandes que él «y otras personas conformes a la voluntad del dicho Conde procurarán la muerte de los dichos Infantes» para que fuera proclamada reina Juana. Temor, pienso más discursivo que sentido. Y la queja del partido se centraba en reclamar para don Alfonso la devolución del maestrazgo de Santiago, que había usurpado don Beltrán con la benevolencia regia.

Aquellos aristócratas de Burgos concluían su petición encarnándose, erigiéndose en cierto sentido, en un símil de Cortes, porque en nombre de ellos y de los prelados y caballeros «y de los tres estados de los dichos reinos...», en nombre, pues, de todos, solicitaban que fuera prendido don Beltrán «y todas las personas que han sido participantes en tanto deshonor de vuestra real persona y perdición de vuestros reinos».

También se pedía al Rey que no casase a Isabel «sin consejo y acuerdo de todos los tres estados de los dichos vuestros reinos», según fue la voluntad de Juan II «y porque así lo quiere la razón».

Concluía la proclama advirtiendo al Rey que si mandaba gentes armadas contra ellos, ellos se armarían y se confederarían con los demás príncipes cristianos para defender tantas ofensas a la divina majestad y a la real. Si no lo hicieran así, estarían siendo traidores a su moral, a Dios y a las leyes. Galíndez de Carvajal proclama la ofensa nobiliaria como que «iba llena de grandes desvergüenzas, tales que ni a los súbditos era convenible enviarla ni a la decencia regia recibirla por ser toda ella disoluta y llena de feas palabras»[37].

Verdaderamente, la proclama de Burgos no podía ser más clara. Los enemigos del bando de don Beltrán, reunidos, amenazaban al Rey con guerra si no se detenía al favorito, si no se restituía en los derechos sucesorios a don Alfonso y si no se hacía lo que ese grupo nobiliario quería. Y de entre todo este sinfín de desvaríos, la recusación de la legitimidad de doña Juana se llevaba la palma.

Recibido el documento por el Rey en Valladolid, al parecer no se le mudó el semblante (es curioso que lo que en Felipe II es aplaudido en Enrique IV sea vilipendiado) para turbación y desesperación de sus allegados. De nuevo Enrique IV se aviene al diálogo. Se prepara la entrevista en Cabezón y en sus campos hablan el marqués de Villena y el monarca de Castilla. Éste acepta entregar a Villena al infante Alfonso para ser jurado príncipe; a cambio se casará con Juana; Beltrán renunciará al maestrazgo de Santiago y se constituirá una regencia compuesta por cuatro miembros. Es decir, en aquella reunión de Cabezón, aceptados los extremos de la denominada *Sentencia Compromisaria de Medina* por el Rey, se reconocía que la niña Juana era bastarda; se despeñaba a Beltrán de la Cueva; se asumía la incompetencia para reinar del soberano porque se aceptaba, con el Rey vivo, constituir un consejo de regencia.[38]

El Rey vuelve a Segovia —«con muy poca gente»— donde estaba su familia, esto es, aquel grupo de personas deshonradas todas o dispuestas para ser utilizadas en medio del ambiente de inestabilidad. Algunos de los que hay en el alcázar advierten a Enrique IV que si entrega a Alfonso lo harán rey en cuanto tengan ocasión. De entre los de la corte, el secretario real jugó un buen papel: convenció al Rey de lo contrario, porque era adicto a Villena. Así que a pesar de admoniciones en contra, se entregó a Alfonso a los rebeldes en Sepúlveda.

Días más tarde acudió el Rey a Cabezón y asistió a la proclamación por los Grandes de don Alfonso como príncipe heredero, «y asimismo todos ellos juraban y prometían que a su leal poder trabajarían y procurarían como el príncipe don Alfonso, que así habían jurado casase con doña Juana, su hija del Rey y con otra ninguna mujer». Esta vez doña Juana era habida por «su hija del Rey...».

Al día siguiente, don Beltrán renunció, muy a regañadientes, al maestrazgo de Santiago, si bien es cierto que el Rey le concedió el título de duque de Alburquerque con ciertas rentas y villas aparejadas.

Mas la opinión cambiante del Rey metió a Castilla en guerra. Hoy se gana acá, mañana se pierde allá. Segovia se rinde a los sublevados y el Rey sufre como nunca le habían visto sufrir. Se entrega en rehén a la reina Juana, la esposa del Rey, a los rebeldes.

Por fin, los Grandes están dispuestos a deponer a Enrique. Unos quieren procesarle; otros quieren acusarlo ante el Papa de hereje. Galíndez es rotundo describiendo la situación del papado entonces: «La segunda opinión fue reprochada por los que conocían las costumbres de los romanos Pontífices, cerca de los cuales valía mucho el gran poder y las dádivas...» y podían ser mayores las del Rey que las de los rebeldes. ¡Menudo descrédito de la corte papal![39]

Enrique IV sólo tenía de rey el nombre: era el momento de acabar con su autoridad como nunca en Castilla había ocurrido antes de ahora.

La afrenta de Ávila: «¡A tierra, puto!»

Ávila, 5 de junio de 1465. Extramuros de la ciudad se levanta un cadalso en el que un monigote vestido de luto y sentado en una silla real, con los atributos regios (corona como dignidad real, cetro como administración de justicia, estoque como defensa del reino y «otros ornamentos reales»), puede ser contemplado desde los cuatro puntos cardinales. Uno a uno, se le van quitando los mencionados atributos por el arzobispo de Toledo, por el marqués de Villena, por el conde de Plasencia, por los condes de Benavente y Paredes, hasta que finalmente Diego López de Estúñiga, mariscal de Castilla y hermano del conde de Paredes, «derribó la estatua de la silla en que estaba [...] todo ello diciendo palabras muy furiosas y deshonestas». Todo acabó con una patada: «Con los pies lo derribaron del cadalso en tierra.» El insulto, concretamente, fue: «¡A tierra, puto!»[40] y el público que vio todo aquello asistió «con muy grande gemido y lloro»[41]. Acto concluido, se proclamó al infante Alfonso rey de Castilla. Los castellanos, dice la crónica anónima, «maravillándose mucho, daban gracias a Dios»[42]; Galíndez reproduce, otra vez más, las frases, pero se lamenta del hecho porque el Rey está puesto por Dios.

Bermejo de la Rica propuso en su día —siguiendo, creo, a Galíndez— que toda esta conjura nobiliaria era el producto «de una maniobra internacional de gran envergadura»[43]. La verdad es que tal frase, escrita en los años de la autarquía franquista, hace pensar al lector que el autor se iba a ir por los cerros de Úbeda con las conspiraciones internacionales... La verdad es también que, en ningún sitio explica tan sugerente hipótesis. Galíndez lo aclara: sólo podían «difamar la nación» los extranjeros o los que eran «de alguna nación advenedizos»[44]. ¿Los de la nación judaica?

Castilla vive aterrada y Enrique da elevadas proclamas que sólo quedan en palabras. La disidencia se expande por Andalucía, Burgos, por otras ciudades y territorios castellanos. De nuevo, guerra. Enrique exige que le vengan a obediencia. Está de campaña en Zamora y allí ordena que vayan a Segovia y que le traigan a su hija Juana: «Y traída, mandó [Enrique IV] que le fuese hecho recibimiento de princesa y fuese recibida con mucha solemnidad.»[45]

La guerra se extiende. El caos es de tal porte, que cuando no se quema la estatua del arzobispo de Toledo (sitio de Simancas), se producen escaramuzas y devastación. Los castellanos, hartos, se organizan, al margen de toda autoridad en partidas, en su Santa Hermandad. El pueblo llano ha decidido defenderse a sí mismo. Contra la gente menuda que pensara en pillajes y contra los aristócratas que estuvieran actuando impíamente: «El conde de Lemos, que era el mayor hombre de Galicia, recibió de la hermandad grandes daños y le derribaron muchas fortalezas.»[46] Naturalmente, ante tales presagios, los nobles han de luchar también contra la Hermandad porque se ha descarriado: ahora, como dentro de medio siglo durante las Comunidades de Castilla, el caos se ha convertido en un movimiento antiseñorial. La guerra pasa a ser también un enfrentamiento abierto de clases: «Los caballeros de Salamanca hicieron gran destrozo y matanza en los de la Hermandad y otro tanto hizo el conde de Benavente» y el conde de Paredes.[47] En otros sitios, como en Zamarramala, el pueblo se levanta contra la guardia —de moros— del Rey.

Y la guerra siguió: una guerra en la que el objetivo alcanzable era la persona del Rey; una guerra en que Toledo juró por rey a Alfonso a la vez que se negociaba la paz. En Toledo, por cierto, hubo sangrientos enfrentamientos entre cristianos nuevos y cristianos viejos, triunfando los primeros, que ahorcaron a varios de los cabecillas de los segundos. Los cristianos nuevos contaban con el favor de «muchos hidalgos de la ciudad» y apoyaban a los partidarios de Enrique IV.[48]

Cerca de Ávila, en Cardeñosa, están juntos el niño y su hermana Isabel. Después de la cena, sin más, se retiran a dormir. Por la mañana, no amanece para don Alfonso. Durante unos días intentan recuperarle para el lado de acá. No vuelve. Don Alfonso ha muerto. Le habían sangrado y unos dicen que no hay rastro de pestilencia en su cadáver.[49] En Castilla sólo queda un Rey: el legítimo, Enrique IV. Era el 5 de julio de 1468. El calificativo del cronista Enríquez es sagaz: «El príncipe don Alfonso, *Rey que se decía,* murió de pestilencia en Cardeñosa.»[50] La *yersinia pestis* ha aclarado el panorama político.

Guisando

Pero ahora, ¿quién es el monarca?, ¿lo es Enrique, o lo es Isabel, como heredera del hermano? Los alfonsistas piensan con incertidumbre: acaso se pueda burlar de nuevo la voluntad real y, sin violencia, conseguir que entregue todo a Isabel y así habrá habido paz y doble reconocimiento (de Enrique al que se dejaría tranquilo; de Isabel, nueva reina). Otros quieren fuerza y proclamar directamente a Isabel.

La joven entonces toma una sabia decisión: mientras «viviese el rey don Enrique, su hermano, [que Dios no quisiese que ella] tomase la gobernación ni título de reina de Castilla, mas procuraría con todas sus fuerzas que el rey don Enrique tuviese otra forma mejor en la gobernación de estos reinos [de la que] hasta allí había tenido»[51].

En Ávila hay peste y negociaciones. Al fin se llega al pacto: se reconoce a Enrique como rey legítimo, pero le sucederá en el trono su hermana Isabel. Ésta es la situación clave: Isabel no se aparta de las ambiciones al trono. Se limita a posponerlas. Mientras, Juana está recluida en Buitrago...

¿Y la Reina? La Reina está presa y custodiada en Alaejos. La Reina, es obvio, no tiene buena fama. Se la tiene por adúltera. Sobre todo en éste su tercer embarazo. Huye del castillo, en el séptimo mes de gestación, con su amante don Pedro de Castilla, sobrino de su carcelero, el arzobispo Fonseca. Se encaminan, primero a Buitrago, donde la Reina da a luz un varón, Andrés, que fue criado por unas monjas y al que se le llamó el Apostólico. Luego, la Reina pasó a Cuéllar, al calor de don Beltrán.[52] Es la última indignidad que ha de soportar Enrique IV, aquel ser que soportaba todo y que era, por cosas de la naturaleza, rey de Castilla. Ante tal humillación no es de extrañar que Enrique, en su abulia, aceptara las condiciones de los partidarios de su hermana Isabel y que, definitivamente (¿acto de venganza?), se olvidara de su hija Juana y de sus custodios, los Mendoza de Guadalajara.[53]

Alfonso acaba de morir. La infanta Isabel está en Cebreros. Hay que aprestarse para un viaje que concluirá con su proclamación como heredera de Castilla. Para ello el Rey ha de abjurar de pasados errores y, por tanto, acepta la ilegitimidad de su hija: no acabo de entender cómo ese personaje pudo vivir consigo mismo dentro de sí. «Por el bien de paz y concordia de sus reinos y señoríos, juraba y juró en las manos de un legado, que la legítima subcesión de estos reinos pertenecía a su hermana la princesa doña Isabel, que presente estaba, verdadera heredera de ellos y de todos los otros señoríos que so el cetro de ellos se cuentan.»[54]

> «Amigo ya de la verdad y enemigo de la perfidia, afirmaba con la autoridad de libre y espontáneo juramento, ante Dios y los hombres, que aquella doncella no era hija suya, sino fruto de ilícitas relaciones de su adúltera esposa.»

Enríquez del Castillo no se entromete con la decisión real. Sólo la describe con frialdad notarial.[55] Es posible que Enrique hubiera firmado, tras el mazazo de la fuga de su mujer, un pacto previo remitido por Isabel.

Antes de Guisando, un mes antes, ha habido negociaciones en Castronuño entre representantes de los dos bandos. Tampoco se conservan documentos de esa reunión, pero debió tratarse de la negociación previa a Guisando, del preámbulo y la fijación de posturas para lograr la paz en Castilla.

En cualquier caso, unas semanas después están en una nava cerca de Madrid y de Ávila, donde unas moles de granito —ahora sabemos que de origen ibérico— en forma de toros romos contemplan la siguiente sucesión de hechos: el Rey designa a Isabel como sucesora; Isabel acepta, «he quedado conforme con el susodicho señor rey don Enrique, mi hermano, tanto acerca de la sucesión de estos reinos que después de sus días a mí pertenece, como sobre el título de las otras cosas a ello concernientes». El legado del Pontífice acepta el pacto; se decide que, a partir de ahora, la princesa Isabel viva con la corte; se le concede para su sustento el principado de las Asturias de Oviedo y las ciudades de Ávila, Huete, Úbeda y Alcaraz, así como las villas de Molina, Medina del Campo y Escalona «con sus fortalezas y alcázares y jurisdicción y señoría alta y baja, civil y criminal y con las rentas y otros pechos y derechos» de esas localidades.

Además se convino que Isabel se casase con quien determinara el Rey, tras oír el consejo del arzobispo Fonseca, del marqués de Villena y del conde de Plasencia. Igualmente, se instaba al Rey a que, habida cuenta «*de un año a esta parte* [la Reina] no ha usado limpiamente de su persona» (de un año a esta parte, no desde siempre, por lo que la conjura contra Juana la Vilipendiada es absoluta) iniciara una causa de divorcio «y apartamiento de casamiento» y expulsase a la Reina de Castilla. La hija se entregaría al rey Enrique «para que se haya de disponer y disponga de ella lo que por el dicho señor Rey fuere ordenado». Así quedó rubricado aquel ignominioso pacto, para Juana, de los Toros de Guisando.

En el encabezamiento se aclaraba que el documento se firmaría para que Castilla no quedara «sin legítimos sucesores del linaje del dicho señor rey» Enrique. Con esa fórmula parece quererse quitar de en medio a Juana, reconociendo tácitamente su condición de hija espuria. Mas creo que se trata de una fórmula: por supuesto, no se quieren sucesores ilegítimos; pero tampoco se dice que los haya. No habría costado nada, tal y como estaban las cosas, declarar expresamente que la niña Juana era ilegítima. La claridad en aquellos documentos jurídicos es notable: baste recordar la de veces que se repiten y aclaran las cosas. Y ahora, en un caso de tal trascendencia, no se especifica contra quién se redacta el documento.

Aunque se ha debatido largo y tendido sobre este reconocimiento de ilegitimidad de doña Juana, creo que no hay duda de que el rey Enrique quita conscientemente la Corona a su hija por miedo a esa aristocracia que apoya, clara y abiertamente, a su hermana Isabel. En último término, Isabel debió la Corona de Castilla no a sus derechos, sino a la fuerza de los que la apoyaban.

En segundo lugar, creo que está claro: en Guisando Enrique se vengó en su hija contra su madre. No la excluye por ilegítima; sencillamente la excluye de la línea sucesoria. Le apoyan sus razones amorales y las armas del bando de los isabelinos. Como escribió el cronista Castillo: «Si más honestamente ella viviera, no fuera su hija tratada con tal vituperio.» Pero Galíndez garantiza otra cuestión sobre doña Juana: «Jamás la denegó de hija, antes en público y en secreto siempre afirmó ser hija suya y por tal la había», aunque, por el contrario, muchos dudaban que hubiera sido «engendrada de los lomos del Rey»[56].

En tercer lugar, hay una posibilidad cierta de que todo en Guisando fuera una trampa del partido enriqueño contra el isabelino y que éste cayó en ella, demostrando cierta impericia política... a esas alturas. Si Isabel aceptaba respetar al Rey legítimo y un plazo de cuarenta días para convocarse Cortes, y al ir a tomar posesión de las localidades que se le entregaban como legítima heredera (Asturias, Guipúzcoa, Vizcaya, Huete, Alcaraz, etc.) se encontrara con que no se le daban... ¿Qué iba a hacer si ella estaba, además, en la corte?[57]

La corte se trasladó a Cadalso y desde allí a Ocaña, villa de Villena: los que allí estuvieran serían huéspedes suyos... ¿huéspedes o rehenes? El otro rehén, de los Mendoza de Guadalajara, Juana, ya no tiene el valor de cambio que antaño tuvo. El arzobispo Carrillo se retira temporalmente a su señorío de Yepes. El 24 de septiembre, Enrique IV ordena a sus reinos que acepten a Isabel por sucesora legítima. Como escribió en su día Suárez Fernández: «Si del reconocimiento de Isabel dependía la existencia en Castilla de una sucesión legítima, no cabe duda que Juana no lo era.»[58]

El matrimonio político de Isabel y Fernando

Los remordimientos asaltan, de nuevo, al Rey (o, quizá, crea que ha llegado el momento de poner en marcha la segunda fase de una trampa). Escribe al Papa y le ruega que tenga por nada el Pacto de Guisando. De esto se siguieron «grandes inconvenientes, daños y murmuraciones»[59]. Desde Ocaña, el Rey planea —y el marqués de Villena también— que Juana se case con el príncipe de Portugal e Isabel con el rey lusitano, ya viudo. Si Juana no tuviera hijos, que reinaran en Castilla los descendientes de Isabel. Villena, Enrique IV, volvían a poner sobre el tapete de la negociación a Juana... ¿No era ilegítima y estaba apartada de la sucesión? ¿Por qué la sacan de nuevo a escena? La trampa de Guisando se había destapado.

Mientras, en Ocaña, se reúnen Cortes. Acuden todas las ciudades del reino, excepto las de Andalucía, que se ha levantado en armas. Enrique parte a pacificar la zona, pero antes se entera que ya desde la época del Pacto de Guisando se estaba preparando un matrimonio de Isabel con el infante de Aragón... a espaldas suyas. Aquellas Cortes se disuelven sin haber jurado a Isabel: mientras no quedara claro con quién se casaría, no había por qué aceptar el Pacto de Guisando. Se dice que la zozobra vuelve a invadir el ánimo inanimado del Rey y que busca el consuelo de su conciencia mirando por la desposeída Juana. ¡Pobre desdichado! Carlos II de Austria, por lo menos, murió con la dignidad de haberse opuesto a la desmembración de su monarquía. Y por lograrlo se pasó su enferma vida padeciendo, pero con conciencia de ser el Rey.

En Ocaña Isabel quiere una alianza matrimonial con Aragón. El Rey la quiere con Portugal, e infértil, para que le suceda Juana, que estaría bien casada con el príncipe heredero, joven, vigoroso y fértil. Ella jura que, mientras el Rey esté ausente (está pacificando Andalucía), ella no pactará nada más de su matrimonio. Se piensa recluirla en el alcázar de Madrid. El arzobispo de Toledo decide intervenir y la secuestra para liberarla de las manos de su hermano. Se le ofrece otro pretendiente, el duque de Guyena, hermano del rey de Francia, pero ella, sin decir ni que sí ni que no a la propuesta huye hacia Arévalo, en donde le impiden entrar, y se refugia en Madrigal desde donde negocia la boda con Fernando de Aragón tras haber despachado dulcemente al legado francés.

Finalmente, violando el Pacto de Guisando, Isabel, con el aplauso y el apoyo del arzobispo de Toledo, se casa con Fernando. Esto es, Castilla y Aragón quedan unidos, si no formalmente, sí al menos dinásticamente. ¿Agrada esta situación al Rey? ¿Acepta el viraje hacia oriente? ¿Admite la actitud de su hermana? A pesar de la tranquilidad que quieren dar los recién casados, obviamente no. Aunque ellos manden emisarios con una carta de Isabel ofreciendo su lealtad al hermano tan inmisericordemente burlado tantas veces y por tan distintas personas...

Valdelozoya

Enrique, en un nuevo alarde de inconstancia, mira —por enésima vez— a su hija Juana. Le llegan ofertas de matrimonio con el hermano del rey francés —despechado por el «no» de Isabel— y el marqués de Villena acepta la oferta... y el Rey también. Por fin se celebra el desposorio entre la cría, que tiene ocho años y el duque de Guyena.

Poco antes, Enrique IV con generosas mercedes, una vez más, creando nuevos títulos con rentas aparejadas que procedían habitualmente de enajenaciones del patrimonio real, ha logrado adhesiones «a la maniobra de un nuevo Guisando»[60]. Se argumentaba que con la huida y matrimonio de Isabel, ella era la culpable de haberse roto el Pacto de los Toros. Todo parecía encaminado hacia una nueva guerra. Pero hemos visto cómo los incumplimientos de Enrique habían sido notables también. La inestabilidad política genera confusiones, siempre.

Al rey francés le representó en Valdelozoya el obispo de Arras.[61] Los franceses exigen seguridades sobre la legitimidad de Juana para evitar males mayores, porque aspiran a la presencia efectiva de Carlos de Francia en Castilla. El embajador francés, a instancias del rey de Castilla, que afirma estar dispuesto a «jurar solemnemente ser doña Juana, hija de la reina su mujer, su verdadera hija suya»[62], pregunta en público a la reina Juana si la niña es hija del Rey y ella asiente. Al preguntarle al Rey contestó que «creía ser hija suya y que con tal certidumbre de hija la había tenido y tenía desde que nació». Acto seguido, los prelados y grandes señores que estaban presentes la juraron por princesa y heredera.

En esas palabras se encerraba la semilla de la legitimidad y, de nuevo, de la discordia. Aquella ceremonia daba alas a los partidarios de Juana, esto es, a los enemigos de la alianza con Aragón que era lo que en ese momento se ventilaba. Nadie parece estar dispuesto a cumplir a rajatabla la palabra dada en Guisando. El caos, el bochornoso espectáculo, continúa. Acabada la ceremonia, cae una horrorosa tormenta y todos salen despavoridos. Abandonada queda, empapándose, una frágil y desamparada niña de la que nadie se acuerda. Sólo un mozo de espuelas la coge en brazos y acude con ella a guarecerse debajo de un roble. Enríquez del Castillo no menciona esa tormenta; la sitúa cuando ya todos se retiran hacia Segovia, al pasar el puerto de Malagosto.[63]

Mas una Corona no se traspasa en función de aplausos, sino de legitimidades. Los isabelinos, a partir de ahora, saben bien qué han de hacer: Juana no es sólo hija ilegítima, sino que es la hija de las frivolidades de la Reina. Se orquesta la consiguiente campaña propagandística.

Por su parte, Enrique tal vez tiene ya un sentimiento: el odio. Con él, acaso, intentase echar a su hermana y a su cuñado de Castilla. Para ello, se apoyará en la alianza francesa. Mas el de Guyena muere súbitamente. El pacto con Francia se esfuma. Isabel, a su vez, protesta por lo de Valdelozoya, pero el fallecimiento del francés soluciona todos los males. La inestabilidad nobiliaria continúa por Castilla y Andalucía y Enrique prepara la boda de su hija Juana con el rey de Portugal o con el infante don Enrique Fortuna, de Barcelona. Además, tiene lugar el pintoresco caso de la reunión de los hermanos en Segovia, de la que se hablará más adelante, y esa especie de paz fraterna aplaudida por Fernando de Aragón. Todos, al fin, felices. Excepto la intriga cortesana que empuja a Enrique a prender a los esposos que ya habían tenido una hija, Isabel. El Rey quiere verla en el alcázar de Segovia. En realidad lo que se ha preparado es una trampa para coger a los tres.

La extraña reconciliación de Segovia y la muerte de Enrique IV

Se vuelve a tratar la boda de Juana y Alfonso V de Portugal; muere Villena, su espacio lo quiere ocupar el arzobispo de Toledo, que abandona a Isabel tras su boda con Fernando; la corte, o lo que hay alrededor del Rey, sigue siendo aún más caótica y los nobles se guerrean entre sí. Y, a su vez, el Rey ya no es un *primus inter pares* sino que es un igual: pacta todo con *sus* nobles, con los que le son leales. Mas en medio de la traca, los Mendoza han perdido la tutela de la niña Juana y, por ende, están más libres de compromisos. Los isabelinos firman protocolos con Borgoña (7 de agosto de 1471) e Inglaterra (29 de agosto de 1471). A principios de 1472 es nombrado un nuevo nuncio y Fernando abandona Castilla y va presuroso a recibirle a Valencia. Las adhesiones a los príncipes Isabel y Fernando se suceden desde entonces y más aún desde 1473 en que Roma se decanta claramente por ellos. Los Mendoza, enorme familia nobiliaria, leales a Enrique hasta el último suspiro, acabaron reconociendo en Isabel a la Reina. Aunque les costó más de un lustro (1468 muerte de Alfonso-1474 muerte de Enrique), Isabel y Fernando habían ido ganándose a toda la aristocracia que, en un principio, había intentado hacer de Isabel una marioneta nobiliaria.

En Segovia, desde el Día de los Inocentes de 1473, Isabel es alojada junto con Fernando, por el rey Enrique. Todo parece vencido ya: la reconciliación está en marcha. Los Pimentel, hasta hace unos meses enemigos encarnizados de los Mendoza («los huesos de vuestros antepasados los mandaré recoger en una esportilla y os los enviaré», se dice que acababa de espetar el conde de Benavente a don Diego Hurtado de Mendoza), se avienen a pactar con Fernando. Salvo dos importantes linajes (Pacheco y Estúñiga), la nobleza está dispuesta a aceptar este nuevo orden sucesorio.

En enero de 1474, tras la fiesta de Reyes, Enrique IV se sintió indispuesto en Segovia en presencia de Isabel y de Fernando. Aún pasarán semanas en las que recorrerá Castilla, estará en Madrid, montará a caballo, vomitará sangre. Antes de que se desencadene el mal con toda su virulencia, los físicos le tratan y él quiere recompensarlos. Se siente cansado. «Amado mayordomo», escribe, «ayer me vine porque cargaban de mí muchos negocios. Yo no estaba para ello». Tiene miedos, «la salud es lo principal y veo que todos desean vivir». Su mayordomo sufre, «no supe que érades ido; a do [estéis] os suplico que os queráis guardar, así del trabajar mucho como de los fríos y del comer...»¡Qué cartas tan hermosas las de la enfermedad![64] Me han recordado mucho a las zozobras de don Luis Quijada y su señor Carlos V y he vuelto a recordar la lectura de *La soledad de los moribundos* de Norbert Elías.

No dejemos en soledad a Enrique IV: un día querrá prolongar su vida taumatúrgicamente cazando en El Pardo: sale del alcázar, pero no puede llegar al bosque. El Rey pasa sus últimos días angustiado. Hay que confesar, hay que hacer testamento, hay que resolver el problema de la sucesión. El pobre Rey deja incierta huella: unos cronistas hablan de que confiesa; otros de que nada le mueve a compasión ni a fe. Todo se acaba. Allí no hay gentes que le quieran: hay calculadores de poder y gentes temerosas de lo que se avecina si no se acepta la sucesión que hay pactada. Por cierto, ¿cuál? Todo es incertidumbre y los presentes le han preguntado que a quién deja por heredera (no creo que las palabras del Rey sirvieran para nada), pero Enrique IV no contesta. El confesor le recrimina: que de una vez diga la verdad sobre la legitimidad de su hija, «señor, os requiero no calléis la verdad». Pero la admonición de la Vida Eterna no sirve para que el Rey hable, por mucho que le aseguren que si no habla, «deste pecado nunca seréis perdonado, pues callando dejáis encendido todo este reino en grandes males»[65].

La escena es de guión de cine, sin duda. Pero tiene alguna sombra: el capellán y cronista real, Enríquez del Castillo, no refiere nada de ello.[66]

El Rey ha muerto. Lo demás es terrible: se cuenta que tal es la desbandada, que el cadáver lo trasladan a Guadalupe gentes alquiladas y sobre unas tablas. Nadie quiere saber nada de él. Ni su hermana, ni su hija, la pobre, que tenía trece años. Sólo el cardenal Mendoza le oficia las exequias y le acompaña a Guadalupe. El Rey estaba consumido, «quedó tan deshecho en las carnes, que no fue menester embalsamallo»[67]. Hernando del Pulgar narra la muerte, a mi entender, no con tanta verdad como otros, pero ciertamente deja traslucir el mismo sentimiento: al Rey le asisten, al principio, el cardenal Mendoza, el conde de Benavente, el marqués de Villena y otros consejeros y miembros de su Casa; luego, parece ser, nadie. Muere sin hacer testamento y es depositado en San Jerónimo, acompañado ya sólo por el cardenal. Pasados nueve días fue a Segovia a presentarse a «la princesa que se llamaba Reina». Luego mandó el traslado del cuerpo a Guadalupe «e hizo a sus expensas un bulto y una sepultura muy suntuosa, cerca de la sepultura do estaba el cuerpo de la reina doña María, su madre». Además, fundó dos capellanías perpetuas «e dotólas a sus expensas propias por el ánima del Rey»: es decir, los costes del enterramiento y de la salvación del alma del rey de Castilla corrieron a cargo del cardenal, no de la hermana... Aún más, el epitafio fue redactado por el Mendoza.[68]

Ya nunca más se oirá la coplilla que denuncia la separación de una parte de Castilla y su Rey:

Abre, abre las orejas,
escucha, escucha pastor
que no oyes el clamor
que te hacen tus ovejas...[69]

El Rey invertido ha tenido una muerte invertida.[70]

Al fin, Isabel, en una audaz ceremonia diseñada por sí misma y de la que hablaremos más adelante, es proclamada reina en Segovia y en casi todas las ciudades de Castilla. Sin embargo, ni Madrid ni Plasencia alzan pendones por ella. Aunque tampoco por Juana. La muchacha, vilipendiada por mil cosas de las que ella no fue nunca responsable ni agente, carga en sus espaldas las desviaciones a la norma de su padre, los desvaríos de su madre, las ambiciones de la hermana, las luchas nobiliarias. Si alguien creyera que era la reina legítima le callarían los del otro bando por unas razones bien prácticas y de peso: Isabel tiene veintitrés años y un marido que es rey de Sicilia y príncipe de Aragón. Isabel es posible que pueda dar más estabilidad a la cansada Castilla que los consejeros que necesitaría la otra reina. Casi todos aceptan a Isabel. Con el tiempo ya se legitimará su reinado. Y si no salieran bien las cosas, sería acusada de ignominiosa usurpadora e incluso podría ser destronada. Pero fue un reinado hábil y la Reina legitimó su situación política y su fama histórica.

La guerra de Sucesión y el destino de Juana de Castilla

Enrique IV ha dejado el reino en ascuas. La sucesión al trono está en el aire aun a pesar del golpe de Estado de Isabel. La guerra entre juanistas prolusitanos e isabelinos proaragoneses parece inminente. En la Navidad de 1474 los Mendoza encabezan el movimiento de seguridad en pro de Isabel: Mendoza, Velasco, Enríquez y Pimentel son los cuatro linajes que apuestan, no ya por Isabel, sino por acabar con la disidencia nobiliaria. Porque no lo olvidemos, pacificados los ambientes sociales, la aristocracia debe actuar unida.

El 2 de enero de 1475 Fernando entra de nuevo en Segovia. Viene desesperadamente deprisa: se ha enterado de que Isabel se ha proclamado Reina sin él: ¡Es intolerable! Para que no se rompa el matrimonio, se prepara un pacto para fijar cómo se distribuirán las funciones de gobierno ahora que ella es Reina y no sólo aspirante a heredera legítima. El 2 de enero de 1475, entrada en Segovia; el 2 de enero de 1492, entrada en Granada: la conducta social está cargada de símbolos. A pesar de las disidencias, todo está tranquilo. ¡La paz ha vuelto a Castilla! Pero no han cesado las intrigas cortesanas.

Quien no apuesta por Isabel es Alfonso V de Portugal que proclama su deseo de casarse con Juana, la hija de Enrique. Sabe que cuenta con los linajes disidentes y con el arzobispo Carrillo. También con la nobleza titulada, pero con la segundona que, de haber guerra, espera más mercedes *a posteriori* que dinero, lanzas y caballos pueda ofrecer *a priori*. Alfonso de Portugal pide ayuda a Francia para invadir Castilla. En Plasencia se celebra el desposorio y son proclamados reyes de Castilla: 25 de mayo de 1475. Juana habla y muestra que si su padre obró como obró, humillando incluso la dignidad real, lo hizo porque no hubiera guerra y por dar paz y sosiego a sus reinos. Acusa a Isabel de haber envenenado a Enrique IV y exhorta a los nobles a seguir su bando en recuerdo de las mercedes recibidas.

Empezaba así una nueva guerra, en la que la batalla de Toro fue decisiva para el triunfo de los isabelinos. Después, en la de Albuera se podrá dar por concluido el enfrentamiento. Hay un hecho de armas glorioso: Alfonso V marcha contra Burgos y en Baltanás el conde de Benavente le cierra el paso. Sin embargo, es hecho prisionero. Su esposa, en respuesta, pone a los pies de sus legítimos reyes, Isabel y Fernando, todos los señoríos que poseen. La prueba de fidelidad no puede ser más simbólica: pero, además, aderezada con que la esposa es la hermana del marqués de Villena y que al frente de las tropas de Alfonso V marchaba el arzobispo Carrillo.

Cuatro componentes dieron sabor a la contienda: por un lado, se trataba de una guerra entre nobles contra reyes; de otro lado, era la guerra de los nobles contra los nobles; en tercer lugar, era una guerra entre fronteras, Portugal y Castilla, y finalmente, algo más alejados, era la guerra contemplada por las otras dinastías europeas porque el vencedor de la contienda lograría la unión de dos Coronas: la unión de Portugal y Castilla (Alfonso el Africano y Juana) o Castilla y Aragón (Isabel y Fernando) no era un acontecimiento que dejara impasibles a las cancillerías de la cristiandad.

Desde la primavera de 1476 los isabelinos parecen atisbar la victoria en esta guerra. Desde entonces se plantea un nuevo problema: cómo vencer a los díscolos sin destruirlos, porque son hermanos, al ser aristócratas. La clave la describe Luis Suárez: no hay un esperable juego de penas o recompensas, sino la aplicación estricta de la ley. Ofrecido el perdón, si alguien no lo acepta se le abre el proceso. Así, en efecto, a algunos les llevan al cadalso «sus crímenes, no su revuelta»[71]. La represión fue implacable, pero acompañada de gestos que dejaban abiertos los portillos hacia la pacificación del reino. Por otro lado, los vástagos de Estúñiga, negocian e interceden por su padre. Poco a poco, éste, sintiéndose abandonado por Alfonso V, se va rindiendo a Isabel. ¡Menos mal que los musulmanes estaban en Granada! Así, unos años después de haberse acabado todo esto, se les hizo la guerra y la nobleza volvió a verse reconfortada jugando el papel de su estatus, el de *bellatores*.

Don Alfonso se retira a Portugal y con Juana entra en Abrantes. Don Alfonso es puesto en duda en su propio reino por la inutilidad y lo costoso de la campaña y, al fin, se ha de firmar el Tratado de las Tercerías. Su gestación ha sido redactada día a día por Sarasola. En los preparativos muere el rey de Aragón y el príncipe Fernando se ha de retirar a su reino para ser proclamado. En Alcántara quedan Isabel de Castilla y su tía Beatriz de Portugal para redactar el acuerdo. Las negociaciones no fueron sencillas y ambas legaciones hubieron de aflojar pretensiones, como es natural.

Los cuatro puntos de partida eran: el destino de la infanta Juana; propuesta de casamiento de la infanta Isabel, primera hija de los Reyes Católicos, con el infante Alfonso, nieto del rey de Portugal; las costas de la guerra y, en cuarto lugar, sobre el perdón a los castellanos afectos al bando portugués.

Llegadas a una primera aproximación, suspendieron la reunión para consultar en sus Cortes si se firmaba o no el tratado de paz. Volvieron a entablarse negociaciones en función de sendas contrapropuestas en las que Isabel quería mostrarse a todas luces como única y legítima reina de Castilla, atando bien todos los cabos para que nunca hubiera la más mínima duda de tal situación. Si en la paz con Portugal se lograba la claudicación, se habría logrado, evidentemente, una gran victoria diplomática, jurídica y social.

Finalmente, en Alcaçobas se firmó el tratado de paz el 4 de septiembre de 1479, basado en el de Medina del Campo de 1431. El rey de Portugal reconocía por reyes de Castilla a Isabel y Fernando y denunciaba su compromiso matrimonial con Juana. En segundo lugar, se acordaba que doña Juana renunciaba a los títulos de Castilla y se le daba a elegir (manzana envenenada) casarse con Juan, hijo de Isabel y Fernando y por tanto príncipe heredero (ella, con diecisiete años; él, recién nacido), o meterse en un convento con profesión completa. Si moría este niño, se casaría con el siguiente que tuvieran, siempre y cuando no le sacara ella veinte años de diferencia. No debe perderse de vista que el matrimonio se celebraría a los catorce años de firmado el Pacto: estratagema de Isabel y Fernando para que nunca se realizara. O siguiendo la opinión de Zurita, se trataba sólo de una «honesta manera de honrar a aquella princesa». Naturalmente, por otro lado, la princesa no aceptó el matrimonio... y entró en las Clarisas de Santarem —también estaba pactado así—, para acabar sus días en el convento de Coimbra.

Profesó el 15 de noviembre de 1480 rodeada de testigos diplomáticos que darían fe del cumplimiento de los acuerdos del Tratado. Los reyes de Castilla fueron muy meticulosos en que quedara claro que la profesa lo hacía con absoluta libertad para que así, nunca jamás, se pudiera dar por impugnado o por ninguno el acto. Exculpar a Isabel y Fernando de la responsabilidad de la vida que llevó Juana es querer santificar lo imposible.

Por otro lado, cabe destacarse que Alfonso V de Portugal la compensaba dándole el título de infanta de su reino; su hijo, Juan II, desde el momento en que accede al trono (1481), se compromete a que Juana no pueda abandonar el convento, pues llevaba una vida en la que la clausura no era observada: naturalmente, porque aunque formalmente profesara en libertad, lo había hecho porque no tenía otro remedio. Es la situación tan repetida de acceso al matrimonio o al convento: una cosa es lo que se acepta verbal y formalmente, y otra la realidad.

Fuera lo que fuere, el rey de Portugal se desdijo de sus palabras dadas pues tanteó una boda en Francia (con el rey de Navarra) de la princesa castellana, a la que por ese motivo se le permitió salir del convento. Desde entonces llevó una vida más libre, muy a pesar de los reyes de Castilla y Aragón que condenaban esta libertad. Finalmente, el hijo de Juan II casó con Isabel, hija de los Reyes Católicos y se endureció la situación de Juana. Isabel y Fernando lograron de Inocencio VIII aquella bula en la que declaraba que ninguna autoridad «permita con ningún pretexto o color, pública u ocultamente, directa o indirectamente por sí o por otros, que la misma Juana salga del Monasterio...».

Lo cierto es que los reyes de Portugal la trataron siempre con más humanidad que sus tíos españoles. Fernando llegó a negociarla en matrimonio tras la muerte de Isabel. Luego, ya en tiempos de Carlos V, renunció a sus derechos como reina de Castilla, que como tal se tenía, en Juan III de Portugal. Intentó huir al lado de Francisco I de Francia...

Aquella pobre mujer murió en Lisboa en 1530. Sexagenaria ya y es de suponer que triste y abatida por una vida absolutamente injusta con ella. Cuando tuvo que tomar importantes determinaciones, como la de esperar a casarse durante casi una vida, o hacerse monja, admitió noblemente este segundo destino, aunque naturalmente no cumpliera su encarcelamiento, con todo el derecho del mundo (otros llaman a esa situación «enclaustramiento»). Pobre Juana, abominablemente llamada la *Beltraneja*, cuando en realidad nadie ha podido demostrar que no fuera Juana de Castilla. Pobre Juana, la otra Juana, la madre de Carlos V olvidada, encarcelada, vejada en Tordesillas, mientras era reina de Castilla. ¡Cuánta locura, cuánta injusticia, qué destreza en aplicar muertes civiles (se hizo con don Carlos también), cuántas reclusiones y cárceles para legitimar a reyes que llegan al trono por sinuosos caminos!

En una clausura lisboeta, una anciana triste que debería haber sido reina, acaba de morir. Podríamos llamarla Olvido. Pero en realidad, se llamó Juana... Juana de Castilla.

Notas

[1] El matrimonio fue disuelto con fecha de 11 de mayo de 1453. Sobre este suceso, debe seguirse a AZCONA, T.: *Isabel la Católica...*, pp. 19-28.

[2] TORRES FONTES, «Estudio sobre la *Crónica...*, p. 39.

[3] TORRES FONTES, «Estudio sobre la *Crónica...*», p. 41. Recoge las frases de Menéndez Pelayo, «tales movimientos convulsivos y desordenados no eran indicios de empobrecimiento de la sangre, sino más bien de plétora y exuberancia de ella».

[4] TORRES FONTES, «Estudio sobre la *Crónica...*», p. 41

[5] SIRGES, J. B.: *Enrique IV y la Excelente Señora...*, p. 378.

[6] GALÍNDEZ:*Crónica*, cap. 33, p. 143.

[7] *Crónica castellana*, cap. 31, p. 63.

[8] Un elenco de definiciones del Rey o de su reinado: «Enrique IV, figura triste, lamentable, bochornosa a ratos...», en BERMEJO DE LA RICA, A.: *El triste destino de Enrique IV y la Beltraneja*, p. 175. «No revelan las cartas a D. Enrique como débil e irresoluto, sino como monarca celoso y cumplidor de sus altos deberes», en TORRES FONTES, J.: Estudio sobre la «Crónica de Enrique IV»..., p. 66. «Enrique IV es especialista en ceder, para posteriormente, privar al adversario de la posibilidad de hacerse cargo de lo que al principio se le concedió», en FONSECA, L.: «La época de Enrique IV...», p. 440. «No hay fundamento legal para hablar de ilegitimidad y bastardía de Juana de Castilla», en AZCONA, T. de: *Isabel la Católica,* p. 48.

[9] Sigo a AZCONA, T.: *Isabel la Católica...*, p. 11. También acepta la fecha de Jueves Santo 22 de abril SUÁREZ, L.: *Isabel I, la Reina,* p. 8.

[10] La síntesis de AZCONA es excelente, pp. 12 y 13.

[11] El testamento de Juan II se puede consultar en *Memorias de don Enrique IV de Castilla...*, Real Academia de la Historia, Madrid, 1835-1913. Concretamente el testamento (Valladolid, 8 de julio de 1454) en pp. 111-125 y el codicilo (Valladolid, 10 de julio de 1454) en pp. 125-127.

[12] SUÁREZ, L.: *Isabel I, la Reina,* p. 9.

[13] AZCONA, T. de: *Isabel la Católica,* pp. 29 y ss., especialmente, 30.

[14] AZCONA, T. de: *Isabel la Católica,* p. 36.

[15] AZCONA, T. de: *Isabel la Católica,* p. 37.

[16] AZCONA, T. de: *Isabel la Católica,* p. 38. «Si no puede probar con certeza el nacimiento ilegítimo de esta maltratada mujer, debe abstenerse de designarla con un mote que prejuzga e insinúa ese origen», p. 39.

[17] GALÍNDEZ: *Crónica*, cap. 33, p. 144.

[18] GALÍNDEZ: *Crónica*, cap. 33, p. 144.

[19] GALÍNDEZ: *Crónica*, cap. 33, p. 144.

[20] ENRÍQUEZ DEL CASTILLO: *Crónica del rey...*, cap. 42, pp. 188-189.

[21] GALÍNDEZ: *Crónica*, cap. 35 p. 151.

[22] GALÍNDEZ: *Crónica castellana*, cap.51, p. 111.

[23] GALÍNDEZ: *Crónica*, cap. 37, pp. 158-159. El rey está convencido de que al frente de ese golpe de Estado está el rey de Aragón.

[24] GALÍNDEZ: *Crónica*, cap. 40, pp. 166-167.

[25] GALÍNDEZ: *Crónica*, cap. 40, pp. 167.

[26] GALÍNDEZ: *Crónica*, cap. 42, pp. 173-174.

[27] *Crónica castellana*, cap. 54, p. 118.

[28] ENRÍQUEZ DEL CASTILLO: *Crónica del rey...*, cap. XL, p. 186.

[29] Y aunque existieran, ¿quién garantiza que no estuvieran antedatadas? Escribe AZCONA: «El texto de estas protestas no es conocido todavía ínte-

gramente, mas su regesta es segura», en el archivo de Frías, AZCONA, T. De: *Isabel la Católica,* p. 45, nota, 113. Afirma Suárez que da por cierta la existencia de esas actas y concluye: «El "buen conde" de Haro, que era muy cuidadoso y gozaba de extraordinaria fama, guardó en su archivo el ejemplar que ha podido sobrevivir hasta nosotros.» En esta obra no inserta nota a pie de página. Cfr. SUÁREZ FERNÁNDEZ, L.: *Isabel I, Reina,* p. 17.

[30] GALÍNDEZ: *Crónica*, cap. 47, p. 191.

[31] Citado por AZCONA, T. de: *Isabel la Católica*, p. 47.

[32] GALÍNDEZ: *Crónica*, cap. 52, p. 205.

[33] GALÍNDEZ: *Crónica*, cap. 56, p. 216.

[34] GALÍNDEZ: *Crónica,* cap. 97, p. 323.

[35] GALÍNDEZ: *Crónica*, cap. 58, p. 219.

[36] Toda esa argumentación es falsa: Enrique IV entró en el reino de Granada y estimuló la guerra contra el Islam. Naturalmente, también, los pactos, los vasallajes... Véase cualquiera de sus crónicas. En 1456 estuvo en ¡Ceuta!

[37] GALÍNDEZ: *Crónica*, cap. 58, p. 221.

[38] Los CXXIX capítulos de la sentencia compromisaria se pueden consultar en *Memorias de Enrique IV,* doc. CIX, pp. 355-479.

[39] GALÍNDEZ: *Crónica,* cap. 65, p. 238. Las mismas palabras en VALERA, Mosén Diego de: *Memorial de diversas hazañas,* cap. XXVIII, p. 97 y ss.

[40] VALERA, Mosén Diego de: *Memorial de diversas hazañas,* cap. XXVIII, p. 97 y ss.

[41] GALÍNDEZ: *Crónica,* cap. 65, p. 239.

[42] *Crónica castellana*, cap. 66, p. 160.

[43] BERMEJO DE LA RICA, A.: *El triste destino...*, p. 203.

[44] GALÍNDEZ: *Crónica,* cap. 65, p. 240. Por cierto, hoy en día hay historiadores que niegan la existencia de los sentimientos de nación, patria, en el siglo XVI. Les vendría bien leer algo de documentación de la época, en vez de sólo lucubrar para justificar su presente. El concepto de «nación» aludía entonces al de una comunidad con rasgos culturales comunes. Tiene Galíndez una preciosa frase digna de traer ahora a colación: «No será muy ajeno a nuestra historia escribir algunas cosas señaladas que sucedieron en Aragón, *así por ser provincia de nuestra España...*», p. 264.

[45] GALÍNDEZ: *Crónica,* cap. 67, p. 243.

[46] GALÍNDEZ: *Crónica,* cap. 74, p. 261.

[47] GALÍNDEZ: *Crónica,* cap. 74, p. 262.

[48] GALÍNDEZ: *Crónica,* cap. 85, p. 291.

[49] GALÍNDEZ: *Crónica,* cap. 100, p. 331.

[50] ENRÍQUEZ DEL CASTILLO: *Crónica del rey...,* cap. CXIV, p. 307.

[51] GALÍNDEZ: *Crónica,* cap. 101, p. 332.

[52] Tarsicio de Azcona se pregunta si la huida no fue para defender sus derechos de reina y los de Juana que estaba en Buitrago y junto a la cual

corrió. Aboga nuestro autor por comprender a una Juana malquerida por su carácter en la corte de Enrique IV; sin embargo, no puede desdecir la bastardía de dos hijos de la Reina. *Vid.* pp. 157-159. En aquella sociedad todos estaban bastante bien situados para batir alguna que otra marca de inmoralidad.

[53] La Reina murió unos meses después que Enrique IV, en Madrid, el 13 de junio de 1475. Se dice que envenenada, otros dicen que de «esquinencia». El caso es que «fue una de las hermosas mujeres que en su tiempo hubo, fue revista y de ricas joyas muy rica y muy tenida mientras la fortuna quiso; mas después, nunca se lee de reina que más aviltadamente fuese tratada, tanto que la muerte le fue descanso», *Crónica castellana,* cap. 99, p. 492. No se queda sin reprocharla Enríquez del Castillo: «Si ella a sí se quisiera conservar con templada honestidad y regirse discretamente, según que estaba estimada entre todos, sin duda muy renombrada fuese su grandeza y mayor la gloria de su fama; mas como pocas veces suelen los señores terrenales pasar sin adversidad, ella como las otras, también pasó sus infortunios», *Crónica del rey...*, cap. XXXVI, pp. 182-183.

[54] GALÍNDEZ: *Crónica,* cap. 102, p. 335.

[55] ENRÍQUEZ DEL CASTILLO: *Crónica del rey...*, cap. CXVIII, p. 310.

[56] GALÍNDEZ: *Crónica,* cap. 103, p. 337.

[57] Si el lector quiere más confusión sobre aquella etapa de la historia de Castilla, lea: «Nadie ha aducido todavía un documento en el que se hable directamente de cuanto sucedió en aquella entrevista» de Guisando, en AZCONA, T.: *Isabel la Católica...*, p. 142.

[58] SUÁREZ FERNÁNDEZ, L.: *Nobleza y Monarquía...*, p. 230.

[59] GALÍNDEZ: *Crónica,* cap. 103, p. 338.

[60] El giro es gráficamente feliz: SUÁREZ FERNÁNDEZ, L.: *Nobleza y monarquía,* p. 236.

[61] En el Madoz no se registra ningún Valdelozoya, ni Val de Lozoya. Enríquez del Castillo sitúa el lugar: «Entre Segovia y Buitrago.» El rey se aposentó en El Paular y los demás señores por todo el valle. *Vid, Crónica del rey...*, cap. 147, p. 360. Al otro lado de Somosierra, cerca de Riaza hay otro Valdelozoya que nada tiene que ver con el de este hecho histórico; no creo que sea un topónimo inusual en la comarca. *Vid.* Mapa Topográfico Nacional, hoja 472, «Riaza».

[62] GALÍNDEZ: *Crónica,* cap. 124, p. 392.

[63] ENRÍQUEZ DEL CASTILLO: *Crónica del rey...*, cap. CXLVII, pp. 360-361.

[64] Las referencias las he sacado de AZCONA, T. de: *Isabel la Católica...*, pp. 228 y 229.

[65] GALÍNDEZ: *Crónica,* cap. 155, p. 459. El sermón recogido por el anónimo de la *Crónica castellana* es mucho más despectivo, ¡cómo no!, contra Enrique IV. *Vid.* cap. 97, p. 477.

[66] Cfr. *Crónica del rey Enrique IV*, cap. CLXVIII, p. 346.

[67] *Crónica del rey Enrique IV*, cap. CLXVIII, p. 346.

[68] PULGAR, H. del: *Crónica de los señores Reyes Católicos...* He manejado la ed. de ROSSELL, C., BAE, LXX, Madrid, 1923, cap. XI, pp. 251 y 252.

[69] El poema es insertado y comentado por LUCAS-DUBRETON, J.: *El Rey huraño...*, pp. 160-161.

[70] FIRPO, A. R.: «Los reyes sexuales (ensayo sobre el discurso sexual durante el reinado de Enrique IV de Trastamara, 1454-1474)», *Mélanges de la Casa de Velázquez* (Madrid), XX (1984), pp. 217-227.

[71] SUÁREZ FERNÁNDEZ, L.: *Nobleza y monarquía...*, p. 252.

Un reinado único en la Historia de España

Cuando Andrés Bernáldez en el capítulo CCII de su (muy inteligente y de muy alta calidad literaria) crónica hace su exhortación fúnebre a la muerte de Isabel, resume en varios puntos, sus tareas de gobierno que considero pertinente exponer sintéticamente:

- «Por ella fue librada Castilla de ladrones y robos.»
- «Fue destruida la soberbia de los malos caballeros que eran traidores y desobedientes a la Corona Real.»
- «Fue quemada y destruida la pésima y abominable herejía mosaica, talmudista judaica...»
- «Fue muy prudentísima reina, muy católica.»
- «Hizo corregir y castigar la gran disolución y deshonestidad que había en sus reinos cuando empezó a reinar, entre los frailes y monjas de todas las órdenes e hizo encerrar las monjas de muchos monasterios que vivían muy deshonestas.»
- «Junto con su marido iba a la guerra y ganaron a los moros el Reino de Granada.»
- «Viendo los inconvenientes y daños que procedían de los judíos y moros a los católicos cristianos, desterró a los judíos por siempre jamás e hizo convertir los moros por fuerza y tornar cristianos.»
- «Todo esto [...] fue hecho por ella y por el rey su marido, ambos conformes en una voluntad e querer. [...] Nunca el uno sin el otro firmaron en los mandamientos...»

— «En su buena ventura y tiempo de ellos, se descubrieron y fueron halladas las Indias.»
— «España fue en tiempos de estos bienaventurados Reyes don Fernando y Doña Isabel, durante el tiempo de su matrimonio, más triunfante, más sublimada y poderosa, temida y honrada que nunca fue.»

Indudablemente, el reinado de Isabel es uno de los pocos reinados cruciales que tiene la Historia de cualquier nación. Podría, incluso, afirmar que es el más importante de nuestra Historia, más que el de Felipe II, por ejemplo. Los otros reinados de los Austrias son la continuación —y aparición de las consecuencias— de todo cuanto cimientan los Reyes Católicos. Pedagógicamente es bueno el juego de las comparaciones de los momentos inicial y final de cualquier proceso, vaciándolos de contenidos: es decir, ¿cuál es el estado de Castilla en tiempos de Enrique IV?; es más, ¿existe Castilla por algún lado?

Es verdad que si escarbamos, escarbamos, podremos hallar algún fogonazo de claridad en algún momento, en alguna decisión y que eso nos haga pensar que, de no haber habido tanta inestabilidad, otro gallo —y no tan solitario y lastimero— le hubiera cantado a Enrique IV en su fama histórica. Pero el Rey y sus cortesanos tendrían que haber sabido cómo desterrar tanta inestabilidad. Lo más penoso es ver que, en efecto, hubo medidas interesantes que, puestas en otras manos, podrían haber dado enormes frutos.

Ahora bien: ¿fue verdaderamente tan desdichado el reinado de Enrique IV o tan infame aquella época? Las últimas investigaciones parecen indicar que no. La base de este cambio de percepción radica en una modernización metodológica en la investigación histórica que no se limita a la lectura de las crónicas de época, sino que acude a los archivos administrativos civiles o religiosos y, en segundo lugar, a que por fin se tiene claro que un reinado no es una construcción a imagen y semejanza de la personalidad del Rey. En definitiva, pues, para los más optimistas el reinado de Enrique IV no fue en todo negativo, ni el de Carlos II, por ejemplo. Pero porque son las fases económicas y demográficas expansivas las que apuntan hacia arriba; no la tarea de gobierno.

Algunos de los argumentos que se dan para intentar salvar algo del reinado de Enrique IV son, por ejemplo, el envío de los primeros corregidores a las ciudades castellanas; el haber hecho cierta guerra al musulmán (guerra tímida y timorata); sus ganas constantes de pactar...

Y echando más trigo en este plato de la balanza, veremos más logros. Pero son, insisto, coyunturales, regidos por las fuerzas de la naturaleza, no por la política regia. Para empezar, hemos de tener en cuenta que en esta época final de los Trastámaras la fogosidad castellana es un hecho evidente: tan evidente que estalla en convulsiones civiles. Si no hubiera habido tanta vitalidad o tal dinamismo económico, no habría habido tanta tensión o dinero para pagar mesnadas. En definitiva: la curva de recuperación económica y demográfica tras los descalabros de la Peste Negra de mediados del XIV ha alcanzado los más altos niveles hasta entonces conocidos.

Esa vitalidad es la que hace que Castilla se vislumbre como el reino más potente de los peninsulares (a excepción, y por poco tiempo, de Portugal). Al rey de Aragón, Juan II, no se le olvidaba que sus raíces eran castellanas y que su segunda esposa, la madre de su heredero, era Juana Enríquez, hija del almirante de Castilla. Castilla fue haciéndose con el peso político peninsular, lo cual se acentuó con las consecuencias del Descubrimiento de América.

Antes aludía a que la harina que tenía Enrique IV, amasada por otras manos, habría hecho un pan bendito. Las otras manos fueron las de Fernando e Isabel. Es verdad que, cuando creyeron que era menester, usaron la violencia pero el caso es que, al final de sus días, aquella Castilla otrora convulsa, que era un reino más de entre los muchos de Europa, se había convertido en el más potente de Europa, el que, por conquista y por medio de guerras justas —a su manera—, había logrado la máxima expansión conocida en el Mediterráneo y al otro lado de la Mar Océana (y lo que habría de venir); que había modernizado los sistemas de administración civil; que, reunidas las Cortes, se habían pactado entre la Corona y los estamentos reunidos en asamblea las leyes que configurarán el ordenamiento jurídico castellano hasta el fin del Antiguo Régimen; que se impartía justicia con Justicia; que los Reyes estaban por doquier (allá en forma de corregidores; acá en cuadros; en el otro sitio en persona y por todas partes con iconografía propia o alegórica); que los humanistas dejaban Italia y acudían a las cortes castellanas; que se había reformado el clero antes que se fuera a peores; que se había impuesto la uniformidad religiosa acabando con toda incómoda disidencia y que por medio de la magnanimidad y el temor —esto es, haciendo política—, se había conseguido que se respetaran todos los integrantes de los variados cuerpos que configuraron la monarquía.

Ahora bien, el reinado se salda con un par de fracasos estrepitosos aunque la moral social esté por los aires. Aún viva Isabel, las acalladas disensiones de la nobleza saltan por los aires y Fernando, aquel que despertó tantas adhesiones, es expulsado de Castilla. Ésta es, a mi modo de ver, una de las claves del reinado: la incapacidad de construir un solidario proyecto común de las dos Coronas, de Castilla y Aragón. Probablemente tanto Isabel como Fernando creyeran en la bondad de la idea de una unificación más profunda y eficaz de sendos territorios, pero las oligarquías territoriales (en su manera abstracta se habla de fueros y costumbres), inconscientes de las ventajas que ello podría suponer, o temerosos de la pérdida del control sobre sus lares, se aferraban a sus formas tradicionales de vida. Nunca, o casi nunca, se ha conseguido un poco de lucidez en tal cuestión: las piezas separadas han construido un rompecabezas que, a veces, se ha fracturado. En 1591 se produjeron los sucesos de Aragón, que no fueron un movimiento de defensa popular de las «libertades»[1], sino una revuelta de los hidalgos urbanos que catalizaron otros descontentos; luego, al Conde-Duque se le ocurrió imponer unas medidas que, obviamente, tarde o temprano habrían de cristalizar: que el Rey dejara de ser rey de tantos territorios y que lo fuera de España, sencilla y llanamente. Para ello, castellanización y, a cambio, circulación de las elites por todo el Imperio, además de la apertura de las Indias a los súbditos de la Corona de Aragón. Una serie de circunstancias desdichadas y ciertas torpezas políticas convirtieron aquel *Gran Memorial* o *Instrucción Secreta*, con su aparejada *Unión de Armas*, en una guerra civil, la de 1640; finalmente, Felipe V, rey legítimo y jurado por todos los territorios peninsulares con absoluta algarabía, acabada la guerra de Sucesión impuso la *Nueva Planta* de la Monarquía. Desde la llegada de Isabel y Fernando al trono hasta este hecho, habían transcurrido dos siglos y un cuarto más. Es decir, un poco menos de tiempo que desde la implantación de la *Nueva Planta* hasta nuestros días. La homogeneización relativa, la construcción de alguna idea compartida, la existencia de una solidaridad común, la búsqueda de intereses por igual no es una deuda pendiente, sino que, a lo que se ve, es la esencia, lo que *es* nuestra Historia. Si alguna vez se consiguiera, ¿qué hacer después? Y cuando llegue la fractura, ¿qué?, ¿por cuánto tiempo?, ¿para qué?

Muerta Isabel, dos de los mayores éxitos de su reinado, la pacificación de la nobleza y el equilibrio matrimonial con Aragón, se han venido abajo. De toda su labor, afortunadamente, quedaba Granada y un recuerdo vivo que fue modelo para sus sucesores... especialmente para el enérgico franciscano, esto es, Cisneros.

Isabel de Trastámara, reina de Castilla (1474-1479)

Enrique IV ha muerto en Madrid. Al día siguiente Isabel es proclamada reina de Castilla en Segovia. Es el 13 de diciembre de 1474. Pero para reinar en paz, aún tendrá que esperar cinco años. El 4 de septiembre de 1479 se firma el Tratado de Alcaçobas con Portugal, según el cual el camino ya, al fin, le queda expedito.

Isabel, que, presumiblemente, tenía todo previsto porque su hermano estaba agonizante desde meses atrás, celebra las honras fúnebres y, acto seguido, se proclama Reina. No hay esperas, no hay lugar a la discusión. De un plumazo pretende dejar atrás no ya sólo a Juana de Castilla, sino a todos sus partidarios. Aragón con Castilla; Castilla contra Portugal son dos de los problemas que se plantean; el otro, el de las banderías nobiliarias. Isabel exige a todas las ciudades con voto en Cortes que la juren como Reina y a Fernando como consorte; que haya Cortes en Segovia para el acatamiento y que los alcaides de las fortalezas también la reciban por Reina.

Se sabe por distintas relaciones que la joven, de veinticuatro años de edad, viste ropajes de colores sobre los que lleva los lutos. Asiste así a las honras por el Rey muerto en la iglesia de San Martín. Al acabar, a la salida, en la plaza en que se yergue la iglesia, se quita los atuendos oscuros y, rutilante, es proclamada Reina. No ha habido tiempo para que acudan los Grandes ni los arzobispos. La rapidez es un perfecto golpe de mano contra Juana de Castilla. Madrid se niega a reconocerla porque en la villa está la niña vilipendiada. Tampoco la reconoce Plasencia: es la ciudad cabecera del señorío de los Estúñiga, que habían usurpado Arévalo a la madre de Isabel y que bien se podían imaginar que aquella ocupación iba a durar más bien poco. El 21 de diciembre el cardenal Mendoza entra en Segovia. Viene de Guadalupe de dar sepultura a Enrique IV. Rinde pleitesía a la nueva Reina. Todo el clan de Guadalajara, aquel que durante años había sido el custodio de Juana de Castilla, se pone a los pies de Isabel. Incluido, por vía matrimonial, el propio Beltrán de la Cueva. Algo empieza a cambiar en Castilla.

Coronada Isabel, las cosas no le iban a ser sencillas. Juana de Castilla, refugiada en Portugal, cuenta con el apoyo de Alfonso V. Isabel de Castilla, con el apoyo de Aragón. Durante un par de lustros, vuelven a aflorar las inquietudes, como siempre. La ambición y la prudencia de Isabel, por un lado, la habilidad de su esposo, por otro, y las disensiones de los nobles que no saben con quién bailar —pues se palpa que tras esa guerra civil la Corona, quien quiera que la luzca, saldrá reforzada— se traducen en una guerra compleja; compleja por su multiplicidad de frentes, que más bien parecen escaramuzas, en las que se enfrentan levas y mesnadas señoriales que, so color de servir a una causa de legitimidad, lo que hacen es buscar su beneficio propio sin respeto a ninguna lealtad superior. Unos señores dirimen contra otros tradicionales disputas; unas ciudades, unas jurisdicciones, se inmiscuyen en otras; vasallos de señorío se pasan al realengo, posiblemente sin importar mucho con qué rey quedarse (marqueses de Cádiz contra duque de Medina Sidonia; Córdoba —isabelina— contra el comendador de Fuenteovejuna —juanista—; los vasallos del marquesado de Villena se hacen isabelinos también) y en fin, el arzobispo de Toledo se marca un buen paso en esta danza, como hemos visto más arriba. Curiosamente, las grandes casas nobiliarias se pusieron del lado de Isabel. Así los Alba, Mendoza, Sarmiento, Pimentel, Velasco y Manrique. Dudo que por creer en algo providencial o supremo: sencillamente, veían en esos jóvenes, Isabel y Fernando, los seres más manejables de la contienda.

Para sembrar más la confusión o para que la discordia fuera más notable, estas querencias tan tardomedievales iban a alterarse con la internacionalización del conflicto: los movimientos de mesnadas, los insultos o desprecios familiares se superarían pronto al mezclarse Francia en ese ambiente. Porque no se trataba de ver quién iba a reinar, sino que había que evitar que la unión castellano-portuguesa o la castellano-aragonesa arrasaran en Europa. Francia, pues, estaba interesada también en la guerra peninsular, apoyando a su no-enemigo: Portugal. Todo menos favorecer a la Corona de Aragón, con la que había que dirimir problemas territoriales (la línea transpirenaica o Nápoles).

Ese mismo día 21 el emisario de Isabel encuentra a Fernando en Calatayud y le da nuevas de la proclamación.

En Segovia, en los días siguientes los Mendoza, los Velasco, los Enríquez y los Pimentel debaten sobre cómo se debe articular la nueva monarquía: Fernando, como varón y heredero indirecto de los Trastámaras, podría asumir el reino absoluto, mientras que Isabel, por mujer, quedaría ensombrecida. Podría haber otra fórmula, que Isabel fuera la reina absoluta y él sólo consorte. Pero esto suena extraño porque ella es, como hembra, inferior. Además, esos señores han sido enriqueños. Falta en la reunión el arzobispo de Toledo, Carrillo, que lleva un tiempo en conflicto político. No está a gusto y escribe a Fernando varios avisos en su viaje de Aragón a Segovia, para que se dé cuenta de que si la Reina ha sido proclamada tan deprisa, de que si no se le ha esperado a él y se quiere que ella gobierne como Reina legítima y él sólo como su marido, todo ello se debe a que existe la intención de postergarle en las tareas de gobierno. Al atardecer del 2 de enero de 1475 entra Fernando en Segovia. Intramuros, al pie del alcázar le espera su esposa. Acuden juntos a la catedral, de allí a palacio y luego hablan de lo acaecido en las últimas semanas. Nada parece indicar a Fernando que haya de sentirse molesto. Además no es malo que en Castilla reinen las mujeres: de este matrimonio, cinco años después de haberse celebrado, sólo hay un fruto: una cría, Isabel, que tendría que pasar sus derechos a una línea indirecta si no tuvieran hijos varones y si no se aceptara que reinaran las mujeres en Castilla...

Así las cosas, es necesario firmar un documento. Lo preparan los dos prelados poco amigos, Mendoza y Carrillo —de muy mala gana y tal vez dispuestos a traicionar su propio cometido—. En aquella *Sentencia Arbitral de Segovia* de 15 de enero de 1475 se recogen varias cuestiones importantes: se anteponía el nombre de Fernando al de Isabel, porque cristianamente debía ser así, pero —por otro lado— se antepondría el de Castilla a Aragón en toda la documentación, la medallística y la moneda que se emitieran. Las alcaidías de fortalezas y castillos rendirían homenaje a la Reina; las rentas de Castilla y Aragón serían usadas tras deliberación conjunta así como el nombramiento de corregidores (presidentes de los concejos y *alter ego* de la Reina en las ciudades) o los cargos de Justicia; Isabel nombraría a los oficiales públicos administrativos de Castilla y ella daría las gratificaciones en su Corona.

Una de las primeras disposiciones dadas, emanada de la *Sentencia Arbitral*, fue la de la proclamación de los aragoneses como si fueran naturales de los reinos de Castilla (2 de febrero de 1475). La finalidad era que pudieran ser gobernados por Isabel también. Pero este acto jurídico quedó ahogado en la realidad cotidiana. Algo más tarde Isabel delegó todos sus poderes en Fernando en caso de ausencia (28 de abril de 1475) y, tras ser proclamado rey de Aragón, Fernando hizo lo propio a favor de Isabel (14 de abril de 1481)[2].

La práctica inmediata de la aplicación de la *Sentencia Arbitral* fue, por un lado, la de la constitución de un nuevo modelo de monarquía: se apoyaba en la tradicional aragonesa, de agregación de reinos, frente al modelo castellano, más uniformador; en segundo lugar, se robustecía la presencia simbólica y directa del Rey, el cual parecía despegarse un paso de su consideración con respecto a los nobles, de ser simplemente un *primus inter pares*; en tercer lugar, esa nueva monarquía ponía en marcha su legitimidad y su poder en función de la ley y necesitaba a su servicio universitarios y juristas en abundancia, capaces de glosar, comentar y crear leyes. Siguiendo las palabras de Pérez Prendes, referidas a Felipe II pero perfectamente aplicables a Isabel y Fernando: «La diferencia más significativa entre un político y un hombre de Estado radica en que el primero sólo se preocupa de actuar según las vivencias y conveniencias de su coyuntura personal y temporal, mientras que el segundo se plantea la significación de sus actos en una dimensión amplia de la Historia.»[3] Atendiendo a esta definición, los Reyes Católicos fueron hombres de Estado con plena conciencia de la trascendencia de su reinado; Enrique IV, no. Ellos, especialmente Isabel, sentían su tarea de gobierno como una misión encargada por la Providencia; a él, a Enrique, lo de ser rey le molestaba. Habría sido más feliz siendo un noble más, aficionado a la caza y a conspirar contra el rey, voluble y sin responsabilidades.

Carrillo se retira de Segovia camino de su sede, Toledo. Dicen que se alía con Alfonso V de Portugal. Isabel manda a los duques de Alba y Nájera para que recapacite. No lo consiguen. Isabel, en uno de sus muchos golpes de coraje, monta y parte a Alcalá. Llegada a Colmenar Viejo le pide audiencia y él le contesta de manera brutal: «Si ella iba, en entrando ella en Alcalá por una puerta, él se iría luego huyendo por otra», dice el cronista Bernáldez. Esto se lo comunican a Isabel nada más salir de misa y pierde la compostura: «Hubo tanto enojo que echó mano a sus cabellos.» Pasado el arrebato histérico, se encomendó a Cristo: «En vuestras manos pongo todos mis hechos y de Vos me descienda el favor y ayuda.» Lo va a necesitar.

Ni entusiasmos ni grandes odios ha despertado Isabel. Sencillamente, incertidumbre y, conforme han pasado las semanas, temor a lo que se avecina. La muchacha no es su hermano. Ella está dispuesta a emplear la fuerza para imponer la autoridad regia. La fuerza... y el apoyo de Aragón, a cuyo príncipe heredero, a la sazón su marido, ha empezado por subyugar con el acuerdo de Segovia.

En 1475 Francia, tan aliada de Castilla, recelosa y dolida contra Isabel por las calabazas dadas al pretendiente de Guyena, entra en Perpiñán, territorio de la Corona de Aragón; en la primavera de ese año, los ejércitos portugueses entran en Castilla; en Castilla se desata la guerra civil de los partidarios de Juana contra Isabel (a esos nobles les daba igual la legitimidad; lo que querían era que hubiera en vez de un rey, un muñeco, como en la farsa de Ávila). El rey de Portugal se desposa en mayo con Juana y conquista Zamora y Toro; se le frena en Burgos; los franceses bajan desde la frontera pirenaica. Por fin puede llegar Fernando y retomar Burgos y Zamora y derrotar en diciembre a los portugueses en Toro, al tiempo que se manda a los franceses a sus tierras naturales. Al fin, en 1479 ha concluido la guerra. Y si 1475 fue dramático, este año de 1479 parece providencial: se firma la paz con Portugal, Fernando hereda Aragón. Hay que sentar y desarrollar las bases del nuevo gobierno político.

Al fin parece concluir un periodo histórico y abrirse otro: los tres graves problemas, el dinástico, el político (la presión de la nobleza contra la Corona) y el diplomático, están resueltos en su totalidad o, en el peor de los casos, calmados. A partir de ahora se puede empezar a pensar en el futuro, no en el presente. Una nueva era de la Historia de España se ha abierto.

¿Existe una «unidad de España»?

La comprensión de este reinado y de los sucesivos, hasta Felipe V, ha de basarse en una serie de principios. Entre otros, que no hay «unidad de España». Podría haber algún atisbo de ello, en el plano ideológico, entre algunos grupos sociales, en la defensa de unos intereses exteriores; pero jurídicamente, los Reyes Católicos no efectuaron esa unidad en tanto en cuanto cada Corona mantuvo sus leyes, Cortes, monedas o instituciones de gobierno. Más aún en la Corona de Aragón el modelo se reprodujo una y otra vez: Aragón, Valencia, Cataluña y Mallorca conservaban modos propios de hacer política. Al contrario, toda la Corona de Castilla era, en este terreno, un bloque unificado y homogéneo.

Aún más, aunque existiera una cierta unidad en la política exterior (Aragón no apoya a Francia en una disputa con Castilla; en los reinados siguientes, tampoco va a defender a los rebeldes flamencos, aunque sean más bien escasos los hombres y el dinero que aporte a la defensa de la dinastía; Castilla, en tiempos de Fernando el Católico, financia la guerra de Nápoles en cumplimiento de la sentencia segoviana), cada anexión se hacía sobre una de las dos Coronas por motivos histórico-jurídicos y no por caprichos: Granada, Indias y Navarra, para Castilla; Nápoles, para Aragón.

Estamos ante una *diarquía* en la que si al principio cada monarquía ejerce una preponderancia, a la larga, el más poderoso eclipsará al más débil, asumiendo algunos de sus métodos de gobierno. En efecto, el sistema de diversificación institucional, con la figura del virrey a la cabeza, y que es de origen aragonés, lo asimila Castilla perfectamente; la propia estructura de esa diarquía, tan aragonesa, también la acepta Castilla. En cualquier caso, la importancia de los acuerdos de Segovia radica en que sobre ellos se asentará la manera de gobernar: Isabel y Fernando, ¿montan tanto?: la Reina propietaria de Castilla es Isabel y cuando muere, Fernando se va; mejor dicho, es expulsado.

En esa diarquía, la preponderancia económica la llevará Castilla y cada vez más, conforme incorpore Granada y los territorios de América. Castilla es, territorialmente, más extensa; está más poblada (¿cuatro o cinco millones frente a un millón de habitantes en la Corona de Aragón?); económicamente más avanzada, tanto por el desarrollo de la ganadería trashumante y la producción de excelentes lanas (que son la base de casi todos los tejidos que se usaban entonces) destinadas a los mercados nacionales e internacionales, como por lo que se deriva de esa generación de riqueza: Medina del Campo es la gran plaza de los intercambios del Mediterráneo occidental; Burgos, el lugar de contratación de fletes y seguros de las mercancías con dirección al Norte; Bilbao o las Cuatro Villas de Santander, los principales puertos de embarque... y a lo largo del XVI esa retícula incrementará su poder. Por otro lado, aquella lana se manufactura en Castilla, en Segovia, en Ávila, en Toledo o en Cuenca, por citar unos ejemplos. Y el tráfico con el Mediterráneo, que existe en Venecia o en los puertos de Valencia, no es privativo del Levante: el establecimiento de colonias de genoveses desde mediados del XV en nuestras costas andaluzas abre las radas meridionales al mundo mediterráneo, al del norte de África y, llegado el día, al de América.

En conclusión, un territorio en ebullición se une con otro que, al parecer, languidece. Esto explica muchas claves de nuestra Historia. Tal es el predominio en todos los ámbitos de lo castellano que, ¡cuántas veces dentro y fuera!, al hablar de «España», se está haciendo alusión a los principios rectores castellanos. Precisamente esa necesidad de *ser España* explicaría (aunque es de 1547) el título y la intención de la obra de Pere Miquel Carbonell, que lleva por título *Chroniques de Espanya, fins aci no divulgades, que tracta dels nobles e invictissims reys dels gots y gestes de aquells y dels contes de Barcelona e Reys de Aragó, ab moltes coses dignes de perpetua memoria*[4] . España no es sólo Castilla.

«Por ella fue librada Castilla de ladrones [...] y destruida la soberbia de los malos caballeros»

Tanto a sus coetáneos cuanto a los historiadores en general, llama la atención la capacidad de organización política de aquel matrimonio... y de aquel Estado.

Una de las claves para comprender la fama exitosa del reinado es la pacificación interior. Sobre tres pilares, en el buen decir de Domínguez Ortiz, se asientan tales actuaciones: campañas punitivas contra nobles revoltosos, acoso a delincuentes comunes y medidas legislativas.

El primer territorio «pacificado» fue Galicia, en donde los últimos estertores de la guerra de los Irmandiños tocaba a su fin. Contra la nobleza levantisca se adoptaron medidas drásticas, como la decapitación de Pardo de Cela o la muerte extraña del conde de Camiña (ya serán recompensados en la corte sus descendientes); acto seguido fueron arrasadas fortalezas y casas fuertes y se restituyeron al patrimonio real tierras antaño robadas. Se constituyó una audiencia en La Coruña y se nombró un capitán general. A la altura de 1486 todo estaba en paz y orden.

La paz interior iba a conseguirse a un alto precio: no había beneficio de la duda para los reos. Existía ya antes de este reinado en Castilla la Santa Hermandad, compuesta por cuadrilleros. Los Reyes la reorganizaron en cuanto vieron sus posibilidades en la guerra de Granada. Para que no hubiera salteadores en núcleos rurales, campos y despoblados, se contaba con fuerzas populares armadas dotadas de cárcel y jurisdicción propias, con derecho a sentenciar y ejecutar la pena capital. Bajo esas premisas y tanta brutalidad se logró dar tranquilidad a los desplazamientos de personas y bienes en el interior de Castilla.

Más complejo parecía el restablecimiento del orden en Andalucía, con grandes señores propietarios de inmensos latifundios y administradores de la jurisdicción sobre miles de vasallos. Las guerras entre ellos afectaban al mundo urbano y al rural; el pueblo llano, por otro lado, amenazaba la vida de los judíos y los conversos; otros salteaban caminos. Tan pronto concluyó la guerra con Portugal, sin haberse firmado aún la paz de Alcaçovas, Isabel se fue a Sevilla. Agradecidos los servicios al duque de Medina Sidonia, éste hubo de entregar a los Reyes Gibraltar y abandonar el gobierno de Sevilla. Al marqués de Cádiz se le exigió la devolución de Cádiz a la Corona, a cambio del ducado de Arcos de la Frontera. Se sabe que allí fue cuando y donde se alarmó por el desarrollo de la herejía de los falsos conversos. Por otro lado, pactó con los Grandes andaluces y se dirigieron a Córdoba a poner orden en las relaciones de la monarquía con los Fernández de Córdoba.

Éste es el talante de las relaciones entre monarquía y nobleza en ese reinado: pactan, le aseguran a la aristocracia parte de las antiguas usurpaciones, exigen que devuelvan otras, pero, en ningún caso, se enfrentan directamente con ella ni pretenden anularla: ¡habría sido un disparate! La nobleza entra paulatinamente al servicio de la monarquía, la cual les da guerras y honores a cambio de fidelidad; en ocasiones, incluso matrimonios cercanos a la Corona. No nos quepa duda que los Reyes Católicos nunca quisieron anular a la nobleza. No cabía en sus formas de pensamiento. Los Reyes lo que quisieron fue, precisamente, reforzar el orden estamental, por medio del riguroso cumplimiento por parte de cada cual de los papeles inherentes a su estatus social. Es absurdo pensar otra cosa; tampoco los ilustrados pretenderían llevar adelante ninguna revolución social, sino mantener la sociedad estamental corrigiendo los fallos, vicios y desnaturalizaciones de todos conocidos. La monarquía por muy absoluta que se sintiera, o que lo quisiese ser (es muy indicativo de ello la decena de alusiones que hace Isabel a su «poder absoluto» en el testamento), no podía anular lo que implicaba la nobleza. Sin embargo, los nuevos señoríos creados por los Reyes en Granada eran más bien la interposición de un poder intermedio entre vasallos hostiles o díscolos y la Corona, que una concesión prístina de privilegios cuyo control escapara a la monarquía.

Luis Suárez ha trazado lúcidamente el camino político recorrido por Isabel y la nobleza.[5] Para este autor el lustro que va desde la muerte del niño-rey Alfonso a la de Enrique IV no es sino el de la época de definición del triunfo o de la autoridad monárquica o la oligarquía nobiliaria. Desde la muerte de Alfonso la decisión de Isabel era clara: «Aspiraba a gobernar, pero no a llevar un título vacío ni a convertirse como su hermano, en el triste juguete de la voluntad de los nobles.» Para ello era imprescindible que se reconociera sin duda la legitimidad de la soberanía regia. No había lugar para ambigüedades. Por eso buscó un tratado, un texto escrito y jurídicamente aplaudible, en el que quedara clara la ilegitimidad de la legítima.

En el verano de 1468 Isabel, mientras su hermano sufre la «coronación» a la que le ha sometido su esposa, fugada desde Alejos, Isabel, decía, opta por empezar a titularse «princesa»... y lo grave es que Enrique acepta tal ignominia a su persona. El proceso concluye con el pacto de los Toros de Guisando, del cual no queda ningún original escrito y las copias que nos han llegado al parecer son posteriores a 1474.

Concluida la guerra contra Alfonso y Juana, la estrategia de los Reyes Católicos no fue, ni mucho menos, la del aplastamiento de los nobles, sino que, en todo caso y desde su reinado, se intentó cerrar el pacto monarquía-nobleza en detrimento de las ciudades. En efecto, ya es hora de dejar claros una serie de puntos: los Reyes impusieron en las ciudades a los corregidores, es decir, a su representación personal y directa: desde entonces, los grandes ayuntamientos tuvieron que deliberar ante un representante de la monarquía, que les presidía. Los Reyes impusieron, además, sistemas de control ideológico (llámese política anticonversa en sus variadas vertientes) que afectarían, sobre todo, a ciertos grupos urbanos. En el otro lado de la balanza, a la nobleza y a sus ideales, se les dio tierra que conquistar, legaciones diplomáticas, arte y cultura representativa. Y esta estrategia para mantener apaciguada a la nobleza, no lo olvidemos, en el régimen estamental, se continuará con los Austrias. Cuando haya inestabilidades o novedades, la nobleza, a la que siempre había que complacer, exigirá: recuérdese que cuando no se le calma, protesta: en la sucesión a Isabel; en los inicios del reinado de Carlos V y al principio de la guerra de las Comunidades; en las Cortes de Toledo y aún más tarde, Ávila y Aragón en 1590-1591, por no hablar del siglo XVII. A cambio estaban recibiendo lugares en los que guerrear, embajadas, méritos, etc.

En ese sentido, el reinado de los Reyes Católicos fue un reinado de gran bonanza para la nobleza: durante los anteriores, pudieron ver cómo las luchas intranobiliarias no conducían más que a un continuo forcejeo y a un debilitamiento de su fuerza; sin embargo, el pacto entre ellos y con los Reyes, al dar tranquilidad, favorecería su robustecimiento.

Aquel caminó empezó hacia 1474, año en que se firmaron una sucesión de actos entre Isabel y Fernando y los grandes linajes nobiliarios, incluso los enemigos encarnizados. De aquellos pactos la nobleza salió territorialmente estabilizada (ya no aspiraría a más por la fuerza, sí por la ley: Leyes de Toro de 1505 y creación del mayorazgo, que es —a mi modo de ver— la última batalla por conquistar tierra, aunque sin desenvainar la espada) pero con la misma fuerza económica que siempre había tenido.

En segundo lugar, desde 1478 hasta las Cortes de Toledo de 1480. La Reina, establecida en Sevilla, domeñados los intereses particulares de los nobles, inició la ardua tarea de aplicar la ley. Sus maneras de administrar justicia gustaron mucho y convencieron a los indecisos de que el poder real débil había pasado a la historia. Y cuando alguno lo puso en duda, como Fernandarias de Saavedra, que se negó a devolver a los Reyes Tarifa y Utrera, vio cómo su guarnición de Utrera era pasada a cuchillo y él juzgado y condenado a muerte por rebeldía. Logró, al fin, salvar el pellejo pero se le humilló socialmente al rebajarle enviándole a Sevilla, como lo que era, un regidor, y a Zahara, como lo que había sido, alcaide. Al acabar 1478 volvían a la Meseta aquellos jóvenes reyes que, tras algún que otro revuelo como el señalado, habían conseguido calmar Andalucía como no estaba desde hacía muchas décadas.[6] Luego concluye esta fase con la paz de Alcaçobas, tras la guerra con Portugal, y acto seguido la creación de grandes ducados (Medinaceli, Infantado) o marquesados (Moya). La nobleza estaba en paz. Castilla también con Portugal.

En las Cortes de Toledo de 1480 Isabel encargó al cardenal Mendoza que estudiara si debía —o cómo— asumir el pago de las deudas que por préstamos de particulares a los Reyes (los juros) se hicieron en tiempos de Enrique IV. Resultaba espinoso el tema porque había habido documentos firmados por tres reyes: Enrique, Alfonso e Isabel. Si Isabel ahora admitía una deuda, era legitimar un pasado. La sentencia fue clara: todo lo concedido por Enrique era legítimo; lo concedido por Alfonso, no. Desde 1480 Isabel se declaraba absoluta heredera (incluso de las deudas) de Enrique y no de Alfonso. La herencia del pasado y la visión del horizonte futuro quedaron claramente despejadas.

La misma estrategia se sigue con las Cortes: son convocadas pocas veces, pero las decisiones que se toman son de tal importancia que perduran durante toda la sociedad estamental. Las Cortes de Toledo de 1480 fueron tan importantes en la organización administrativa, en las exigencias para ser servidores reales, en la organización municipal, en el orden fiscal, como lo serían las de Toro de 1505.

Los asuntos de gobierno eran analizados —digamos que incluso filtrados— por los diversos secretarios reales. Ahora bien, conforme se fueron complicando las tareas, hubo que ir constituyendo órganos multipersonales. Éstos se denominaron consejos y se crearon a imagen y semejanza del Consejo Real o de Castilla. Los consejos eran temáticos o territoriales y tenían funciones administrativas, políticas y judiciales. De tiempos de los Reyes Católicos son la reorganización del Consejo Real y la creación de los de Órdenes Militares, Indias e Inquisición. El de Aragón se constituyó en 1494. Esta forma de gobierno, conocida como *sistema polisinodial,* duró lo que los Austrias y aún más: hasta que en época borbónica no se constituyeron las Secretarías de Estado —antecedente directo del actual sistema de Consejo de Ministros— perduró la polisinodia administrativa. No obstante, debe advertirse que ni las secretarías regias son creación de este reinado, ni la existencia de un Consejo Real es algo nuevo.

De 1484 data la primera revisión y recopilación de leyes, la de Montalvo, que fue manejada hasta que en 1567 apareció editada la *Nueva Recopilación* de Felipe II. De 1500 es la primera Ordenanza para corregidores (que sólo tenían oficio en Castilla).

En las Cortes de 1480 los Reyes pactaron con sus súbditos la potestad de revisar pasadas mercedes. Fray Hernando de Talavera logró restituir al patrimonio real sólo la mitad de lo usurpado en los tiempos de los Enriques y de los Juanes, pero era un buen pellizco para siempre jamás. Ahora bien, lo restituido era, fundamentalmente, de señores de la baja nobleza (un 60 por ciento), mientras que la alta nobleza sólo devolvió el 40 por ciento del total restituido. Era mucha fuerza la que había que tener para poner las cosas en orden plenamente.

Claro que en la conciencia de Isabel quedó siempre esa sombra de no haber hecho plenamente lo que debía. Y en sus sucesores, la misma fórmula testamentaria hace entrever que ya no es conciencia, sino retórica y dejación de la ejecución de un derecho: la restitución del patrimonio regio asaltado en épocas de turbulencia.

Por otro lado, en esas Cortes se revisaron los juros (la deuda pública) y se reorganizó el cobro de la alcabala (un diez por ciento —que nadie cumplía— sobre casi todas las transacciones comerciales); las tercias reales (dos novenas partes del diezmo que iban a la Corona para pagar guerras contra infieles) y los almojarifazgos (o derechos aduaneros interiores) incrementaron su valor en más de diez veces a lo largo del reinado y no por una agobiante presión fiscal sino gracias a una ordenada gestión, control por la Monarquía e incremento de los intercambios gracias al desarrollo del comercio. Junto a estas rentas, las extraordinarias, que venían a suplir en momentos determinados necesidades perentorias de dinero (guerra de Granada, por ejemplo), tendieron a hacerse permanentes. En ese orden de cosas es en donde se debe situar el paso a control real de las mesas maestrales de las Órdenes Militares. Por el dominio de sus rentas, la Corona se aseguraba ciertos ingresos, pero también como del maestre dependía el nombramiento de los comendadores —a su manera, señores temporales— fueron un buen espacio de concesión de mercedes.

Mientras tanto, las estructuras más rígidas y estables de la Corona de Aragón imposibilitaban cualquier atisbo de refuerzo de la autoridad regia. Fernando tenía en Zaragoza por arzobispo a un hijo ilegítimo suyo, Alonso de Aragón, y sus prebendas eran, por decirlo así, logros de la Monarquía. Por otro lado, desde los años ochenta hasta los noventa Fernando fue apaciguando los últimos rescoldos de la segunda guerra de los payeses (1484-1486 y *Sentencia Arbitral de Guadalupe*), en donde actuó como árbitro entre campesinos y señores. Para aquéllos logró que se pudieran quedar en sus tierras con la facultad de transmitirlas y quedaron abolidos los «malos usos», mientras que los señores, bien apoyados por el Rey también, lograron indemnizaciones por gastos de guerra, el derecho a cobrar un censo (una cantidad anual) de sus campesinos y el de quedarse con las tierras y viviendas abandonadas. Igualmente, Fernando renovó la Diputación de la Generalitat de Cataluña y el Conseil del Cent, o Consejo del Ciento o Ayuntamiento de Barcelona. Desde 1498 la designación de oficiales municipales en la Corona de Aragón se hizo por insaculación: pero las papeletas que se metían en las bolsas con los nombres de los candidatos municipales tenían que haber sido aprobadas por el Rey.

También es de la época de los Reyes Católicos la reforma monetaria que dará estabilidad *nominal* al sistema hasta 1680. Imitando el ducado veneciano, se introdujo una moneda-patrón de 3,5 gramos de oro que se llamó *excelente* en Castilla, Aragón y Valencia; *principat* en Cataluña. Aunque la hechura variara, lo que unificaba el sistema en la Península era el valor intrínseco de la moneda. Por su parte, la plata halló una moneda-patrón también, el *real*, que tanta gloria, fama y quebraderos de cabeza dio a la economía castellana conforme se importaba más y más plata desde las Indias. Para transacciones menores, para limosnas o calderilla, circulaban monedas de aleación de plata y cobre, el vellón, en forma de *blancas*, *ochavos*, *cuartos*. Si se intentó una uniformidad monetaria, ésta fracasó por la práctica: la plata era para Castilla más barata y de excelente calidad, por lo que su real invadió todos los mercados del mundo. Al cambio se fijaron, desde Castilla, los siguientes valores: el escudo y/o excelente-oro, 400 maravedíes; el ducado-oro, 375 maravedíes y el real-plata, 34 mrs. El maravedí fue sólo una moneda de cuenta, que no se acuñó, pero que era la de referencia (el maravedí fue a nuestra Historia en tiempos de los Austrias, lo que la peseta desde el 1 de enero de 2002, que ya no se acuña, pero con la que seguimos contando). Las economías peninsulares se monetarizaron muy pronto. Es sabido que el primer banco municipal de Europa fue barcelonés; su *taula* de cambios. Nacida en 1401, quebró en 1468. Su espacio económico lo ocupó con habilidad Valencia, que tan buenos servicios dio a Fernando al principio del reinado. También es de sobra sabido que las primeras letras de cambio son valencianas. Al Levante llegaron antes que al resto de la Península los «inventos» del dinero fiduciario experimentados con éxito en Venecia, Génova y otras ciudades italianas (dicho sea de paso, no hace falta ser protestante para ser un buen financiero, como defendió Weber; lo que se necesitan son condiciones ambientales apropiadas); sin embargo, en Castilla se localizó el gran tráfico de ese dinero y de las mercancías. Parece como si hubiera tupidas redes de dependencia económica: alrededor de Sevilla antes del Descubrimiento, ya se situaban mercaderes de todas partes y en las Andalucías musulmana y cristiana, banqueros y traficantes genoveses o judíos animaban la vida económica. En segundo lugar, varias arterias, recorridas por sus glóbulos blancos, el vellón de las merinas, ascendían hacia el Cantábrico desde el interior: no sólo el ganado, sino toda la riqueza que a su alrededor se movía al por mayor (desde tejidos a óleos, grabados, productos importados) se compraban y vendían en las populosas ferias de las Medinas, la de Rioseco y la del Campo. Ésta acabó triunfando en tiempos de Carlos V y se eclipsó a partir de 1575 con Felipe II. Al norte unos fletaban barcos, otros seguros (Burgos) y, en fin, se cargaban las pacas con destino a Inglaterra, Flandes... Todo ello sostenido por los privilegios de la agrupación de ganaderos protegidos por los Reyes y que se llamaba Mesta. Tal era su poder económico que sus actuaciones eran defendidas por la Corona. Piénsese que a finales del siglo XVI habría unos tres millones de ovejas mesteñas en Castilla, el doble que cien años antes. Los privilegios de la Mesta eran innumerables, pero todos en la misma línea: favorecer la trashumancia y que los rebaños pudiesen pastar libremente, a los costes más bajos. La Mesta tenía su jurisdicción propia y avasallaba a la agricultura en cuanto había conflictos. Éstos eran más frecuentes donde la población era numerosa, porque necesitaba roturar más y más campos e impedir así una parte del apacentamiento que se llevaba por delante, entre otras cosas, los rastrojos que necesitaban los ganados estabulados locales y que se usaban como fuerzas de transporte, carga y roza.

En el Oriente, desde Valencia y en menor medida desde Barcelona, se mandaban productos peninsulares al mediterráneo, pero sobre todo se importaban las rarezas ora orientales, ora italianas. Aquel Mediterráneo era la vida de Europa: desde él se dirigía todo hacia el norte, que vivía a expensas del sur. Los grandes centros económicos de los Países Bajos (Bruselas, Brujas, Amberes...) recibían las mercancías orientales y meridionales y las distribuían por aquellas plomizas tierras. Mas esta situación estaba entrando en declive, no por falta de dinamismo, sino porque iba a ser pronto (desde 1520 por poner una fecha de referencia) ensombrecida por otro tráfico espectacular: el de las Indias. Paulatinamente, pero ya con rotundidad hacia 1580, la economía europea giró desde el sur hacia el norte y el relevo de la innovación y del tirón veneciano y genovés fue tomado por los rebeldes holandeses o los anglicanos. No obstante, eso no quiere decir que el sur sucumbiera irremisiblemente: había que alimentar al imperio otomano. Nápoles era la ciudad que imantaba en buena medida el norte de África. Y que Canaletto pintara la riqueza veneciana en el XVIII con tanta luz, es significativo... Mientras, el oro de las Indias pagaba esfuerzos bélicos destinados a defender la religión, la dinastía y unas formas de vida que creían más en la preponderancia de lo moral que en el beneficio al coste que fuera, esto es, el capitalismo.

«Hizo encerrar las monjas de muchos monasterios que vivían muy deshonestas»

Los individuos que ocupaban dignidades eclesiásticas formaban parte, en muchas ocasiones, de las familias linajudas. Además, los abades de monasterios o los obispos y arzobispos ejercían jurisdicción, controlaban la administración civil, nombraban a las autoridades locales de los pueblos que hubiera bajo su señorío, cobraban y gastaban impuestos, y podían declarar excomuniones totales o parciales, individuales y colectivas sobre su territorio. El clero era un gran poder con el que había que tratar graves asuntos y hacerlo con cuidado. Mas el clero, además, también pecaba y, por la fuerza de la costumbre, en muchas ocasiones se relajaba más de lo que debía.

El sentido providencialista del existir de la Reina se ve en varias actuaciones políticas de su reinado. Una de ellas es la reforma eclesiástica. Evaluar su importancia podría hacerse objetivamente, viendo de qué manera se preocupó la Reina en mejorar la situación de disciplina y observancia de sus vasallos religiosos e igualmente comparando situaciones posteriores de unas u otras iglesias cristianas: las dificultades de entrada del protestantismo en España se deben, indudablemente, a la existencia de una Inquisición, pero también a la existencia de unas normas sobre el clero dictadas desde finales del siglo XV.

En este punto, como en otros tantos más, Isabel actuó no desde la absoluta novedad, sino adoptando y llevando casi hasta el final situaciones anteriores. Quiero decir que, con anterioridad a Isabel, ya había habido preocupación por la reforma del clero; si Isabel ha sido la que se ha llevado la fama es, indudablemente, por su eficacia.

García Oro, uno de los que mejor han estudiado este proceso, apunta varias características. En primer lugar, a pesar de la importancia, indudablemente trascendental, que tiene la Corona en esta pre-reforma del clero, no se trata de un proceso estrictamente de «nacionalización», sino de intervención del laico en los problemas eclesiásticos. En efecto, hasta Trento, es una actitud habitual por la debilidad de la Iglesia, como en su día nos enseñó Delumeau: El Concilio de Constanza por el que se declaró hereje a Juan Huss se convocó a instancias del Emperador, igual que ocurrió también con el de Trento. En segundo lugar, la pre-reforma isabelina no fue, como la Contrarreforma, un programa de acción pastoral aunque hubiera obispos predispuestos a la renovación del *ser* católico. Lo que interesaba era hacer revivir al clero en sus funciones, no el dogma cristiano. Trento sí que se preocupará de esto con notoriedad. En tercer lugar, en este momento de transición del XV al XVI no se delinea en el horizonte la necesidad de que haya un *miles Christi*, al estilo erasmista, como va a ocurrir en la generación siguiente. Ese *miles* haría de la *eruditio* y de la *pietas* las bases de su forma de ser cristiano. Aún es pronto para ello; aún es pronto para que lea el Nuevo Testamento, calladamente, interiormente, y que viva la religión en el recogimiento y no con bulliciosas y algo histéricas manifestaciones externas de esa religiosidad exhibicionista que tan poco escucha la recomendación del propio Cristo, «si te invitan a un banquete no te sientes en lugar preeminente», esto es, no llames la atención. La época de Isabel es diferente. El modelo cristiano al que se aspira, en el que se cree, es aquél en el que el feligrés es un correcto cumplidor de las normas que le dan (no hay sitio para la opinión personal, para la discrepancia íntima, para la religión individualista y callada, tan peligrosa porque puede ser contestataria, lo cual es peor que ser herética); se busca entonces un feligrés que, devoto de la Pasión, sufra por el sufrimiento de Cristo (no es una religión alegre, sino exultante y exaltadora de la Muerte); es una religión marianista, en la que la admiración por la Virgen lleva a creer en la Inmaculada Concepción y en hacer de María la Intercesora; es una religión de veneración por las obras de caridad, lo cual tiene unas implicaciones sociales (mantenimiento de la estructura social) y económicas (no trabajar y ser pobre es una señal divina, no es una faena, como describirá el Humanismo y más aún la Ilustración). Todos estos principios se ven perfectamente plasmados en el testamento de Isabel, tan personal y original, al tiempo que tan prehumanista.

Esta reforma no se hizo sólo en tiempos de Isabel —o de Cisneros— sino que arrancaba de tiempo atrás y se prolongó, siendo más profunda en unos momentos que en otros. Así, en efecto, al parecer los primeros pasos se dieron en tiempos de Juan II de Castilla y los últimos, a principios del siglo XVII, con el movimiento descalzo que fue esencialmente contemplativo y misional. De manera más precisa aún, y circunscribiéndonos a la época de Isabel, mientras que la revisión del clero se hizo ya en 1480 en Galicia o en 1490 en Castilla, a Aragón no llegaría hasta 1590: es evidente que el empeño personal de Isabel está fuera de toda duda, mientras que a Fernando —se ha escrito— le interesaba menos, a pesar de la visita (inspección) de 1493 por comisionados regios.

La —llamada así con cierta incorrección— «Reforma Española» consistió fundamentalmente en la restauración de las reglas masculinas y femeninas, es decir, en volver a la observancia. Si a un benedictino se le instaba a recuperar el *ora et labora* y no estaba dispuesto, entonces, ¿para qué se había hecho benedictino? La reforma, pues, se aplicó desde dentro de los conventos y monasterios, lo cual forjó, asimismo, parte de su éxito. Fue, por tanto, una «autorreforma» masculina esencialmente. Cuando la hubiera femenina fue a raíz de que los hermanos masculinos se hubieran reformado. La gran revolución en la concepción de la religiosidad femenina monacal, la idea de su posible autonomía con respecto al varón, sólo llegaría con santa Teresa.

No pensemos que, porque se arbitraran medidas, se cumplieron inmediatamente y a rajatabla: de haber sido así, ¿por qué iba Felipe II a interesarse por hacer ley civil los acuerdos tridentinos en 1564? Evidentemente porque había muchas lagunas en su cumplimiento.

En 1478 tuvo lugar en Sevilla una congregación general del clero. A nadie se le escapaba que, por aquel entonces, eran muchos los pecados de los ministros de Dios y había que corregirlos. De aquella congregación salieron los dictados que habrían de cumplirse con relación a la moral clerical (celibato, mancebía, concubinato, hijos espurios, delincuencia clerical, vestimentas, costumbres cotidianas, estudios...), normas que fueron aplicándose o ampliándose con legislación civil ulterior (como por ejemplo en las Ordenanzas Reales de 1484).

Naturalmente, la reforma del clero secular estaría inacabada si los obispos siguieran viviendo en concubinato o teniendo hijos, en siembra mística. La preocupación de Isabel por conseguir un episcopado ejemplar fue constante. Lo hizo buscando obispos naturales de sus sedes, para evitar problemas de extranjería, pero también para conseguir que no hubiera absentismo y sí un mejor conocimiento de las personas y los problemas particulares, como hemos visto ya. En segundo lugar, se buscaron individuos de moral intachable, lo cual tenía sus dificultades; le interesaban hombres de letras y con amplia formación humanística, teológica y de derecho canónico; los orígenes modestos no fueron un obstáculo para la promoción social en la carrera eclesiástica. Asimismo fue fuente de preocupación de la Reina el abuso episcopal de las suspensiones sacramentales, esto es, de las excomuniones temporales y parciales que efectuaban sobre sus territorios de abadengo. El exceso de tan severos castigos podía generar entre los fieles inusitado terror o, llegado el día, indiferencia, incredulidad.

Por otro lado, Isabel creía en la dependencia espiritual de la Iglesia, pero eso no quería decir que hubiera dependencia en lo temporal. Tenía muy claro que una cosa eran los territorios jurisdiccionales de su justicia regia y otra cosa la administración jurisdiccional en el abadengo. Mantener bien definidos sendos límites era imprescindible en su concepción del gobierno; lograrlo debió ser imposible si nos pensamos que vuelve a tratar sobre ello en su codicilo.

Al mismo tiempo que se iba realizando una reforma del clero secular, se preocupó por la reforma del clero regular. Lo primero que había que hacer era devolver los conventos y monasterios a la obediencia de las reglas fundacionales; asimismo, obligarlos a recobrar la honestidad imprescindible para ser tenidos por casas de religión y no de latrocinio o aún peor. Para ello, solicitó con reiteración, hasta conseguirlo, la facultad de nombrar prelados reformadores a sus órdenes. En noviembre de 1493 (por citar un ejemplo) suplica al Papa que se lleve adelante la reforma del clero regular porque esas religiones —que es como se les llamaba— «están en tantas maneras profanadas que, sin cargo grande de nuestras reales conciencias, no se podrían tolerar».

En efecto, la situación del clero regular era, entonces, algo preocupante. Había una tendencia a la falta de renovación, a la carencia de novicios en casi todas las órdenes, especialmente en benedictinos y sus derivados cistercienses; los benedictinos, en especial, estaban al borde del colapso, porque cada convento vivía autónomamente con respecto a los demás y había decaído notablemente la existencia de una unidad de la orden. Fallaba la vida comunitaria y muchas veces al frente de las abadías había seglares más interesados en el patrimonio económico de la orden que en la observancia de la regla en sí misma. La reforma benedictina se dirigió desde Valladolid y se actuó violentamente cuando las circunstancias de rebeldía monacal así lo aconsejaron. Parece ser que en toda Cataluña sólo volvió a la observancia rigurosa de la regla el monasterio de Montserrat.

Aunque la situación del Císter no fuera tan negativa, tampoco estaba como para echar campanas al vuelo. Vivían en una mejor estructura territorial y celebraban capítulos generales de la orden; pero el mal de la falta de novicios o la inobservancia de la regla dentro del claustro eran males cotidianos. Lo que no se hizo en esta época de transición del XV al XVI, se hizo en tiempos de Carlos V.

Con respecto a mendicantes (dominicos, franciscanos, agustinos y carmelitas) y redentores (trinitarios y mercedarios), su situación parecía más cualificada. En muchas ocasiones habían sufrido lo indecible a raíz de los cismas de Occidente, pero en general sobrevivían en un mediocre-aceptable ambiente cultural, dedicados a la cura de almas y por tanto apoyando o supliendo las carencias de las parroquias rurales o urbanas que adolecían del mal de la desequilibrada distribución de sus sacerdotes; sin embargo, en el claustro, de puertas adentro, la estructura estamental extramuros se reproducía con igual rigor; se vivía cierta indisciplina regular (incumplimientos de la vida litúrgica) y, desde luego, había más monjes que habían profesado para poder sobrevivir que por fe.

Para meter en cintura, para apretar el cíngulo a los frailes, se logró una serie de bulas que legalizaban la reforma de cada orden, lo cual empieza en 1487 cuando se conceden las bulas de reforma a los conventos gallegos. Pero el momento culminante, el que debió causar a Isabel un gozo similar al éxtasis teresiano, tuvo lugar en 1493: por las bulas *Exposuerunt nobis* (27 de marzo) y *Quanta in Dei Ecclesia* (27 de julio) el Papa concedió la facultad de que los conventos y monasterios fueran visitados y reformados por jueces eclesiásticos nombrados por los Reyes, no por obispos o por superiores de las órdenes. Finalmente, en 1499 tuvo lugar un hecho que se antoja insólito: se encomendó la reforma a dos prelados españoles, Cisneros —arzobispo de Toledo— y Deza —inquisidor general—. Roma, dice García Oro, «se desvinculó de la reforma».

La Reina, devota y creyente de la Inmaculada Concepción —como no podía ser de otra manera por sus procesos de socialización—, cooperó con Beatriz de Silva en la fundación de las religiosas que llevan el nombre de ese misterio; como quiera que otras veces los conventos ya estaban fundados, los visitaba para encomiar a las religiosas su vida de oración y sacrificio. El balance del estado del clero al final de su reinado es el de un clero que, a pesar de sus múltiples imperfecciones, ha dejado de aplaudir la deshonestidad y encuentra natural su persecución. Lo que faltara por hacerse, se intentaría corregir después de Trento. Y si aun así algo quedara, eso sería ya la propia historia del clero: son los casos tan significativos de Carranza; o el de 1580 de Guadix, con la detención del obispo por graves delitos; o, por el contrario, la regularización de los sínodos provinciales, lo cual empieza ahora y se generaliza a partir de Trento y más aún desde 1575.

Con Isabel se había dado un importante paso en el robustecimiento del regalismo frente al papismo y, en segundo lugar, de freno al conventualismo, a la excesiva autonomía, lo cual se lograba gracias a la presencia regia con sus jueces visitadores. La presencia regia por todas partes: en las ciudades con los corregidores; en el mundo monacal, con visitadores; en los muros de las ciudades con el escudo...

En este apartado merece una mención específica el *patronato regio*. Por tal entendemos la regalía, la facultad regia de nombrar o en todo caso presentar a Roma una terna de candidatos para ocupar sedes vacantes. Aunque, ¡cómo no!, había antecedentes medievales de tal potestad, los Reyes Católicos la hicieron renacer. Entre 1482 y 1485 lograron que el Papa les concediera la potestad de presentación de obispados y él se reservaba los demás beneficios (plazas con renta aparejada). A partir de 1501 lograron el patronato universal de Granada, Canarias e Indias por el que percibirían sus diezmos y podrían nombrar sus dignidades a cambio de tener dotadas correcta y saneadamente esas iglesias. Las dignidades eclesiásticas estaban agradecidas a la Corona.

«La abominable herejía mosaica, talmudista, judaica...» (La Inquisición desde 1478)

A cualquier observador le llama inmediatamente la atención un problema social latente en aquel reinado: la tensión entre la tolerancia y la intolerancia, esto es, la construcción de un modelo social unificador u otro diversificador. Y lo más interesante es que Isabel es la protagonista de la conversión pacífica, por convicción, de los mudéjares; que fray Hernando de Talavera es el ejecutor y que al buen fraile le procesa la Inquisición (el infame inquisidor cordobés Lucero) cuando la Reina ha muerto, aunque finalmente sea absuelto (1505-1507).

La Reina actuaba como actuaba por el bien de los infieles. No le podía caber duda alguna de que se acabarían convirtiendo porque se les quería llevar a la verdadera y única fe, lo cual es evidente que es la cristiana católica. Nunca nadie lo había intentado antes. Isabel, convencida como estaba de ser delegada de la Providencia, era la Redentora de sus vasallos infieles.

Por otro lado, en su corte había judíos tolerados y conversos o descendientes de conversos, buenos cristianos, como es natural pensarlo, a los que también se les permitía vivir tranquilamente. Entonces, ¿por qué el decreto de 31 de marzo de 1492?

Son bien conocidos de todos los sentimientos antijudaicos europeos. Se les acusaba de deicidas, de usureros y de encarecedores de precios por dedicarse a la regatonía. Sobre ellos se transferían muchas de las frustraciones de una sociedad de lentos crecimientos; la mayoría social se sentía constantemente provocada por sus actitudes diferenciadoras. A finales del siglo XIV, concretamente en 1391, tuvo lugar una serie de asaltos a juderías y de matanzas de sus ocupantes. Por aquellas fechas se convirtieron, por salvar las propiedades y la vida, cientos de judíos. Esos conversos e incluso los no apóstatas fueron bien recogidos en las cortes castellanas durante el siglo XV y también en la de los Reyes Católicos.

Los primeros, cristianos desde que son bautizados, logran los más altos puestos de la sociedad religiosa y de la laica, en cierto modo como reacción psicosocial del estigmatizado a la realidad que le rodea. Compiten con los cristianos viejos. Durante generaciones se vivieron las mismas tragedias de conciencia, las mismas turbaciones: ¿cuál es la verdadera religión; por qué mis antepasados abandonaron una y abrazaron la otra; es ser mal cristiano, aun teniendo fe o cumplir con los preceptos eclesiásticos, el mantener prácticas sociales de los que me circundan; he de disimular; pierdo el ritmo de la evolución de mi religión abandonada, no acabo de integrarme en la nueva; qué es Dios, qué Yahvé; no podría fundir creencias similares?... En nuestro idioma hay dos palabras que definen tal caos intelectual: agnosticismo y escepticismo.

A día de hoy, no se puede defender que los Reyes Católicos fueran racistas o algo similar. Día a día se extiende más la impresión de que, en primer lugar, era necesario homogeneizar en la verdadera fe a la sociedad. Homogeneizar en la fe era para aquella sociedad sacralizada un bien, una obligación superior a cualquier otra consideración, porque creían en la Vida Eterna (si no se sabe comprender qué es creer en el Juicio Final, nada se puede entender de aquella sociedad). La catequización del infiel, el proselitismo religioso eran imprescindibles para vivir tranquilos, en paz interior y en paz colectiva. Por tanto, se podía tolerar, a regañadientes, la existencia de judíos; se abrazaba con fervor a los conversos... pero el grupo religioso que perdía a los suyos (eso tiene implicaciones culturales, religiosas, de poder, etc.) no se iba a quedar quieto e intentaría recobrar a sus ovejas descarriadas. La diabólica tentación, pues, existiría en tanto en cuanto hubiera filtraciones religioso-culturales desde unos hacia otros. Mientras hubiera sinagogas y se celebraran la Pascua y el Sabbath, mientras la religión de Moisés pudiera seguir haciendo prosélitos, la renegación y de nuevo la apostasía podrían estar abiertas. Y un apóstata es un hereje. A los individuos débiles en sus convicciones, la sinagoga les podía hacer dudar hasta extremos bien claros: volver a abandonar el cristianismo.

Ése era el sentido providencialista de Isabel. Cada converso que reanduviera el camino andado y volviera a su antigua religión era un condenado en el Juicio Final; cada converso que judaizara, por hereje, era un condenado en el Juicio Final. Había que extirpar la producción del mal: el 31 de marzo de 1492 fue la fecha de la fatídica expulsión de los judíos de Sefarad. Al parecer documentalmente no existió un único original, sino que se trató de una «circular» remitida a todas sus autoridades. Éstas son las únicas copias que nos han llegado. La divulgación del decreto se hizo, como era costumbre, en las plazas públicas y por voz de pregonero:

> «Mandamos dar esta nuestra carta, por la cual mandamos a todos los judíos e judías de cualquier edad que sean que viven y moran y están en los dichos nuestros reinos y señoríos [...] que hasta e fin del mes de julio primero que viene de este presente año salgan de todos los dichos nuestros reinos y señoríos con sus hijos e hijas, criados y criadas y familiares judíos así grandes como pequeños, de cualquier edad que sean y no sean osados de tornar a ellos ni estar en ellos ni en parte alguna de ellos en vivienda ni de paso ni en otra manera alguna, so pena que si no lo hiciesen y cumpliesen así incurran en pena de muerte y confiscación de todos sus bienes...»

El Decreto aseguraba la libertad de movimientos para poder vender los bienes y garantizaba la libertad de sacar fuera lo que quisiesen a excepción del oro y la plata o la moneda labrada o las otras cosas que estaba prohibido exportar.

Desde 1492 en España dejó de haber judíos. ¿Verdaderamente?

Existía una institución dedicada a la pureza de la fe, a luchar contra la herejía, que dependía del Papa y, por delegación suya, de los obispos. Esta Inquisición medieval afectaba a toda la cristiandad. A lo largo del XV la institución fue adormeciéndose. El caso es que de entre los conversos cristianos surgió la necesidad de disponer de un arma de defensa contra los conversos que judaizaban y que, por ende, estaban poniendo en peligro su reputación o el respeto que se les debiera tener.

En 1 de noviembre de 1478 Sixto IV expidió la bula de establecimiento de la Inquisición, *Exigit sincerae devotionis,* y en 1480 llegaron a Sevilla los dos primeros inquisidores nombrados por los Reyes. Su actuación fue fulminante, por cuanto en 1481 tuvo lugar el primer auto de fe. Aunque no nos vamos a ocupar en describir qué era la Inquisición, o en cómo funcionaba, merece la pena hacer un par de observaciones.

En primer lugar, hay que llamar la atención sobre que el tribunal, si bien nació con carácter religioso, pasó a ser controlado políticamente por la Corona, que se hizo cargo de su importancia multirregnícola. La estructura era la siguiente: un consejo, el Consejo de la Suprema, encauzaba todos los actos inquisitoriales. El Consejo estaba presidido por un inquisidor nombrado por el Papa a instancia de los Reyes. El inquisidor cumplía los deseos de la política civil. Por debajo, unos tribunales de distrito ejecutaban las órdenes dadas desde el Consejo. Estos tribunales de distrito, cuyo número varió a lo largo de la historia de la institución, estaban compuestos por unos inquisidores y un importante número de burócratas. Destacan los *familiares de la Inquisición*, es decir, individuos que en cierto modo espiaban los comportamientos de sus conciudadanos para informar de presumibles desvíos de la ortodoxia. Las apelaciones se quedaban en la Península, esto es, no llegaban a Roma. Esa dependencia política es clara si tenemos en cuenta que, en casi todos los territorios del Imperio europeo en los que se intentó constituir la Inquisición, hubo tales revueltas que se tuvieron que parar esos proyectos. Era mejor depender del Rey por otras vías.

La Inquisición nunca juzgó a ningún judío porque la Inquisición sólo podía actuar contra cristianos herejes, es decir, contra bautizados. Un judío, en el momento de bautizarse, dejaba de ser judío y pasaba a ser cristiano. Si mantenía sus prácticas religiosas anteriores era un hereje. Cuando parecía que la Inquisición ya no tenía pleno sentido de existir, apareció la reforma protestante y, con ella, una nueva herejía. La Inquisición volvió a renacer porque, aunque se ocupara de pecados contra la moral, estaba más interesada en la persecución de lo que se creía que no de lo que se hacía.

El procedimiento inquisitorial, una *inquisitio*, era absolutamente secreto, de tal manera que el detenido no sabía qué cargos había contra él; por el contrario, en una de las primeras encuestas que se le hacían se le preguntaba que por qué creía que le habían llevado ante el tribunal... Si la respuesta del acusado no coincidía con las ideas originales del tribunal, ¡ya tenía algún cargo más en su contra! La Inquisición era eficaz y poco publicitaria.

Por otro lado, la Inquisición nunca acabó con la vida de nadie: la Inquisición sólo dictaba sentencia; en el caso de que ésta fuera de pena capital, el condenado era entregado a las autoridades civiles, relajado al brazo secular, que eran quienes le ejecutaban.

Los momentos de máximo rigor inquisitorial tienen lugar durante el reinado de los Reyes Católicos y durante el de Felipe IV, tras la caída del conde-duque de Olivares, protector de los banqueros portugueses de origen converso. Se ha estimado que de los algo más de diez mil penados a muerte por la Inquisición, más de nueve mil lo fueron en tiempos de Isabel y Fernando.

Pero lo que más marcó a la sociedad castellana fue la cuestión conversa, que se convirtió en un verdadero problema estructural de los comportamientos colectivos castellanos. Además de los males suscitados por la manera de incoar los procesos y desarrollarlos, en los que el libre arbitrio judicial está a la orden del día, con lo que eso acarrea de injusticias, la Inquisición o la mentalidad asociada a ella tuvo unas consecuencias ignominiosas. En primer lugar, porque cuando un grupo social no encontraba mecanismos de atacar a otro, por ejemplo para hacerse con el control del poder urbano, podía sembrarse la difamación de la impureza de sangre, o de la apostasía o la homosexualidad o cualquier cosa impía de uno u otro miembro distinguido del grupo oponente y ponerse en marcha, si las autoridades inquisitoriales locales lo consideraban pertinente, un proceso que, si no se frenaba a tiempo, podía convertirse en un arma de doble filo porque podían acabar señalados hasta los hijos del apuntador. Por otro lado, la Inquisición y la mentalidad inquisitorial criminalizaron el ser descendiente de conversos. Igualmente, cuando contemplamos que las sentencias son dispares, no sólo diacrónicamente, sino entre los distritos, cuando vemos que no se juzga igualmente a unos u otros, podemos reflexionar más y más sobre el carácter de «oportunidad» de gran parte de las actuaciones inquisitoriales. Tampoco es desdeñable el mal social que significaba una sentencia inquisitorial, porque en la parroquia de dependencia del penado se colgaba un sambenito con su nombre y culpas para que *per secula seculorum* se recordaran sus culpas, las cuales, así, recaían indirectamente sobre sus descendientes. Donde se mostró intensamente fuerte el mal de la Inquisición fue en la aplicación de los estatutos de sangre, es decir, en la imposibilidad de que descendientes de conversos en número indeterminado de generaciones pudieran entrar en universidades y acceder cargos municipales u otras elites sociales, que, de esta manera, se cerraban sólo para cristianos viejos. La Inquisición, establecida casi quince años antes de la expulsión de los judíos, sirvió para alimentar los sentimientos antijudaicos.

La expulsión, lamentable y sin sentido, ha sido interpretada de muchas maneras, así como sus consecuencias. Se ha visto en el hecho una de las explicaciones del futuro atraso económico español. Esto es algo exagerado. Castilla, entonces, no necesitaba tan perentoriamente el dinero que prestaran los judíos, porque no eran los únicos prestamistas, recordemos la presencia de genoveses o de conversos; pretender que sólo los judíos eran gentes cultas, es tan ridículo como infundado: se olvidarían de los conversos y de los cristianos; que sólo ellos estaban facultados para el desempeño de ciertos oficios sociales, forma parte de los calamitosos complejos de inferioridad hispánicos tan acentuados en el lamentable siglo XIX. Las repercusiones de la expulsión de los judíos, o de la necesidad de apropiarse de sus bienes (¿los habitantes de aquellos reinos que ya han entrado en Granada; que pronto se enfrentarán en Nápoles contra Francia; que empezarán a olisquear las riquezas americanas?), se pueden valorar ya en su justa medida, dentro de ciertos límites, los que marcan las incertidumbres de algunos datos. No salieron más de doscientos mil; se convirtieron otros tantos, si no más, y algunos volvieron a pedir bautismo. Hablamos, por lo tanto de unos cien mil sefardíes que desde 1499 ya supieron bien que nunca volverían a su

Sefarad porque en aquel año se prohibió su regreso ni siquiera ya para ser bautizados.

La expulsión sólo supuso un bache en el mundo económico español; un bache del que pronto se repuso Castilla, aun a pesar de la crisis de pestes y hambres de 1505-1507. No pensemos, por lo tanto, que eran imprescindibles: el colapso hispánico de mediados del siglo XVII se debió a otras muchas cosas, como el que las lanas se hicieran para exportar; como el que se descubriera América y se prolongaran allá las actitudes bélicas de los reconquistadores; que se defendiera la fe al precio que fuera en Europa; los ideales de vivir a costa de las rentas; toda nuestra Historia Moderna es lo que explica la decadencia del siglo XVII...

«...y ganaron a los moros el reino de Granada»

Tan pronto como ha concluido la guerra civil, empiezan las campañas de la más importante guerra librada en muchos siglos: la guerra de Granada (1482-1492). Conviene tener presente que, desde el principio, los Reyes se la plantearon no como un hostigamiento a los musulmanes, sino como la guerra total y definitiva. No encuentro otro calificativo: guerra total. El objetivo era muy preciso y nunca lo había habido tan claro: conquistar Granada. Para ello había que contar con dinero, hombres, lealtades y heroicidades. Había que interesar a todos los súbditos, a todos, nobles o pecheros, castellanos o no. Incluso extranjeros, porque aquello era una Cruzada. De vencer, la reina de Castilla podría sospechar estar ungida por la Providencia; si concluyeran las hostilidades sin haber reconquistado Granada... ¡habría sido un desastre!

Granada era el último reino musulmán que quedaba en la Europa occidental. Granada era, también, el último reducto islámico que quedaba en la Península desde que en el siglo VIII el mítico don Pelayo comenzara a hostigar a los musulmanes. Aquella tensión y guerra, aquel hostigar y defender, ha marcado mucho más de lo que podamos creer las formas de vida peninsulares y, especialmente, las castellanas. Para empezar, las sucesivas líneas divisorias del Duero, el Tajo y el Guadalquivir señalaron modos de repoblación diferentes y marcaron, con la toponimia, la memoria del pasado belicoso o repoblador. En segundo lugar, la organización social, en muchas ocasiones creada en función de la guerra, afianzó en extremo el ser guerrero, por encima del menestral; en tercer lugar, en un mismo año —1492— se conquista Granada y, cuando aún no ha dado tiempo para reponerse de la victoria, llegan noticias de nuevas tierras descubiertas: aquellos hombres, nacidos y criados en la dureza extrema del secano, podían continuar la guerra de religión: era como si Dios les hubiera tendido un puente. La multisecular guerra contra el Islam marcó los comportamientos colectivos peninsulares; los otros pueblos de Europa tuvieron una Historia diferente.

Las fronteras del reino nazarí de Granada cerraban una extensión similar a las actuales provincias de Málaga, Granada y Almería. Demográficamente, con algo menos de medio millón de habitantes, estaba bien provisto para las densidades de la época. Era un territorio amurallado, como no podía ser menos, en el que la ciudad que no tenía alcazaba, tenía atalayas en su derredor; o al otro lado, castillos, castillejos y castellotes o torres y torrejones. Económicamente, era tierra esencialmente agrícola con duras condiciones por la escarpada orografía en buena parte de la región, aunque con unas vegas envidiables también, por su feracidad. Culturalmente, aquel reino nazarí no era ni la sombra de lo que hubo antaño en Córdoba (¡siglos ha que había acabado aquel esplendor por su propio oscurecimiento!) y, políticamente, las luchas intestinas entre los clanes de los zagríes y los abencerrajes, de El Zagal contra su sobrino Boabdil —que había destituido a su padre Muley Hasán—, mantenían en ascuas (como a la Castilla de Enrique IV) aquel reino que, probablemente, vivía la presión del vecino cristiano de manera asfixiante: en efecto, mientras que en los unos la idea de reconquistar era la base de su vida, en los otros el resistir les daba estímulo para sobrevivir. El reino nazarí tenía comprada la paz al rey de Castilla pues pagaba unas parias a cambio de esa tranquilidad, alterada por las razzias o escaramuzas en ambos terrenos fronterizos. Aunque el romancero cantara gestas de maurofilia y amores, los cientos y cientos de cautivos rescatados en la guerra de Granada hablan de una realidad más violenta y hostil.

Aquellos diez años de guerra pusieron fin, en lo estratégico, a las formas de combatir. Después de Granada quedó claro que las murallas medievales no soportaban la batida de la artillería; quedó claro que se podían mantener enfrentamientos de amplio espectro y no sólo guerras estacionales (con buen tiempo, o licenciando a las mesnadas para las tareas del campo, no fueran a pasar hambre al año siguiente o el señor no cobrar sus impuestos ni la Iglesia el diezmo); quedó claro que la logística, el apoyo de retaguardia, era tan necesaria como la habilidad en el combate cuerpo a cuerpo. En ese sentido, la figura de la reina Isabel alentando a las tropas desde Córdoba, por citar un ejemplo, es paradigmático y recuerda a Felipe IV en el frente de Cataluña. Después del entrenamiento de Granada y las guerras de Italia, los ejércitos castellanos, convenientemente modernizados, se convirtieron hasta la batalla de Rocroi en 1643 en los más temidos y respetados de Europa. Aquella guerra enseñó que a grandes objetivos, grandes necesidades y grandes apoyos: las ciudades cristianas dieron hombres y dinero; los señores también.

Una de tantas escaramuzas puso en marcha, definitivamente, la gran campaña militar: en 1482 los musulmanes reconquistan Zahara y el señor ofendido, el marqués de Cádiz, asalta Alhama. Un choque de un estado señorial contra el musulmán se convierte en la excusa para desencadenar una contienda general y acaudillada por la Corona. Desde entonces, un asedio tras otro, el cerco al reino en su totalidad desde Almería a Málaga y por el mar, fueron marcando el sentido de la guerra. Los Reyes se cuidaron mucho de que las capitulaciones beneficiaran a los vencidos, dándoles libertad religiosa, personal y económica. Sólo Málaga vivió el dolor de que sus varones fueran vendidos como esclavos: su tenaz resistencia, el intento de asesinato de la Reina y la incapacidad del impago del rescate en el plazo fijado son causas que explican la dureza de la medida. Por cierto: los Reyes ofrecieron la posibilidad de pagar rescate por cada uno de los vencidos... y ni sus parientes de Granada ni los de otros lugares del Mediterráneo acudieron con la solidaridad necesaria.

Ahora bien, no sólo fueron estrategias militares las que se usaron: cuando en la batalla de Lucena cayó preso Boabdil, se le liberó para que, vuelto a Granada, sirviera de elemento distorsionador de la unidad musulmana en el reino asediado. A cambio de entregar Granada se le respetaría un señorío. Pero ni El Zagal ni los granadinos estaban dispuestos a sufrir tal humillación. Al lustro de la contienda, los cristianos habían ocupado tres ciudades de capital importancia: en el interior, Loja y Ronda; en el mar, Málaga. Dos años después, desde los reales cristianos se podía intuir la próxima rendición de Granada. En 1489 hasta Baza, a menos de cincuenta kilómetros de Granada, todo eran tierras repobladas ya. A unos cinco kilómetros de Granada, con la Sierra Nevada a la vista y en sus laderas la capital nazarí, se empezó a levantar un gran campamento cristiano que era alojamiento de los Reyes: Santa Fe. Una noche se perdió por el fuego y en las semanas siguientes se volvió a levantar, pero esta vez de obra nueva, creándose así una ciudad: una ciudad edificada para asediar a otra. Lo nunca visto.

Por fin, el 2 de enero de 1492, desde la torre de la Vela se tremoló el pendón real. Boabdil recibió en la capitulación un señorío en La Alpujarra. A pesar de autorizarse la presencia en Granada de notables y de ciudadanos del común, a pesar de permitírseles mantener todas sus libertades, hubo muchos que optaron por irse, en la primera oleada de emigrantes musulmanes hacia África (Tetuán, Xauen); la segunda tendrá lugar unos pocos años después (1501), concluido el primer levantamiento anticristiano. Boabdil quedó en sus tierras alpujarreñas, pero por poco tiempo, pues hubo de irse a Marruecos... «Sufre como mujer lo que no supiste defender como hombre», le increpó su madre cuando coronaban Sierra Nevada y se disponían a bajar por su cara meridional y no volver a ver nunca más la Alhambra. «Dale limosna, mujer, que no hay nada como ser ciego en Granada», escribiría más tarde Cervantes, porque Granada y la Alhambra son así de hermosas.

Tan pronto como se inició la repoblación, empezaron los problemas. Allá donde se iban a instalar cristianos, había musulmanes libres. La repoblación del territorio se hizo por repartimientos (a cada recién llegado, casas y tierras); pero las zonas fértiles eran las menos y la pobreza era más habitual que la prosperidad anhelada. Frente a otras repoblaciones anteriores, aquí no se entregaron latifundios ni grandes señoríos; las Órdenes Militares no adquirieron el protagonismo que tuvieron en otras riberas fluviales; la monarquía estaba demostrando a todos su poder. Además, los regidores primeros fueron de designación real y también se nombraron corregidores. Al frente de todo el reino, se puso un capitán general, el conde de Tendilla, que era un fiel delegado de las órdenes reales y muy próximo (pues residía en Granada) a los problemas que había que solucionar. Por si esto no fuera poco, los Reyes consiguieron instaurar el Real Patronato, o sea, el derecho de presentación al Papa de una terna de candidatos a los obispados del reino de Granada. Además, desde entonces una granada cierra elegantemente el escudo real; Granada tenía voto en Cortes; se estableció la chancillería como tribunal regio de apelación al sur del Tajo, y en Granada reposan sus Reyes Católicos.

El primer arzobispo de Granada fue fray Hernando de Talavera, cuyas dotes de convicción son innegables. Tenía, se dice, fama de santo entre los moros. Pero la convicción tiene como consecuencia que las conversiones sean lentas. Otros métodos son más rápidos.

El caso es que en 1499 Cisneros ocupó el lugar de Talavera. Era la hora de la dureza. Es bien sabido que utilizó métodos expeditivos, como el quemar varios miles de coranes en la plaza de la Bibarrambla de Granada u obligar al bautismo forzoso (desde ahora serían *moriscos*), en una palabra, incumplir la libertad recogida en las capitulaciones. Pero visto con sensatez, tarde o temprano tenía que llegar la hora de la dureza porque lo del 2 de enero de 1492 no se había hecho para nada.

Así las cosas, en 1501 se sublevaron por vez primera y de manera generalizada los moros granadinos, unos en Ronda, otros en el Albaicín de Granada y los más en Las Alpujarras. Sofocado el levantamiento por el ejército cristiano, fueron abolidas las capitulaciones de 1492 y, esta vez sí, vencieron los cristianos. A los musulmanes se les obligó a bautizarse o a marcharse. Ocurrió lo que tenía que ocurrir: muchos cruzaron el Estrecho para no volver jamás, o para volver como piratas al asalto de las costas mediterráneas de España; otros, por el contrario, se bautizaron. Pero se bautizaron y cristianizaron sólo externamente, como es natural. Contra aquellos que una vez bautizados seguían adorando a Mahoma, actuó la Inquisición. En 1502 se aplicó la misma medida a los musulmanes en territorio cristiano de Castilla. No se aplicó el decreto en Aragón. Mas la historia musulmana en España no termina ahí: entre 1568 y 1571 tuvo lugar la segunda rebelión de Las Alpujarras (cuyas causas no puedo explicar ahora) y los vencidos fueron deportados por toda la Corona de Castilla, a lugares de importancia, buscando así la integración de la minoría en la mayoría. Como quiera que esta medida tampoco funcionara, en 1609, ante un reino ávido de hechos notables, Felipe III aceptó los criterios radicales de una parte de la corte y optó por la expulsión de todos los moriscos. Las consecuencias para algunas partes de la Corona de Aragón, esencialmente para el regadío valenciano, fueron calamitosas. La inestable y violenta coexistencia habida desde cien años antes se daba por concluida así. España era, sin dudas ya, un país cristiano.

«Se descubrieron y fueron halladas las Indias...» (1492-1504)

Polémicas culturales que podríamos denominar de imposición del modelo septentrional-protestante sobre el meridional-católico, así como la necesidad de la creación de los mitos diferenciadores nacionales, hacen que cuanto ha tenido que ver con América, y desde bastante pronto, haya estado rodeado siempre de ciertas turbaciones. Una de las más graciosas es la de oír a criollos quejumbrosos porque los españoles mataron a sus antepasados, los indios.

La historia del descubrimiento, conquista y colonización de América —por medio de arduos y a veces incompletos procesos de transculturización— estuvo cargada de gestas y de mezquindades.

Castilla *descubrió* América (América y no Latinoamérica, galicismo que no acabo de entender qué quiere decir). No creo que se deban usar otros términos, otros rodeos. La descubrió porque para Castilla era un territorio desconocido. Castilla no creó América, ni le dio vida, porque ya existía con anterioridad. El eufemismo de «encuentro de dos culturas» además de inexacto (fueron muchas más de dos) no describe una realidad, porque no hubo «encuentro» sino *tropezón.*

Al parecer hubo gentes belicosas, temerosas de que el cielo se desplomase sobre sus cabezas, que arrastradas por las corrientes y los vientos marítimos habían llegado siglos antes a las costas gélidas del Norte. Pero esa llegada no ha tenido ninguna repercusión cultural ni económica para la historia universal y, por tanto, no pasa de ser una anécdota.

Las repercusiones del descubrimiento fueron —y aún lo son— enormes y, como ya se dijo, cuando se adquirió plena conciencia de lo que estaba pasando (a partir de 1520, con la conquista de México), se consideró que después del nacimiento de Cristo había sido el acontecimiento más grande jamás ocurrido a la humanidad. Las repercusiones fueron, sobre todo, culturales, científicas, jurídicas y económicas. Me resulta difícil anteponer unas a otras en función de su importancia.

Culturalmente, es el origen de la antropología; los contenidos de las crónicas de Indias son impresionantes; se pusieron en práctica mecanismos de socialización hasta entonces desconocidos; los esfuerzos de comprensión del otro fueron inauditos (sólo los podían hacer los castellanos, acostumbrados a la convivencia/confrontación fronteriza con los moros); los intercambios entre conquistadores y vencidos, innumerables; el mestizaje, una norma de convivencia impensable en otras culturas, fue la base de una nueva sociedad.

También supuso la puesta en duda de muchos conocimientos de las *auctoritates* clásicas. En el terreno científico, se constató la existencia de la variedad y se pudo verificar que la Tierra era redonda. En el ámbito jurídico, fue el origen del *ius gentium*, fruto del pensamiento teológico hispánico, con la adquisición de la conciencia de que todos son iguales. Finalmente, en el terreno económico, las primeras definiciones de la inflación en función de la masa monetaria en circulación y, en fin, los orígenes del capitalismo y la primera globalización, aún endeble, del planeta.

En definitiva, desde finales del XV la razón de ser de nuestro país está en función de sus vinculaciones con América. Prescindir de ella nos lleva, irremisiblemente, a no entender absolutamente nada de nuestra historia. Y la historia no es un juego de anécdotas interesantes, sino la memoria colectiva.

En aquellos años finales del XV se dieron una serie de circunstancias que explican el porqué del Descubrimiento. Circunstancias complejas, que no puedo entender sino como historiador. Así, en efecto, la cristiandad, tras la recuperación económica y demográfica que siguió a las pestes del XIV, necesitaba metales preciosos para sustentar sus intercambios. Se hallaron en el Tirol y en Bohemia, pero su extracción rápida fue haciéndose cada vez más lenta y costosa, porque se pasó de las minas a flor de tierra a tener que excavar galerías. La plata empezaba a ser más cara en sus costes que en sí misma: se necesitaba traer más. Por otro lado, la que había en circulación en el continente alimentaba un consumo suntuario (que no será revolvedor social, pero sí un acicate para algunos mercaderes) que empujaba a buscar rutas nuevas, más ágiles, más seguras, por mar: Vasco de Gama y el cabo de Buena Esperanza son el paradigma de esas expediciones que prefieren bordear África a arriesgarse a atravesar el mundo otomano que, no lo olvidemos, en 1453 ha rendido Constantinopla. En tercer lugar, desde mediados del XV en que venecianos y genoveses se han repartido el Mediterráneo, éstos se han asentado en la Baja Andalucía y trafican y navegan. Desde Portugal con sus avezados marineros —que habían llegado a Azores y al sur de África—, a las provincias vascas con rudos pescadores en Terranova, o la conquista de Canarias, quedaba claro que la Mar Océana era surcable.

1479. Castilla y Portugal han firmado un tratado de paz en el que si bien Isabel queda reconocida en el trono, ha perdido las posibilidades de expansión marítima... salvo que, amparándose en la ambigüedad de algunas cláusulas, pueda argumentar que no viola el pacto. De aquel tratado de Alcaçovas-Toledo no se discute la posesión de Canarias, pero se impide la expansión por el reino de Fez o al sur de Bojador. Triquiñuelas que ahora no se pueden explicar causan la ocupación de Melilla, por ejemplo. Pero a grandes rasgos el tratado va a dar paz y no merece la pena alterarlo ni provocar al vecino.

Sin embargo, el cumplimiento de esa premisa, repentinamente, se va a hacer difícil. Porque en medio de la guerra de Granada (1486) un, por entonces, «portugués» aparece ante los Reyes ofreciendo, nunca mejor dicho, «el oro y el moro». Al fin, tras idas y venidas de un lado a otro buscando apoyo y favor de monjes y amigos, logró que se firmaran las *Capitulaciones de Santa Fe*, ese documento privado entre unos Reyes y un particular, en función del cual éste les reconoce a ellos la soberanía y ellos le conceden mercedes.

Colón, recordémoslo, habría aprendido en la práctica en Portugal todos los secretos del arte de marear, los movimientos de los vientos alisios y contraalisios, la circulación rotatoria de las corrientes marítimas y acaso hubiera tenido noticia, por el naufragio de un barco y lo que contara el piloto agonizante, de la existencia de tierras al otro lado del mar: ¡qué genial es la interpretación de Pérez de Tudela de las «anónimas empilotadas» expuesta en *Mirabilis in altis*, frente al «piloto anónimo» de Juan Manzano en *Colón y su secreto*! Tierras que no eran ni Catay ni Cipango —las Indias—, y que tampoco estaban tan cerca como él creía. Pero el caso es que el 3 de agosto de 1492 una carabela de menos de 150 toneladas y dos naos más de la mitad de calado zarparon desde el puerto de Palos de la Frontera con rumbo a ¡sabe Dios dónde! El centenar de tripulantes fue enrolado por el entusiasmo de unos hermanos, los Pinzón, no por las ganas que tenían, como demostraron en su natural comportamiento a lo largo del viaje. Recalaron en Canarias y en un mes Rodrigo de Triana avistó tierra. Era el 12 de octubre de 1492. Colón nunca creyó haber hallado un Nuevo Mundo. Murió en esa ignorancia sublime (1505) mientras sus contemporáneos empezaban a maravillarse por lo encontrado. En 1493 zarparon diecisiete naves con más de mil doscientos hombres que esperaban ser repobladores y, por ende, señores de vasallos. Los planes de Colón eran otros: serían sus asalariados. Más problemas, tales como la frustración del poco oro hallado, el hambre y las tensiones entre ellos, acabaron con la paz originaria y se sucedieron los motines.

Aquello no daba tanto como se pensaba. Por tanto, el negocio podría estar en la conversión a esclavos de aquellos indios y venderlos. Mas en la mente providencialista de Isabel no cabría tal dislate. Eran vasallos suyos y, si no conocían la verdadera religión, había que enseñársela. Así se vedó la esclavitud en América y se empezó la evangelización. El mundo católico hoy debe a Isabel que el mayor foco de esa religión esté en América. Naturalmente, aquellos indios no acostumbrados al trabajo fallecían por múltiples causas, desde la desesperación al contagio de enfermedades contra las que sus cuerpos no tenían defensas. También a manos de la violencia de los conquistadores. Pero, igualmente, si eran tratados como esclavos era al margen de la ley.

Necesidad, codicia, ambición. Son los extremos sobre los que se basan los primeros años de la conquista. Mientras Colón sigue sus primeros viajes, marineros de Sevilla, Cádiz y Huelva capitulan con los Reyes y el monopolio colombino se rompe. Atraviesan el Atlántico en sus naves y llegan acá y allá. En pocos años la marinería andaluza es tan experta como la portuguesa en los viajes de derrota: la experiencia de los primeros viajes se fue pasando de boca en boca y alrededor de 1500 Juan de la Cosa ya tenía hecho el primer mapa de las Indias, Américo Vespucio había escrito sus cartas y se había empezado a fijar el nuevo nombre del continente, Pedro Alonso Niño había llegado a la isla Margarita y vuelto cargado de perlas; Vicente Yáñez Pinzón había alcanzado la desembocadura del Amazonas y, al mismo tiempo, amparándose en el Tratado de Tordesillas (1494), según el cual la línea de partición del mundo entre Portugal y Castilla se fijaba a 370 leguas al oeste de Cabo Verde, los lusitanos podrían tocar el pico de Brasil (¿verdaderamente no se sabía de su existencia al firmar el tratado?).

En este ambiente de sorpresa y esperanza, murió Isabel. A su muerte la población indígena de las Antillas había sido mermada notablemente, exterminada en ocasiones. No pudo soportar el demoledor envite de la colonización. La muerte masiva de los indios planteaba problemas a los cristianos, que no estaban dispuestos a trabajar duramente, porque para eso ya tenían su Castilla; pero las muertes masivas provocarían tarde o temprano, en aquella mentalidad cristiana, graves problemas morales. Isabel, en el testamento, ordenaba a sus vasallos y a sus sucesores que trataran bien y justamente a los indios, que se les compensara por los males ocasionados si los hubiera habido y que se les evangelizara. En los años siguientes se inicia el gran debate que enorgullece, por una parte, al ser humano; por otra, muestra sus miserias. En 1511 fray Antonio Montesinos pronuncia el memorable discurso de Navidad en Santo Domingo ante los colonos, contra la explotación. Acto seguido, los dominicos —orden a la que pertenecía— niegan los sacramentos a los castellanos que maltrataran a los indios; toma el testigo Bartolomé de las Casas y, en 1512, Fernando promulga las Leyes de Burgos. Lo hace, no por el pietismo que tendría Isabel, sino para evitar escándalos mayores. Por ellas se sanciona el sistema de *encomienda* (repartimiento de indios entre encomenderos para que trabajen para él unas épocas del año, a cambio de lo que se les catequiza, se les da alimento y se les permite irse a sus tierras a trabajar cuando sea necesario).

Otro tema importante sobre América, de los pocos que llegó a conocer Isabel, es la creación de la Casa de la Contratación de Sevilla (1503). Desde esa institución se controlaba todo el tráfico de mercancías y hombres que zarpaban para América o que llegaba desde allí. Si en un principio había cierta libertad de movimiento, pronto —como vemos— se sintió la necesidad de fiscalizar los intercambios directamente por parte de la Corona. Además, dependiendo de la Casa, se instaló una escuela de mareantes y se guardaron allá con gran secreto los primeros mapas, las primeras rutas, las primeras noticias de las Islas y Tierra Firme.

A la hora de la muerte de Isabel, entre sus joyas, proliferan los objetos de oro y sobre todo las perlas de las Indias; pero tiene miedo, porque conoce a sus vasallos, del destino de aquellos frágiles indios, a algunos de los cuales, hecho insólito, ha tenido la fortuna de ver en Barcelona y rescatar con su dinero.

Por último, unas palabras sobre las islas Canarias: entre 1493 y 1496 se concluyó la conquista de Tenerife, última de las islas por dominar. En Canarias, como en parte en América, se trasplantaron los modelos institucionales y culturales castellanos, especialmente la organización municipal. También los métodos de conquista eran al estilo americano, es decir, por capitulaciones a cambio del reconocimiento de la soberanía regia.

«España fue más triunfante, más sublimada y poderosa, temida y honrada que nunca»

La España de los Austrias nace en este reinado de Trastámara: una serie de infelices sucesos, tales como las muertes de los príncipes herederos y el matrimonio de Juana con Felipe de Austria, desvían el destino de la Corona hacia una dinastía extranjera que no estaría completamente hispanizada hasta 1527.

De manera esquemática, un observador puede contemplar qué ocurre con la política exterior de los Reyes Católicos: se imponen, fundamentalmente, los criterios aragoneses. Hasta mediados del siglo XVI, hasta la paz de Cateau-Cambrésis (1559) tras la batalla de San Quintín, el gran enemigo de Castilla en el continente es Francia. Sin embargo, en tiempos de la Castilla enriqueña, no hay tensión galaico-castellana, mientras que sí es un hecho evidente el permanente enfrentamiento entre aragoneses y sus vecinos del norte.

Los múltiples problemas internos, la debilidad de la nueva monarquía naciente, la hacen estar en un segundo plano. En 1463 Francia había recibido, en pago del préstamo dado a Juan II contra los sublevados catalanes, el Rosellón y la Cerdaña. Se mantiene la ocupación hasta 1493. Es importante contemplar cómo poco antes o nada más terminar la guerra de Granada empiezan a moverse fichas en el tablero internacional, como si se contemplara con respeto, ahora ya sí, a aquel inmenso reino. Carlos VIII de Francia pretendía, con la retrocesión de los condados catalanes, que el rey de Aragón le dejara tranquilo en la conquista de Nápoles, tal y como Fernando se había comprometido a hacer. Por razones que no vienen al caso, apoyándose en napolitanos favorables a los angevinos franceses (la dinastía Anjou había reinado en Nápoles en la Edad Media), Carlos VIII ocupa el trono y expulsa a Ferrante, rey por línea bastarda, vinculado a la Casa Real aragonesa. Sin embargo, Fernando no acepta la nueva situación y además de pactar la doble boda (Juan-Margarita, Juana-Felipe) de los Trastámaras con los Habsburgos, y la individual con Inglaterra (Catalina con Arturo), entre 1501 y 1504 recupera de manera brillante, en un modelo estratégico de la nueva guerra (infantería frente a caballería pesada; armas de fuego, picas, tercios, en fin), el reino mediterráneo. El héroe es el avezado militar Gonzalo Fernández de Córdoba, el Gran Capitán. Ferrante es repuesto en el trono, en evidente flaqueza. El sucesor de Carlos VIII, Luis XII, ocupa Milán y propone a Fernando la partición de Nápoles, Fernando parece aceptar el pacto, pero traiciona la palabra dada. Se abre la segunda guerra de Italia que culmina con las notables victorias de Ceriñola y Garellano (1503). Nápoles, Sicilia y Cerdeña son los espacios mediterráneos que posee para sí el Rey Católico a lo largo de los siglos XVI y XVII.

Por otro lado, Fernando conquista la Navarra al sur del Pirineo aprovechando las disensiones internas de beamonteses contra agramonteses. Y lo conquista para incorporarlo a Castilla (1515) y provocando como *causis belli* un acercamiento dinástico a Francia de la última reina navarra, Catalina de Foix.

En tercer lugar, la política matrimonial, que ya trataremos en otro capítulo de este libro, es un agente más de los que sientan las bases de lo que será hasta las paces de Westfalia (1648) o Utrecht (1713-1714) los límites políticos de la hegemonía hispánica.

La generación que viera morir a Isabel y a Fernando pudo contemplar cómo sólo unos años más tarde, ya en 1525, era vasalla de un emperador, cuyos dominios se extendían desde el norte de África (campañas culminantes en 1509) a las Canarias; de los imperios mesoamericanos a Hungría pasando por Flandes; de Nápoles, Sicilia y Cerdeña a la península Ibérica. Aquella generación sabría bien que en la base de todo ese entramado de poder político estaban las estrategias bélicas y matrimoniales de Isabel y Fernando, los *Reyes Católicos*, aquellos monarcas que, en sus orígenes, eran respetados por muy pocos y se casaron irregularmente y en secreto.

Por cierto, se les llama *Reyes Católicos* desde que el 19 de diciembre de 1496 Alejandro VI les concede ese título. Todos los reyes de España fueron a partir de entonces *Reyes Católicos*. Es muy frecuente encontrar que al rey se le llame tanto por su nombre como por «el Rey Católico...». Los reyes de Francia fueron, por su parte y desde Francisco I, los *Reyes Cristianísimos*, mientras que a Enrique VIII se le concedió el título papal de *Rey Fidelísimo* a raíz de su primer enfrentamiento con Lutero. Otra paradoja de la Historia.

Notas

[1] Siempre habrá un cierto halo romántico en esto de los levantamientos territoriales en defensa de las libertades vilipendiadas. Claro que, esto es conveniente recordarlo, entre esas libertades populares estaba el derecho de los señores a ajusticiar a sus vasallos sin apelación. No perdamos de vista un detalle: mientras que todas las revoluciones de la época estamental tienen un pasado normativo (la Biblia, los fueros y costumbres) al que miran como reivindicación suprema y por tanto tienen un marcado carácter conservador, las revoluciones burguesas son, una tras otra, saltos en el vacío, en los que el reto del futuro desconocido no importa.

[2] Puede consultarse un extracto de este *Poder y facultad* dado por Fernando nombrando a Isabel corregente de Aragón en RODRÍGUEZ VALENCIA, V.: *Opinión de los españoles y extranjeros...*, I, p. 9.

[2] PÉREZ PRENDES, J. M.: «Felipe II, hombre de Estado», en RODRÍGUEZ GIL, M. (ed. lit.): *Interpretatio. J. M. Pérez-Prendes Muñoz-Arraco. Pareceres (1956-1998)*, 2 vols., Madrid, 1999, II, p. 776.

[4] Y continúa, *compilada per lo honorable y discret mossén Pere Miquel Carbonell, escrivá y archiver del rey nostre senyor e notari publich de Barcelona, Novamente imprimida en el any MDXLVII [1547]*. En Fol. II r.-a

leemos «gents de Aphrica qui en la dita Hespanya edificaren ciutats [...] deles quals gents de Aphrica venints en aquesta Hespanya sonch capita hun noble appellat Barca, lo qual edificat la ciutat nostra de Barcelona...», etc.

[5] En SUÁREZ FERNÁNDEZ, L.: *Nobleza y Monarquía. Puntos de vista sobre la Historia política castellana del siglo* XV, Universidad de Valladolid, Valladolid, 1975 (2ª), pp. 225 y ss.

[6] SUÁREZ FERNÁNDEZ, L.: *Nobleza y Monarquía,* pp. 264 y ss.

SEGUNDA PARTE

Los sentimientos de la mujer. La madre y la esposa

La dureza de Isabel fue notoria en materia política. Tal vez no era otro el medio para quien quisiera perpetuarse en el poder o desempeñarlo con la seriedad que ella lo hizo. Un ejemplo (al margen de sus decisiones inquisitoriales): en cierta ocasión le informaron de que en el sitio a Loja (Granada) se habían producido bajas. Ella escribe: «De los muertos me pesa mucho, mas no pueden ir mejor empleados ni pudieran morir de sus oficios otros mejores.» Aunque, comentando las bajas, le invade la emoción al recordar a uno de los muertos: «Velasquillo nunca se me quita delante [de] los ojos.»[1]

Junto a ello, sin embargo, podemos contemplar a una mujer con unos sentimientos zaheridos por la fortuna que, «en medio de tantos alegres sembrados, planta tantos abrojos y espinas»[2].

En las páginas siguientes se delinean los datos básicos para la comprensión de las relaciones materno-filiales y conyugales (sobre todo) de una reina del Renacimiento. Como se verá, el autor no comparte, en absoluto, los principios de cierta historiografía posmoderna que habla de que los sentimientos y el respeto y la preocupación por la infancia son «descubrimientos burgueses» del siglo XVIII. Quienes han ido por esas sendas han demostrado ciertas ignorancias al olvidar el sentido y la existencia misma de textos clásicos, como los *Diálogos sobre la educación* de Luis Vives, entre otros.

Las relaciones con su madre

La madre de nuestra protagonista, Isabel de Portugal, padeció trastornos mentales, sobre todo a partir de la muerte de su esposo, Juan II de Castilla.[3] Cuando éste falleció, en 1454, ella se recluyó en Arévalo, de donde no salió hasta 1496: cuarenta y dos años, casi medio siglo. Poco después, su nieta sufriría un destino parecido en Tordesillas; y no había corrido un siglo, cuando su bisnieto (Felipe II) hubo de recluir al príncipe de Asturias, Carlos, en Madrid.

En Arévalo convivió, mientras pudo, con sus hijos Alfonso e Isabel. Como Juana con Catalina. Allí tuvo Casa propia; algunos de sus servidores, o los familiares directos de éstos, pasaron a la Casa de su nieto, el príncipe heredero Juan. La vida de Arévalo se mantenía gracias a rentas autónomas: de la reina viuda eran las de Arévalo, Soria y Madrid, de tal manera que la ocupación por huestes enemigas de cualquiera de esas localidades era un tema gravísimo por cuanto podía significar un revés para la vida material de la señora. Por ello, no es de extrañar que, para paliar otros inconvenientes, percibiera dineros contantes y sonantes de las arcas regias. Al parecer su hijo Alfonso, mientras fue «rey», le asignó casi un millón y medio de maravedíes, lo que serían treinta y seis mil ducados, poca cosa: el valor de las rentas de una ciudad medianamente importante.

A diferencia de lo que hizo Carlos V, que fue a ver a su madre sólo en once ocasiones (bien es verdad que las circunstancias eran absolutamente diferentes), se ha reiterado que Isabel iba casi todos los años a Arévalo a besar las manos de su progenitora. En verdad sabemos que desde 1480 a 1495 estuvo allí una docena de veces y que si no asistió a su muerte fue porque estaba en la rada de Laredo despidiendo a su hija Juana que se iba a Flandes.[4]

Poco más de unas líneas dedicaremos a las relaciones personales con su suegro. Ella debía ser para él un objeto político; sin embargo, el talante implacable de Isabel en materia política le debió alterar en alguna ocasión. En cualquier caso, sentía por ella respeto verdadero, a pesar de su lozanía, como demuestra este texto de aproximadamente 1470: «No callaremos, sobre todo, sus múltiples virtudes, su liberalidad, la integridad de sus costumbres, su prudencia, su honestidad, su magnanimidad, su aspecto personal y su acabada hermosura y la elevación y su enorme altura de su estirpe o de sus raíces y la calidad del linaje de la dicha ilustrísima reina y princesa nuestra hija.»[5]

Con el esposo: unos puntos de partida

Las relaciones conyugales de Isabel y Fernando han sido tema comentado con frecuencia y del que se ha escrito un sinfín de disparates, desde las más ignominiosas cursilerías hasta los máximos absurdos. Se ha llegado a hablar de boda por amor de dos muchachos, como si se tratara de una comedia romántica, y se han «disculpado» los celos de la Reina con frases tan sorprendentes como ésta: «No le estamos achacando imperfección ni menos, pecado.»[6]

En cualquier caso, para conocer dicha relación sólo se cuenta, hasta el día de la fecha, con un par de cartas cruzadas, pocos testimonios coetáneos y muchas fábulas. Así, sólo se tiene una visión monolítica, estática, de las relaciones personales. No se ha podido ahondar en la idea que tuvieron los cónyuges sobre qué era el matrimonio y qué el ejercicio del poder y hasta dónde llegaba, para cada uno de ellos, lo público y lo privado. A pesar de esto, con un par de fogonazos, se puede concluir que, al principio del matrimonio, había ferviente pasión; a la hora de la muerte, hondo respeto por el otro y, en los testamentos, deseo de compartir la vida eterna juntos. Todo ello, por lo demás, aderezado con desconfianzas e infidelidades.

Es de sobra sabido que los celos amargaron la vida de Isabel. Fernando, como dijo el cronista Hernando del Pulgar, «amaba mucho a la Reina, su mujer, pero dábase a otras mujeres». Ella, por su parte, «amaba mucho al rey, su marido, y celábalo fuera de toda medida». El humanista Lucio Marineo Sículo escribe que Isabel «amaba en tanta manera al rey su marido, que andaba sobre aviso con celos a ver si amaba a otras, y si sentía que miraba a alguna dama o doncella de su casa con señal de amores, con mucha prudencia buscaba medios y maneras con qué despedir a aquella persona con mucha honra y provecho». El padre Mariana definió bien la situación de esa relación: «Celos y sospechas.» O sea, que el uno por la otra y la otra por el uno, no respiraban tranquilos cuando estaban juntos y menos aún en la distancia. Claro, que los celos y sospechas de la Reina no dejaban de estar fundados: Fernando fue padre de cuatro hijos naturales, aunque dos de ellos los tuvo antes de casarse.[7]

Los sentimientos de Fernando hacia su esposa eran de profundo respeto y de deseo. Siempre y cuando no hubiera otro menester que distrajera la atención. Hay palabras *corteses* del marido a la esposa en la primavera de 1475. Desde Tordesillas le escribe lo mal que lo pasa sin ella. «No puedo dormir», confiesa, porque los correos le llegan con cartas, sí, pero siempre «mengua de amor». Pero la esperanza es lo último que se pierde y la ilusión en el amor es una llama siempre viva: «Algún día tornaremos en el amor primero.» En su mano está el matarle: «Si no lo hiciese [volver al primer amor] vuestra señoría, por no ser homicida me debe escribir y hacerme saber cómo se halla vuestra señoría...»

Los requiebros amorosos los usa Fernando en otras ocasiones más. A veces, insiste en cuánto la echa de menos: «Yo ya rabio por hacer presto [...] por veros.» Y añade: «Suplico a vuestra señoría que más a menudo vengan las cartas que, por mi vida, muy tardías vienen.» Estos pasajes me recuerdan a la correspondencia entre la emperatriz Isabel y Carlos V, sólo que con los papeles cambiados: aquí la debilidad la representa Fernando. En la riquísima correspondencia de la Emperatriz, ésta era cosa de ella.

En otros momentos, se interesa con ternura por la salud de la ausente: «Nuestro Señor sabe lo que siento y sentí cuando supe ayer la calentura y frío que vino a vuestra señoría.» Y, haciendo un uso algo abusivo de la salud ajena, implora: «Plega a Nuestro Señor que quite de todos vida y salud y la dé a vuestra señoría.»[8]

Cuando murió Isabel, como ocurre con todos los reyes o los personajes públicos, hubo dos muertes, a lo menos: la privada y la pública. Los sentimientos de Fernando expresados al condestable, que suenan a carta formal, tienen también una frase cargada de sentimiento: «Su muerte es para mí el mayor trabajo que en esta vida me podía venir y por una parte el dolor della por lo que en perderla perdí yo y perdieron todos estos reinos, me atraviesa las entrañas.» Por otro lado, el haberla visto vivir tan santamente le reconforta porque su muerte ha sido también santa y católica y, por ello, el Señor la recompensará.[9]

La verdad es que, doce años después, al redactar el testamento de Madrigalejo, volvía Fernando a lanzar aquellos recuerdos sobre la persona de Isabel y la vida compartida que, indudablemente, vuelven a poner de manifiesto la doble vida, pública y privada, que ha de llevar cualquier poderoso: «El fallecimiento de la cual, sabe Nuestro Señor cuánto lastimó nuestro corazón y el sentimiento entrañable que dello hubimos, como es justo, que allende de ser tal persona y tan conjunta a nos [...], salud y honra que nos obligaba a querer y amarla sobre todas las cosas de este mundo...»[10] Sirvan estos datos escuetos para mostrar que aquellos esposos supieron construir un mundo más satisfactorio que, por ejemplo, el de Enrique VIII y su hija Catalina, o que el de Felipe II y María de Inglaterra.

Aquélla fue la difícil situación personal de dos monarcas que no tenían por qué vivir al estilo de las normas dictadas, primero, por Trento y, segundo, por los conceptos de la sociedad burguesa actual. Eran dos reyes de finales del siglo XV y principios del XVI, con unos comportamientos público-personales diferentes que, sin duda, les funcionaron bien porque estaba todo pactado y pasaban temporadas lejos: lo personal, en su caso, estaba hábilmente supeditado a las responsabilidades monárquicas y a los proyectos políticos que fueron defendiendo a lo largo de su gobierno.

La mujer, parte de la política: preparaciones de bodas

Pero antes del matrimonio casi clandestino con Fernando, Isabel había sido un mero objeto de intercambio con fines políticos, como tantas y tantas mujeres de sangre real.[11] Parece ser que la primera negociación matrimonial fue en 1457, cuando la futura reina tenía apenas siete años: entonces se propuso su matrimonio con Fernando, hijo de Juan II de Navarra. Habría sido la confirmación de una paz. En 1460 tuvo lugar la segunda oferta matrimonial. Esta vez Enrique IV la negoció con el príncipe de Viana, Carlos, para interferir en la alianza con los nobles castellanos. En 1461 quedó zanjado el tema al morir el pretendiente varón. La tercera vez fue en 1464 cuando se la ofreció en matrimonio al rey de Portugal, Alfonso V.

La cuarta vez fue en 1465, a raíz de la sentencia compromisaria de Medina, como hemos visto al principio de este libro. La única manera que se le ocurrió a Enrique IV de frenar el empuje aristocrático fue proponiendo que un anciano aristócrata, don Pedro Girón, se casara con Isabel. El desenlace del acontecimiento es, en todo punto, patético. Para empezar porque la satisfacción de las ambiciones del noble implicaba su traición política: abandonaba el bando alfonsino y se pasaba al enriqueño. A cambio de la mano de Isabel, utilizaría sus influencias para que Córdoba y Sevilla, así como el marqués de Villena, su hermano, se adhirieran al bando del Rey. Además, se comprometía a aportar armas, hombres y dinero para sufragar los gastos de guerra. Se cuenta que Isabel lloraba por su futuro y que su llanto fue escuchado por Dios. Don Pedro Girón murió camino de Madrid y el viejo no pudo satisfacer sus deseos y voluntades con la niña.

Poco después de la sentencia compromisaria y, cómo no, tal vez bebiéndose su hiel, Enrique IV aceptó a Gonzalo Chacón como mayordomo mayor de la infanta. Un mayordomo era el encargado de organizar la Casa autónoma de una persona real (hoy equivaldría al cargo de jefe de la Casa Real) y, por ende, se convertía en la persona más influyente en el ámbito de la persona regia. En nuestra historia hay modelos muy interesantes de ayos o mayordomos. En especial cabe resaltarse el de don Juan de Zúñiga, nombrado por Carlos V para que enseñara la sociabilidad necesaria a su hijo Felipe. Lo entrañable de esa relación está en la voluminosa correspondencia cruzada entre el Emperador y el educador[12]. Sin embargo, no es el caso de Gonzalo Chacón, del que los datos de que se dispone son más bien escasos. En efecto, no sabemos a ciencia cierta qué día fue nombrado mayordomo mayor; sí sabemos, por el contrario, que a mediados de marzo de 1467 él tomó posesión en nombre de Isabel de la villa de Casarrubios, donada por Enrique IV para el mantenimiento de su hermana, con la condición de que ésta volviera al Rey tan pronto como ella se casara. Tarsicio de Azcona aprovecha estas donaciones de Enrique IV para mostrar cómo Isabel mintió cuando en la madurez escribió sobre el mal estado de sus rentas en su juventud, afirmación aceptada y recogida por Luis Suárez. Y así, sabemos que en 1466 tenía otras rentas por Extremadura (un *juro*, esto es, deuda pública contra la productividad de una renta determinada, pero con posibilidad de moverse de una a otra y así hacerlo más enriquecedor), concretamente 340.000 maravedíes sobre Trujillo. Es por estas fechas cuando Enrique IV declara su expresa voluntad de asistir a Isabel en todo, «la vida pondré por vos complacer y servir [...] no tenéis persona en este mundo que tanto os quiera como yo...»[13]. ¿Mentía el Rey como un cortesano? Es posible. ¿Escribió esa carta —que es hológrafa— con los sentimientos en la yema de los dedos? También es posible. Acaso era sólo una manifestación más de su personalidad pícnica.

Parece ser que los hermanos estuvieron juntos en Arévalo entre 1467 y 1468 y que, por esas fechas, Alfonso cedió a Isabel la villa de Medina, cuya posesión por poderes fue cosa, de nuevo, de Gonzalo Chacón[14]. En Arévalo también se celebró el decimocuarto cumpleaños del príncipe Alfonso. Las fiestas las organizó Isabel y ella misma recitó los últimos versos de una de las composiciones escritas por Gómez Manrique en homenaje al joven que «entraba en la edad viril, que es de los catorce años en adelante». Aquellos versos exaltaban la figura de Alfonso y le deseaban que:

Tu reinado sea tal
que merezcas ambas glorias,
la terrena y la celestial.[15]

Aquellos festejos estaban destinados a tornarse en penas: pena por la pérdida de Toledo durante la guerra, pena por la muerte del rey niño.

Isabel, de la noche a la mañana, se queda en el bando rebelde, el de las deserciones, el de las discrepancias: unos la quieren coronar reina en contra de Enrique IV; otros, no. El caso es que, de repente, pasa a ocupar un primer lugar en la escena política y el bando aragonés piensa en ella para don Fernando. Es el camino hacia Guisando. Sin embargo, ahora no es el momento de volver sobre ese capítulo, sino de adentrarnos, definitivamente, en la unión matrimonial de Isabel con Fernando, aquel pacto urdido en el seno de un bando que se debilita y que busca apoyos en el exterior.

Pero antes hay que hacer una última alusión a otro matrimonio frustrado, el que Enrique IV intentó fraguar entre Isabel y Carlos de Guyena, hermano de Luis XI de Francia. El enlace se negoció entre la primavera y el verano de 1468. La estrategia seguida por Isabel, al parecer, consistió en hacer creer al legado francés que aceptaba el matrimonio (entrevista de Madrigal, agosto de 1468) para dejar que pasase el tiempo sin enfrentarse con nadie. En efecto, convencidos en París de que los desposorios iban a celebrarse en aquel otoño, debieron quedarse atónitos cuando en noviembre recibieron la noticia del enlace entre Isabel y Fernando. Aunque, bien mirado, era natural: ¿qué pintaba una alianza con Francia, si había posibilidades de cerrarla con Portugal o con Aragón?

El matrimonio político de Isabel y Fernando

La corte se había establecido en Ocaña, tras lo de Guisando. Allí permaneció Isabel entre el otoño de 1468 y la primavera de 1469. Organizó un Consejo propio (con Chacón, Quintanilla y Gutierre de Cárdenas), preparó su Casa a cuenta de las rentas que nunca llegaban y escuchó a Pierres de Peralta que era el que mejor conocía en la corte de Juan II de Aragón las cosas de Castilla.

La zona bulle. En Ocaña están Isabel, el legado aragonés. Un poco más al sur, en Yepes, está aposentado el arzobispo Carrillo. Algunos Mendoza, los otrora guardianes de la vida de Juana, dolidos por lo de Guisando, están en Colmenar de Oreja. En octubre, Enrique IV planea atraérselos de nuevo así como aliarse con Portugal para contrarrestar la presión de Aragón. Cita a todos en Villarejo de Salvanés, de la Orden de Santiago, lugar singular de nuestra historia y sobre todo en el siglo XVI.

En aquella reunión se pacta el matrimonio de la heredera de Castilla, Isabel, con el rey Alfonso V de Portugal (1432-1481) y el de la desheredada Juana con el heredero al trono luso, Juan. Hay una cláusula importante, recordémosla: si no hay hijos del primer matrimonio y sí del segundo, Juana y Juan serían los herederos de los reinos.

Mientras, Isabel miraba hacia el otro lado de la Península. En ocasiones se ha argumentado que Alfonso V de Portugal, ya viudo, era muy mayor para la joven princesa castellana. Tal afirmación es absolutamente falsa: Alfonso V tenía, por aquel entonces, treinta y seis años; Isabel, dieciocho. La diferencia de edad no era preocupante de cara a la generación de un heredero, que es para lo que se casan los príncipes. En cualquier caso, el príncipe de Aragón, ya rey de Sicilia, Fernando (1452-1516), era de la misma edad que Isabel y, tal vez, en el momento decisivo, apostó con más fuerza. Por ejemplo, en los primeros días de 1469, les prometió el oro y el moro a Gutierre de Cárdenas y a Gonzalo Chacón por lo bien que le estaban representando ante Isabel.[16]

Cuando Isabel se decide por el bando aragonés, no conoce de Fernando más que los dimes y diretes de los cortesanos; los cuales tal vez se callaran que ya tenía, a primeros de 1469, dos hijos bastardos, Alfonso y Juana (él fue el Alfonso de Aragón que fue arzobispo de Zaragoza y que regentó el reino desde la muerte de su padre hasta la llegada de Carlos V. Ella sería duquesa de Frías). A principios de febrero, en Yepes, se firma el borrador de las capitulaciones y los legados de Fernando vuelven allá con una nota de Isabel en la que se excusa por la tardanza en su contestación y se pone a disposición del joven príncipe: «A mí mandéis lo que quisiéredes que haga ahora, pues lo tengo de hacer.» Una facción castellana, la de la heredera, parece haberse encontrado con Aragón; si alguna vez Enrique o alguien más quisiera alterar el pacto de Guisando, sólo habría un remedio: la guerra.

El caso es que en Cervera y a 7 de marzo se preparan las capitulaciones definitivas que serían la base del ordenamiento del Estado monárquico-señorial a punto de ponerse en marcha. En primer lugar, se acepta la legitimidad de Enrique. En Fernando recaen la potestad de administrar justicia y la responsabilidad de mantener las libertades eclesiástica y ciudadana; se requerirían las firmas de ambos cónyuges para la concesión de mercedes y privilegios o para los nombramientos de oficios; Fernando permanecería en Castilla a voluntad de Isabel y sus hijos no saldrían del territorio ni se harían campañas sin el permiso de Isabel. Por su parte, Isabel recibiría las dotes tradicionales aragonesas: Borja, Magallón, Elche y Crevillente, además de otras rentas... La manera de maniatar a Fernando a Castilla era una hábil estrategia castellana porque se aseguraba así la preeminencia en la unión dinástica. Pero al mismo tiempo, los aragoneses podían contemplar con satisfacción cómo su futuro rey lo iba a ser también de Castilla. El pacto político estaba lleno de ventajas.

La certeza del incumplimiento de lo tratado en Guisando espolea a Isabel a tomar una gravísima determinación pues las circunstancias se pueden tornar en muy amargas: decide huir de Ocaña a mediados de mayo y se encamina hacia Arévalo, para recoger a su madre y celebrar las exequias por el aniversario de la muerte de Alfonso, mientras que el cronista Alonso de Palencia se marcha a Aragón para reclamar que se fuera haciendo efectiva la dote prometida en Cervera, como ocurrió, porque a mediados de julio volvía a Castilla con ciertas preseas.

Mientras, el desaire al francés, la convicción de Enrique IV de que Isabel se le escapaba de las manos y el paso de ésta hacia Valladolid, burlando a Alonso Fonseca que, en Coca esperaba su paso para prenderla, han enrarecido el ambiente hasta límites insospechados. El regreso de Aragón del cronista Alonso de Palencia dejaba bien a las claras que no había sólo papeles, siempre mojables, sino joyas para la novia. La boda parece pronta a celebrarse.

Desde Valladolid, ciudad enemiga de Enrique, Isabel —o sus consejeros políticos, en opinión de Azcona— pone en ejecución el plan lógico: pedir a Fernando que venga a Castilla y solicitar alguna forma de pacto a Enrique, explicando el porqué del incumplimiento de aquel párrafo de Guisando en el que se reconocía que no habría boda que no hubiera sido consultada con el Rey.

Gutierre de Cárdenas y el cronista Palencia marchan a Aragón. Aunque la mayor parte de la corte, reunida en Zaragoza, aprueba la partida del rey de Sicilia, a algunos no les hace gracia. A Juan II (1398-1479), en concreto, le genera gran pesar porque es un viaje arriesgado. Se siente mayor y no tiene otro hijo. El camino parece peligroso. Pensar en esa jornada «al dicho señor rey» le resulta «tan duro e tan fuerte que lo puedo dezir», escribe su secretario[17].

Pese a todo, el 5 de octubre de 1468 Fernando sale de Zaragoza con un séquito de sólo seis personas. Parece ser que Juan II ha anunciado públicamente que va a enviar a Castilla una embajada con dos legados para tratar cosas que interesan a sendos reinos. Entre los criados, camuflados, van Fernando, el cronista y Cárdenas. En el camino, lo sabían, iban a tener que cruzar lugares hostiles, como los territorios del condado de Medinaceli. El caso es que el 7 de octubre estaban en Burgo de Osma y el 9 de octubre en Dueñas, tranquilamente encastillados entre manos amigas.

«El arzobispo Carrillo casó clandestinamente...»[18]

Unos días después entró Fernando en Valladolid. A la entrada de la casa de los Vivero fue recibido por el arzobispo de Toledo y luego pasó a saludar a Isabel. Aunque no hay constancia perfectamente fidedigna del día, es posible que el 14 de octubre tuviera lugar la primera reunión —que a la postre fue la única— entre los dos prometidos.

En esos momentos —hay dudas de datación— Isabel advierte a Enrique de sus deseos de casarse con Fernando; pactan una alianza con Carrillo en la que aseguran que: «No haremos ni dispondremos cosa alguna, mas todos tres de un acuerdo y determinación haremos y gobernaremos, como si un ánima y cuerpo fuésemos.»[19] Ni que decir tiene que en ese momento el Estado venía a convertirse en una especie de vicaría de la Iglesia. A su vez, el arzobispo se comprometía a bien poco en aquellos tumultuosos tiempos: aumentar y conservar todas las honras, preeminencias, dignidades, casas y estados de los prometidos.

(A título de inciso: como el arzobispo tenía un hijo natural, Troilos, Isabel le donó a éste la villa de Atienza... Sin mayor problema y, probablemente, sin mayor escándalo. Para el clero ése fue uno de los inconvenientes del Concilio de Trento: se quiso que en el paisaje urbano y rural la figura del sacerdote se diferenciara de los demás creyentes y se logró hacerles diferentes en lo formal, en su vestir, en sus modos, en sus formas, en definitiva en el *estar*, pero también se les obligó a una disciplina y a unos comportamientos morales que, hasta entonces, no habían respetado ni los Papas; la Iglesia se autoimpuso desde aquel Concilio un *ser*.)

Entre los días 18, 19 y 20 de octubre de 1469 se fueron «casando» los novios. Y entrecomillo el «casando» porque es necesario, imprescindible, recordar al lector del siglo XXI que antes de Trento el matrimonio conocía varias fases que, por costumbre en unos casos y por derecho canónico en otros, acabaron fundiéndose en un único acto público. Cualquier historiador que haya consultado libros de matrimonio del siglo XVI ha podido leer una y otra vez que el párroco anota que en tal día *desposó* a unos contrayentes y, en tal otro, los *veló*. El *desposorio* era el compromiso matrimonial con marcado carácter social; pero no era el sacramento. Tenía, por decirlo así, fuerza de contrato y, a los ojos de la comunidad, desde ese momento, los novios estaban prácticamente casados. Si el ritual no seguía adelante, se podía llevar al incumplidor o la incumplidora ante los tribunales ordinarios. Tras el desposorio se podía hacer «vida maridable». Después (unos días, unas semanas) se efectuaban las *velaciones*; es decir, los novios recibían el sacramento de y ante la Iglesia; a partir de ahora, las disensiones de aquella pareja serían objeto del derecho canónico. Como el fin último del matrimonio cristiano es el de unirse para procrear, todo el ritual, civil y sagrado, no era válido hasta que no se consumase el matrimonio. A veces, para tener la garantía de que esto había ocurrido, la consumación se llevaba a cabo ante testigos. Fue el caso de los futuros Reyes Católicos, cuya noche de bodas discurrió ante ojos escrutadores[20]: «1469. Octubre, 19 [...]. Esa noche fue consumpto entre los novios el matrimonio, a do se mostró complido testimonio de su virginidad e nobleza en presencia de jueces, e regidores e caballeros, según pertenecía a reyes.»[21]

Isabel y Fernando se desposaron ante el arzobispo de Toledo, el almirante de Castilla, el conde de Treviño y otros «altres comtes e barons de aquest regne» de Castilla, siguiendo las palabras del propio Fernando en carta oficial remitida por él a la ciudad de Valencia, el 20 de octubre de 1469. El día 19 oyeron la misa nupcial y esa misma noche «a servey de Deu, havem consumat nostre matrimoni»[22].

Luego, Valladolid celebró el enlace. Junto a Valladolid, la aristocracia que tenía parentesco o clientela en Aragón (los Enríquez, Carrillo y Manrique), pero no la aristocracia eclesiástica. También estuvieron presentes Gutierre de Cárdenas y Chacón. En definitiva, si fue una boda en la intimidad, no fue por cuestiones de verdadero amor, o de romanticismos empalagosos, sino porque no hubo apoyos al enlace de la heredera de Castilla con el rey de Sicilia, heredero de Aragón. El partido isabelino debía estar pasando un momento delicado.

Uno de los temas que más han obsesionado a los historiadores es el de la dispensa canónica del matrimonio: con esta pareja, con la que se ha querido construir la Historia de España varias veces, se preocupan algunos de cosas que, en otros casos, pasan inadvertidas. Carlos V e Isabel de Portugal tuvieron que repetir la ceremonia del matrimonio por no tener la documentación en orden y a tiempo. Por nuestra parte, no vamos más que a citar de pasada el asunto, dándole la importancia que se le ha de dar. Como Isabel y Fernando eran primos segundos, su consanguinidad les impedía contraer matrimonio salvo que hubiera dispensa canónica. La solicitud de la documentación corrió a cargo de la corte aragonesa (desde 1467 en adelante), que se encontró con que Paulo II negó la dispensa ya que Enrique IV no aceptaba el matrimonio. La perplejidad se convirtió en tensión, conforme se acercaba la fecha de la boda. Tanto que, llegado el día, el «tremendo contratiempo [...] fue resuelto falsificando una bula a nombre de Pío II y fechada en Roma el 28 de mayo de 1464»[23]. Celebrada la boda, siguió adelante la solicitud de la dispensa y el propio Juan II aseveraba en cierta carta que el Papa le había prometido que, tan pronto se celebrase el matrimonio, expediría la dispensa. Esto se ha puesto en tela de juicio, pero a mí no me extraña: era una jugada diplomáticamente muy hábil por parte del Papa. Si otorgaba la dispensa antes de la boda, se enfrentaba al rey de Castilla con el riesgo de que, además, no se celebrase el matrimonio porque se rompiera el compromiso por cualquier razón; sin embargo, si se casaban, aunque no fuera válido, era en serio y entonces sí que se otorgaba la dispensa y todo zanjado. Esto implicaba que ni el Papa creería en el sacramento. No es de extrañar que el catolicismo necesitara en los años venideros un par de Concilios (el Quinto Lateranense y el de Trento) o que todo saliera descompuesto con las reformas protestantes. Como se ha dicho: «Paulo II debió hallarse en un mar de confusiones. [...] No podía enemistarse con los reyes de Castilla y de Portugal; así, pues, dejó pasar el tiempo.»[24]

Hace ya más de cuarenta años, los profesores Rodríguez Valencia y Suárez Fernández descubrieron que Venier, el legado papal, dio secretamente una dispensa matrimonial porque estaba capacitado para obrar así en nombre del Papa. Se sospecha que Venier, que fue activo personaje en Castilla desde antes de Guisando, habría obrado a favor de la boda porque la cancillería aragonesa pagó favores, hubo «tintineo de oro»[25]. «Según era costumbre», afirma sagazmente Suárez Fernández, se le dio una renta de mil onzas de oro sobre la cámara de Sicilia, el obispado de Orihuela y la de Tortosa en cuanto vacare[26]. Al propio Paulo II no le acabó de convencer la actuación de su legado en Castilla, porque por un breve de 10 de mayo de 1471 ordenó que se abriera un proceso en regla contra el diplomático. Personalmente, se nos escapa por qué hubo falsificación de la bula papal si es verdad que el legado estaba dispuesto a emitir una que habría de ser verdadera. El caso es que, de nuevo, una cuestión documental y sus complicadísimas interpretaciones vuelven a enrarecer el ambiente histórico por el que nos movemos. Si la bula fue falsificada —Isabel escribiría años después: «Tengo bien saneada mi conciencia»—, ¿les preocupaba un matrimonio perfectamente válido, o sencillamente querían un «matrimonio», que ya lo validarían más adelante? Pero tengamos clara una cosa: un matrimonio o es perfectamente válido, o es absolutamente inválido. No hay término medio.

Con los hijos

Isabel y Fernando tuvieron cinco hijos: Isabel (1470-1498); Juan (1478-1497); Juana (1479-1555); María (1482-1517) y Catalina (1485-1536). La irregularidad en la concepción (casi transcurren ocho años entre el primer parto y el segundo) ha despertado varias conjeturas que se pueden sintetizar en que la Reina era propensa a abortar.

La mayor, Isabel, fue jurada princesa de Asturias en Madrigal en 1476. Tuvo como maestro a fray Pedro de Ampudia. Debía ser seca de carácter, pues su madre se refería a ella como «mi suegra». Maximiliano I aspiró a su mano, pero finalmente se casó con el príncipe Alfonso de Portugal (1490), y las celebraciones llenaron horas y horas de alegrías. Si hubiera un vástago de aquella unión, Castilla, Aragón y Portugal se unirían en la misma Corona. La estrategia matrimonial no era errónea; además se ponía fin a los últimos enfrentamientos entre castellanos y portugueses. Desdichadamente, a los pocos meses del matrimonio, murió don Alfonso (a la sazón tenía diecisiete años) al caerse de un caballo.

Isabel, viuda en plena juventud, volvió a Castilla. Cuando el príncipe Manuel subió al trono de Portugal, solicitó su mano, a lo que ella se negó en tanto en cuanto hubiera judíos en Portugal. Al final se les expulsó y se casaron en Valencia de Alcántara (1497)[27].

Las palabras del humanista Anglería con respecto a la reticencia de Isabel a casarse de nuevo son más sensatas que otras leyendas: «Ella no quiere conocer a ningún otro hombre y renuncia a las segundas nupcias»; y añade en otra carta: «Algún día tendrá que ceder, porque sus padres le instan en justicia.» Más aún: «Sus padres tratan de persuadirla; le ruegan y suplican que procree y les dé los debidos nietos.» A todos les admiraba la actitud de la viuda que no comía nada exquisito y «tanto se ha mortificado con los ayunos y las vigilias que se ha venido a quedar más flaca que un tronco seco. Ruborizada, se pone nerviosa siempre que se le provoca la conversación sobre el matrimonio»[28]. Por fin, alborozado, el cronista puede escribir que «han logrado doblegar el ánimo inflexible de la hija viuda para el segundo casamiento...»[29].

La boda se celebró inmediatamente después de la muerte del príncipe don Juan[30], por lo que, la infanta de Castilla —reina de Portugal— y el rey de Portugal pasaron a ser príncipes herederos de Aragón (con dificultad)[31], Castilla (se les juró en Toledo) y Portugal. La ilusión del humanista y de toda España estaba en que «la suerte ponga término a su truculencia y permita, por fin, al cetro hispano sucederse a su debido orden»[32]. ¡Cuánto se tenía que sufrir aún para ello! No es de extrañar que Felipe II pidiera a Tiziano que hiciera aquel alegórico retrato en el que ofrece a su hijo don Fernando a Dios, a la par que la victoria de Lepanto.[33] La cuestión es que, durante las Cortes de Zaragoza, ella murió de parto. Alumbró un varón (23 de agosto de 1498), Miguel, en el que por primera vez en la Historia se aunaban las Coronas. El niño fue jurado príncipe heredero de Aragón mientras don Fernando no tuviera otra descendencia masculina (Zaragoza, septiembre de 1498), de Castilla (Ocaña, enero de 1499) y de Portugal (marzo de 1499). La abuela se consolaba con él y lo traía y llevaba por donde ella iba: pero la ilusión le duró poco. Don Miguel murió siendo aún un niño. Fue en Granada, en julio de 1500. Allí reposa, en la cripta de la Capilla Real, junto a los abuelos y a los tíos.

Manuel de Portugal, el rey viudo, casó con la hermana de Isabel, María (1500). Pero de este matrimonio no se podían esperar tan grandes beneficios políticos porque Juana era mayor y fue la que recibió las Coronas.

Se cuenta que, desde 1500, aproximadamente, tras las muertes de Juan, Isabel y Miguel «vivió sin placer la dicha reina doña Isabel, muy necesaria en Castilla, y se acortó su vida y salud»[34].

Don Juan, el príncipe heredero ¿que murió de mucho amar?

El 30 de junio de 1478 nació en Sevilla el único hijo varón de los Reyes. Fue bautizado por el cardenal Mendoza y se le llamó Juan.[35] El parto tuvo lugar en los Alcázares y la Reina fue asistida por la Herradera, una partera sevillana. Como era costumbre, la leche no la tomaría de la madre, sino de otra mujer. (Se escogían hembras robustas y de calidad contrastada: el ama de cría del infante-príncipe fue doña María de Guzmán, esposa de un vecino de Toledo. El ama era quien llevaba al niño a la pila bautismal.) Durante tres días y tres noches hubo fiestas en Sevilla y se le bautizó el 9 de julio. Actuó el cardenal primado don Pedro González de Mendoza y los padrinos fueron un legado de Sixto IV, un embajador de Venecia, el condestable don Pedro de Velasco y el conde de Benavente; la madrina fue la duquesa de Medina Sidonia. La ceremonia fue encumbrada con procesiones y animada con músicas de chirimías, trompetas y sacabuches. Un mes más tarde, el 9 de agosto, fue la Reina a misa a presentar al niño al templo según era costumbre. Presidía la comitiva el Rey, ricamente ataviado como su esposa y de nuevo con toda la corte y regimiento de Sevilla a su alrededor. Sin embargo, tantas fiestas, solemnidades y alegrías fueron acompañadas de malos augurios:

> «A veinte y nueve días del mes de julio, día de santa Marta, a medio día, hizo el sol un eclipse, el más espantoso que nunca los que hasta eran nacidos, vieron; que se cubrió el sol de todo y se paró negro y parecían las estrellas en el cielo, como de noche; el cual duró así cubierto muy gran rato, hasta que poco a poco se fue descubriendo y fue gran temor de las gentes y huían a las iglesias y nunca de aquel hora tornó el sol en su color, ni el día esclareció como los días de antes solía estar y así se puso muy calajinoso.»[36]

Siempre se tuvo pavor por su enfermiza salud; llegó a hacerse ex voto con su cuerpo para ponérselo a la Virgen de la Antigua de Sevilla tras restablecerse de una enfermedad. En 1491 se buscaron tortugas por todo el reino. Se enviaban con asiduidad a la corte desde Medina, Valencia y Córdoba porque, al parecer, el jugo de su carne era bueno contra la endeblez del príncipe.[37]

El niño vivía la estacionalidad del año cristiano: conmemoraba íntegramente la Semana Santa, estrenaba en la procesión del Viernes Santo una loba y capirote (sus hermanitas, mantilla y hábito); en la Candelaria asistía también a la festividad y hacía ofrendas especiales por San Jorge, San Sebastián y San Juan, dando en esta ocasión tantas doblas cuantos años iba teniendo.

Su formación fue completamente principesca, cuidada, humanística: además de a Anglería tuvo como preceptor a Diego de Deza (cobraba el doble que los maestros de las infantas); como confesor a García de Padilla, y don Juan de Zapata y Juan Velázquez como ayos.[38]

Conocía los avatares contra el reino nazarí porque desde 1485 estuvo, sobre todo con la madre, por Andalucía. Fue armado caballero en 1490, en el sitio de Granada, en cuyas inmediaciones permaneció hasta la rendición: asistió con papel de protagonista a la entrega de las llaves de la ciudad que pasaron por sus manos. Siguió siempre a la corte itinerante. Sabemos que, desde 1483 hasta su muerte, recorrió los campos y ciudades de las Coronas de Castilla y Aragón. Madrid, Burgos, Santo Domingo, Vitoria y Tarazona (en 1483); Tarazona, Toledo, Córdoba (en 1484); Córdoba, Almagro, Córdoba, Zaragoza (1487); Zaragoza, Valencia, Murcia, Valladolid (en 1488); Valladolid, Jaén, Úbeda, real de Baza (en 1489); Écija, Córdoba, Sevilla, Baena, Moclín, Córdoba (en 1490); Barcelona (en 1492 y 1493); Barcelona, Zaragoza, Valladolid, Arévalo, Segovia, Madrid, Burgos (en 1494 y 1495); Madrid y Burgos (1495), y Madrid, Burgos, Almazán, Valladolid, Medina, Salamanca... (entre 1496 y 1497)[39]. En Barcelona no sólo asistió a la espectacular bienvenida a Colón, sino que también apadrinó a los primeros indios.

En 1496, al cumplir los dieciocho años, se le puso Casa propia, modélica, por otro lado.[40] Tan es así que cuando Carlos V va a constituir la de su hijo Felipe, encarga a Gonzalo Fernández de Oviedo que redacte un texto explicando cómo era la de don Juan, para imitarla: la primera versión del escrito del humanista fue de 1535 y la segunda de 1547. La corte del príncipe Juan contaba con cinco jóvenes para que él se criara entre ellos. Estaba asentada en Almazán.

Don Juan fue instruido en las letras y en las armas, como correspondía a un príncipe del Renacimiento: en efecto, fue militar en activo, pues capitaneó en la guerra de Granada a más de cien caballeros de Órdenes Militares.

Desde 1488 en adelante se le instruyó en las justas y torneos, capítulo vital que culminó en 1490 al ser nombrado caballero en Monclín. El buen caballero, además, debía ser un avezado cazador y él lo fue, como lo demuestran las partidas de gastos para halcones, gavilanes, perros y aderezos de cetrería en particular y caza en general. El caballero cortesano tenía que entender de música y el niño tuvo un monocordio y libros de música; sabía jugar al ajedrez y a los naipes; alguna vez asistió a espectáculos taurinos, aquéllos tan desagradables a su madre.[41]

Al parecer los resultados de su educación no fueron baldíos si creemos a Fernández de Oviedo. Los sudores del dominico

Deza dieron fruto, porque le «enseñó leer y escribir y gramática al príncipe y mediante el buen ingenio de su alteza y la industria de tan sabio y prudente maestro, el príncipe salió buen latino y muy bien entendido en todo aquello que a su real persona convenía saber. Especialmente fue muy católico y gran cristiano y muy amigo de toda verdad e inclinado a la virtud y amigo de buenos»[42]. Mas no sólo se interesó por su educación Deza. En 1488 el humanista Anglería escribe a Velázquez, uno de los ayos, respondiéndole a la pregunta de que cómo veía al príncipe. Anglería es franco, «le considero muy interesante», y apostilla «posee aquellos tres dones naturales que hacen a los hombres consumados y perfectos si se cultivan mediante una educación conveniente, como son la agudeza de ingenio, la memoria y la grandeza de alma». Mas hay que pulir esas piedras. La inteligencia no puede embotarse en juegos u otras futilidades; la memoria se puede atrofiar y la magnanimidad puede descomponerse en audacia, prodigalidad, petulancia y dureza de corazón.[43]

A mediados de septiembre de 1488 el príncipe se dirigió en una entrevista al humanista y en italiano («en mi patrio idioma») le recriminó que no le mandara cartas como hacía con tantos otros personajes. Por eso le dirigió una en la que laudaba varias cosas. En primer lugar, una constante de la estructura mental de la época: la de que aun siendo niño obrara siempre como adulto; en segundo lugar, la grandeza de su alma; en tercer lugar su aproximación a las letras. Esas cosas hacían de él un «rey sabio» por lo que «España piensa que será felicísima»[44]. En una segunda carta le encomiaba a que gobernara rectamente, a que fuera consciente de su poder interminable y de la cantidad de vasallos que iba a tener. Los frutos de su gobierno serían ubérrimos si continuamente regara el árbol de su propio ser «con la disciplina de las letras y con buenas costumbres». Le exhorta a que emule a sus padres porque «no tienen reyes parejos en todo el mundo» y, en fin, le recuerda que el buen rey «ama infinitamente a los que le aman, los dirige, los defiende y los colma de toda clase de bienes»[45]: Anglería, como tantos más, busca y encuentra en el juego de la merced regia y el castigo justo, las esencias del bien y del orden públicos.

Cuando el alemán Münzer acude ante él, lo califica como «excelente retórico y gramático». Narra cómo le habló en latín «que oyó con grande atención y se veía bien que hubiera querido darme la respuesta por sí mismo». Sin embargo, una dolencia en la lengua y el labio inferior le imposibilitaban el habla; «mandó a su ayo [Deza] que me contestase»[46].

Entre las cuentas de la Reina hay varias partidas de dinero destinado a la compra de libros y cuadernos para el príncipe. Al cargo de la compra de los pliegos de papel, de las encuadernaciones, de las ilustraciones o las iluminaciones de los libros estaba el «escribano de libros del príncipe», Francisco Flórez, que, lejos de tener una formación humanística, lo que tenía era formación artesanal.

Cuando el niño tenía diez años se «hicieron el dicho año para leer el príncipe» un libro de *Epístolas*, un *Arte de Gramática* y varias cartillas (como las llamaríamos hoy) en pergamino, iluminadas con letras escolásticas, con letras de oro, encuadernadas y con las hojas doradas... En 1492 el maestro del príncipe recibió otros libros de devoción, breviarios, y más cuadernos. Al año siguiente, se encuadernaron ricamente algunos textos teológicos, «ciertos libros de molde» (impresos) y, en los años siguientes, una Biblia y más textos que será casi imposible saber cuáles fueron, así como cuadernos y cuadernos, aquellos que la madre aún guardaba entre sus enseres cuando murió.[47]

La reina Isabel le fue enseñando a ser caritativo con sus criados, a no ser «escaso» (tacaño). En 1487 el limosnero de la Reina anota en su libro de control del gasto: «Di de vestir a una niña, que me lo mandó el señor príncipe.»[48] Por esas mismas fechas su madre, que aún le llamaba «mi ángel», mandó que una vez al año (el 30 de junio) se levantara inventario de toda su ropería y que la repartiera entre sus servidores. Además le dio un gran consejo, propio de la magnanimidad: «Cuando se lo diéredes no se lo digáis primero [entiéndase, *no lo anunciéis*] al que lo dáis, ni nunca se lo zahiráis ni habléis después en ello, ni se os acuerde cosa que diéredes.»[49] El primer reparto de don Juan fue celebrado.

Por otro lado, por las cuentas de la Reina sabemos que ésta no escatimó dineros en vestir al hijo: telas de toda Europa, bordados con hilos de seda y oro, armiños para forrar los sayos del niño, medio centenar de conejos para revestir una loba, martas para lo mismo, guantes de nutria, habitualmente tenía medio centenar de borceguíes y otros tantos pares de zapatos...[50] La Reina dispuso que «cada domingo y fiesta se le calcen borceguíes nuevos y no muy justos, en tanto que es de poca edad [...] e siempre estén en la cámara tres o cuatro docenas de camisas del príncipe [...] y a cada día se le dé una camisa al príncipe y se le vista y otra en la noche con que duerma. En el retrete dense y estén siempre media docena de toallas y una docena de pañizuelos de narices limpios...»[51] ¿De verdad que esa mujer no se cambió de camisa por no sé qué? ¿No será más bien que la anécdota ha sido explotada por mentalidades de economías basadas en la pobreza que debían exaltar el que no hubiera gasto y menospreciar la exuberancia de los países más ricos? No olvidemos que Fernández de Oviedo recibió toda la tapicería (se incluían jarras, plata labrada, paramentos de seda, doseles y demás) a la muerte de don Juan que se valoró en unos veinte mil ducados de oro, cifra a todas luces desorbitante. Mas si eso pudiera parecer sólo una anécdota, el medio centenar de entradas que componen las joyas, ropas y muebles dados por don Juan a la princesa Margarita vuelven a incidir en la idea de que la corte de Isabel y Fernando no era una corte pobre, como podría augurarse cuando se casaron en Valladolid.[52]

En 1496 se le concedió al príncipe la administración y señorío de ciertas villas y sus tierras. Concretamente, Alcaraz, Salamanca, Logroño, Úbeda, Baeza, Trujillo, Ronda, Cáceres, Toro, Loja y Écija. Con ellas debía tener aparejo económico suficiente para no depender de las rentas maternas.

En 1480 y 1481 fue jurado príncipe heredero de Castilla y Aragón. Como no podía ser menos, fue objeto de negociaciones matrimoniales. Así, en 1479 —recordémoslo— se trató, sin mucho interés o como una trampa política, su matrimonio con Juana de Castilla, la hija de Enrique IV. En 1482 fracasó una tentativa de casarlo con la princesa Catalina, de Navarra, y en los años siguientes se habló —con diferente interés— de bodas con Nápoles, Bretaña y, por último, con Flandes.

En 1496 se preparó un matrimonio doble, entre Juan con la princesa Margarita de Austria y Juana con el archiduque Felipe. Aun antes de la conquista de Granada, la apuesta de los Reyes por situar políticamente a sus hijos no era vulgar. La importancia de aquel matrimonio la describe con la lucidez acostumbrada el humanista Anglería. «Le daremos esposa a su único hijo y recibiremos por esposa de nuestro príncipe a su única hija. No quisiera el francés que esto se realizara [...] pues ve desde lejos que tanto poderío ha de significar para él un golpe de enorme peligro. Pero se esfuerza en vano; la cosa va sobre seguro.»[53] Sin embargo, aquella alianza conyugal múltiple se convertiría en «la vía dolorosa de la reina»[54].

Su matrimonio con Margarita se bendijo en Burgos en 1497. Ese mismo año —6 de octubre de 1497—, se apagaba en Salamanca la vida del muchacho, según cuentan, del mucho uso y abuso que hizo de la vida marital. (*El príncipe que murió de amor,* tituló el duque de Maura una biografía suya en 1944.)[55] Yace en Santo Tomás de Ávila, en una de las iglesias tardogóticas más interesantes de Castilla, en un mausoleo hecho por Fancelli, desnudas las manos, quitados los guanteletes porque no muere en combate. Está en paz y sosiego. Aunque solo.

Es curioso, pero lo que ha pasado a la historia de aquel joven es su matrimonio y su muerte. No por ser la esperanza fracasada de los Trastámaras o porque, en el caso de haber sobrevivido, nuestra Historia se hubiera librado de las sangrías en Europa promovidas por la Casa de Austria. Su muerte, recordémoslo dicen que fue por amor... Pero ¿por qué hablar de amor cuando en realidad se quiere hablar de sexo?

La verdad es que es más fácil pensar que murió por un cuadro general de debilitamiento producido fundamentalmente por una fragilísima complexión que, ligada a mala nutrición, falta de cuidado personal y también a los excesos sexuales, pudieron provocarle una caquexia de origen tuberculoso, afección, por otro lado, muy «del uso» de la juventud romántica del XIX.

Se cuenta que unas semanas antes había padecido de viruelas en Medina y que el viaje a Salamanca era también para reponerse en el palacio de Deza. En ese edifico se representó para él *El triunfo del Amor* de Juan del Encina.

Pero, en cualquier caso, la leyenda de la muerte por los excesos carnales arranca del siglo XVI. Münzer en 1495[56] afirma que murió por caerse de un caballo; Anglería hace las primeras alusiones a la cuestión sexual. Poco después, quedó bien arraigada la leyenda porque venía muy bien usar su caso como ejemplificador de la represión necesaria. Escuchemos las advertencias que el mismísimo Carlos V le haría a Felipe II:

> «Habéis ya de pensar que os hacéis hombre y que con casaros tan presto y dejaros yo en el gobierno que os dejo, anticipáis mucho el tiempo de serlo, antes que por ventura, vuestra corpulencia y edad lo requieren. [...] Conviene mucho que os guardéis y que no os esforcéis a estos principios, de manera que recibiésedes daño en vuestra persona, porque además de eso, suele ser dañoso, así para el crecer del cuerpo como para darle fuerzas; muchas veces pone tanta flaqueza que estorba a hacer hijos y quita la vida como lo hizo al príncipe don Juan, por donde vine a heredar estos Reinos.
>
> »Luego que hayáis consumado el matrimonio, con cualquier achaque os apartéis [de vuestra esposa] y que no tornéis tan presto ni tan a menudo a verla y cuando tornáredes, sea por poco tiempo...»[57], etc.

Si su constitución hubiera sido fuerte, es obvio, no habría muerto de amor. Como se ha afirmado, «no había tenido acceso sexual a su mujer por lo menos desde el principio de septiembre hasta el día 4 en que falleció»[58].

Su enfermedad la ha descrito su fray Diego de Deza: comía muy poco, media pechuga de pollo a lo sumo, y la devolvía. La verdad es que a todos preocupaba desde siempre su poca alimentación. Por otro lado, había convicción de que mejoraría si los Reyes estuvieran cerca de él, si «vuestras Altezas no tuvieran tanta necesidad de estar ausentes, fueran todo el remedio de su mal, porque se ayuda mucho más cuando vuestras Altezas están delante y con más obediencia está a la medicina y recibe mejor esfuerzo y alegría». Le daban de comer muchas veces pocas cantidades, pero al parecer, todo daba igual porque «la virtud hállanla muy caída», por lo que «todos los que estamos aquí suplicamos a Vuestras Altezas que uno de Vuestras Altezas venga acá»[59].

El 4 de octubre de 1497 otorgó testamento. Desde un punto de vista formal, se estructura como era habitual: preámbulo, profesión de fe, mandas pías (en las que se incluye el encargo de miles de misas, o el dar limosna con generosidad), la construcción de monasterios. Asimismo encargaba que se pagara a su esposa la dote que se le debía aún; pedía que todos sus criados en general y algunos específicamente fueran protegidos a su muerte; rogaba que se zanjaran sus deudas. Para poder pagar todo, entregaba a sus padres sus bienes muebles y encomendaba que si quedara algo, nombraba «por mi legítimo y universal heredero de todos los otros mis bienes remanentes a mi hijo o hija que pariere la serenísima princesa, mi muy cara y muy amada mujer, de que ahora está preñada». Finalmente, nombraba por albaceas a sus padres y a Deza.[60]

De nuevo es Anglería quien nos va a guiar. Sus escritos son totalmente sobrecogedores. El ritmo de la narración (incluso la espectacular traducción del latín de don Antonio de la Torre) es de un valor literario indudable, y sabe introducirnos bien en el ambiente. Está, a mediados de octubre de 1497, retirándose hacia Alcalá y escribe a varios personajes. Narra que justamente un mes antes, la corte se había instalado en Medina y que se estaban pertrechando para cambiar de aposento «con hados adversos y aves infaustas». Los Reyes van hacia Portugal para la entrega de la infanta Isabel, mientras que los príncipes se van a Salamanca, ciudad que les ha sido cedida para que tuvieran «patrimonio con qué vivir». El 28 de septiembre entraron en la localidad, «y fue tanto el aplauso de trompetas y atabales con que sus vecinos les recibieron, que parecía rasgarse el aire de júbilo. ¡Oh, qué melodías de cítaras, qué diversidad de cánticos, qué himnos nupciales preparó el clero!». Todas las calles estaban decoradas con hierbas aromáticas, expresamente con todas las hierbas «olorosas estaban alfombradas las calles por donde había de pasar la comitiva. Todas las portadas estaban adornadas de ramas verdes y las paredes de las casas cubiertas de artísticos tapices admirablemente fabricados por artesanos flamencos». Así es como aquella ciudad universitaria esperaba los más altos dones de su príncipe «porque [él] amaba y cultivaba las letras». Sin embargo, a los tres días de haber llegado a Salamanca... «oh, cruel madrastra, ¿a qué te ensañas con los que elegiste como hijos?». Inmediatamente se prepararon correos que fueran a Valencia de don Juan a comunicar el inquietante estado de salud del príncipe a los Reyes. La decisión que se toma es rapidísima también y muestra la preocupación por tal cuestión de Estado: «Acude el Rey a marchas forzadas y encuentra al hijo, aunque en las últimas, en plena lucidez de sus facultades.» El padre habla al heredero de la fortaleza de espíritu, de que no se venga abajo, de que la esperanza da vida (¡cómo sabemos eso los que hemos visto el cielo oscurecerse!), pero el hijo le habla, rendido ya, de «que sentía acercársele la muerte». Al parecer el hijo se siente satisfecho de su paso por acá ya que ha leído bastante, como un maduro, a «Aristóteles, además de otros muchos [volúmenes] de diversas materias». El padre solloza y asiste perplejo a la «senil entereza del joven hijo». Y el cronista declara la objetiva veracidad de todo lo que narra. Cargado de humanidad nos lo dice así a los que vengamos después de él:

> «Estaba también presente yo. [...] Me es imposible referir esto sin dominar las lágrimas. ¿A qué más, pilar de nuestra religión? A los trece días nos fue arrebatado. Aquel infausto día 6 de octubre llenó de profundo luto a España entera, privándola del único ojo que tenía.»

Al parecer el Rey intenta ocultar a la Reina el fatal desenlace, dándole largas en los correos (¡qué lástima que toda esta correspondencia se haya perdido!). Sin embargo, un día hay que comunicarle la infausta nueva «y lo mejor que pueden, tratan de consolarse mutuamente. ¡Oh, qué escena más desgarradora nos cuentan que fue quienes a ella asistieron! ¡Destrozaba el dolor a los presentes, no tanto por los infelices padres que acababan de perder a su único hijo, sino por la calamidad que se les había de seguir a causa de su muerte!»[61]. En efecto, no se perdía sólo al hijo, sino al único heredero varón crecido. Como sigue diciendo el humanista, «dejaba encinta, cuando murió, a Margarita: si da a luz un hijo, nos traerá alguna esperanza, aunque a largo plazo, por ser tan pequeña»[62].

Como quiera que la Reina no estuvo presente, pidió a un médico, Alfonso Ortiz, que le escribiera los pormenores de los últimos días de su hijo.[63] Alfonso Ortiz escribe una pieza teatral. Habla de lamentable amargura, de fin doloroso, de espanto a los ánimos, de confusión en los corazones de los súbditos, de pérdida de toda la esperanza, del fallecimiento de cualquier remedio o consuelo, «¡Ay, cuántas veces yo miserable esforcé mis sentidos tomando pluma por escribir!, y tantas veces en lágrimas convertido, las letras perdido mi intento con el pesar»[64].

Durante la primera parte muestra la entereza de los Reyes como ejemplo para que el reino siga marchando, «luego vieras a los cortesanos tornar al mismo ejercicio que antes. Nunca el juzgado hubo silencio de justicia»; sigue lamentando la pérdida y especificando que todos lloran, «los príncipes, duques y grandes y también los populares de todo estado».

La descripción del disimulo regio coincide con otros testimonios: «El Rey tenía horror en el ánimo que no permitía revelar tan dolorosa nueva a la Reina. Caían las lágrimas por la cara que mostraban la tristeza de la aflicción paterna» y pone en boca de la reina Isabel estas palabras de consuelo: «El Dios mío y Señor mío nos llevó el fruto que por su piedad nos había dado: de sufrir es con ánimo bueno hágase su voluntad. Asaz me es misericordioso aún en tanto que gozo de ti, varón mío, cuya vida conserve.»

A la hora de narrar la muerte, vuelve a ser inquietante el análisis del discurso. Clamores, mesar barbas y cabellos, voces ininteligibles; la desdicha se expone al confrontar el aventurado nacimiento con el lamentable fin del súbito morir. El doncel ha sido arrebatado antes que conocido y, entre las palabras de la narración, no puede faltar la noche oscura.

Ante tanta desolación, sólo una voluntad férrea podía poner orden: «La reina animosa puso con su mano silencio.» Y así, callan por fuera, aunque sufran por dentro.

La obra teatral tiene un acto nuevo: el de la confesión de la muerte. Los esposos, destrozados, se calman como pueden, «se consolaban con sus palabras, donde vieras las aficiones paternas pelear con la majestad real, de lo uno salían lágrimas, de lo otro el corazón excelente retenía las lágrimas». Ha llegado el momento de contar los últimos momentos del hijo, pero el Rey no se atreve, «si no temiese tantas veces provocar tu lloro». La Reina implora al ánimo cristiano: todos «caminamos muriendo al fin». Hay que llorarle, más por haber muerto joven, pero en ello iba la divina voluntad.

Llegada la hora de la muerte, es don Juan Chacón el que le habla de la proximidad del desenlace, «la hora postrera se apresura... aparéjate». Es el momento de despedirse de los dos que, al menos en ese momento, están más próximos a él. Así, en el desarrollo de las caracterizaciones, Chacón es el gran amigo, pero poco recompensado. El duque de Alba, don Fadrique, había dicho al joven que era el príncipe más poderoso sobre la faz de la tierra a lo que él le respondió que aún lo era más Dios, «no quieras confiar en príncipes o duques ni en los hijos de los hombres», era la lección que el muchacho-adulto daba en este crucial momento.

Luego, pide los sacramentos y llega el Rey a quien solicita bendición y ante el que se lamenta «por la ausencia de mi dulce madre». Se angustia por el destino de la esposa, tampoco presente en la alcoba para «que cierre los ojos de su amador en la salida de su ánima».

En el momento del trance adquiere claridad sociológica la Pasión de Cristo: fue dolorosa y era el lugar de atención del creyente. La muerte dolorosa del ser humano se reconforta con la de Él. Si la Suya hubiera sido dulce y tranquila, ¿qué ejemplaridad tendría la religión? «Acuérdate, hijo muy amado, de Cristo pendiente en la cruz y con cuántos dolores era su ánima afligida en la agonía de la muerte.»

Pide confesión y que le aclararan algunas cosas (¡ay, las dudas de la muerte!). Quiere «limpiar las mancillas de su conciencia» y traer a colación pecados olvidados; que nada quedara adormecido en algún pliegue de la conciencia, del recuerdo. Lo peor, lo de su esposa, ya que «con su deseo su ánima se inflamase...», preguntó al confesor: «¿es digno de culpa este amor de mi propia mujer?», a lo que Deza le dice que no por estar dentro de sacramento, del matrimonio.

Besa una imagen de la Redención y mira a un lado y otro en donde tiene sendas representaciones del Salvador. En medio de la turbación, dolorido por haberse dedicado a cosas más de la edad que de la religión, pide al Rey que se zanjen sus deudas; que por limosnas se rediman sus culpas y que recen por su alma. Finalmente, que velen por Margarita, a la que rememora como la más desafortunada mujer por su presente y por su pasado. También tiene palabras de recuerdo para sus criados.

La escena, patética, es la propia de toda muerte envidiada: no hay dudas de fe ya, Dios está presente en los labios del moribundo, los asistentes velan y murmuran preces, el padre asiste compungido y la sentencia de Séneca (hábilmente sacralizada) preside la estancia: «La buena muerte no se presta, ni se compra.»

La buena muerte: ésta es la que tuvo don Juan en el relato oficioso. No lo olvidemos: la forma de morir es otra de las creaciones políticas. La propaganda *moriturus* es el recuerdo de lo que hizo en vida, de lo que podría haber hecho si hubiera vivido más. También Carlos V murió de diferentes maneras, según la funcionalidad política o social del relato.[65]

En esta muerte de don Juan, de nuevo el niño es un adulto. ¿Cómo si no iba a decir sus últimas palabras?:

> *Desataste señor los vínculos míos;*
> *yo te sacrificaré hostia de loor*
> *y el nombre tuyo, Señor, invocaré.*

Concluye la narración: «Y así al fin dio el espíritu a Dios.»

Cuando la Reina hubo oído todo, cayó de rodillas y lloró mientras rezaba: a Dios daba gracias por la buena muerte del hijo; a la Virgen le recordaba el dolor que padeció ante la muerte de su Hijo y le rogaba que ya que estaba en la misma situación, la ayudara. También le requería fortaleza para abominar de los bienes terrenales, para defender la fe y para gobernar rectamente.

El Rey, por su lado, se volvía a la capacidad de sosegar que habían tenido ambos e imploraba que entre los dos supieran calmar el dolor de sus corazones, «porque al corazón real pertenece no dar riendas al pesar».

La Reina cita a San Ambrosio y a Séneca, para concluir: no pasa nada por llorar en momentos de aflicción, en momentos como éste, tan políticamente delicados: «Fuera bienaventurada la república si le guardara Dios [a don Juan] para más larga vida.»

Y así, entre llantos y consolaciones, pasaron la noche. Al alba «con el lucero mensajero del día», rezaron juntos para conciliar el sueño. Como dijo la Reina, «reposemos con el sueño nuestros cuerpos».

En una carta de los padres al comendador de Haro, embajador ante el Rey de Romanos, se palpa claramente el ambiente: están confortados por la vida católica que llevó el joven, «pero tan grande pérdida no pudo ser sin mucha turbación nuestra». Quedaba el consuelo del embarazo de Margarita, el triste embarazo en el que había depositadas buenas esperanzas y los suegros aceptaban su responsabilidad: «Nosotros trabajamos en consolarla y darle placer como si nada perdiera, y de su preñez está buena, bendito Dios, y esperamos de su misericordia que el fruto que della saldrá será reparo y consolación de nuestro trabajo.»[66]

La pobre Margot perdió el niño que esperaba pero, a golpe de sufrimiento, se hizo una hábil política e imprescindible en el gobierno de los Países Bajos y en la vida de su sobrino, el emperador Carlos V, de cuya educación en español apenas se ocupó. Se dice que su epitafio, redactado tras la muerte de Juan, rememoraba un primer matrimonio frustrado con Carlos VIII de Francia y la pena del segundo, de éste con el castellano fallecido por los excesos del amor, y decía: «Yace aquí Margarita, damisela gentil, con maridos dos, virgen todavía.» Decía el cronista de Carlos V que «faltóle la fortuna en las suertes de este mundo».

La pena la ha contado otra vez Anglería: «Los reyes se esfuerzan en disimular su profunda tristeza. Pero nosotros adivinamos en su interior derrumbado el espíritu. Cuando están sentados en público, no dejan de fijar continuamente los ojos el uno en el rostro del otro. Por donde se pone al descubierto lo que dentro se esconde. Sin embargo, dejarían de ser hombres revestidos de carne humana y serían más duros que el diamante si no sintieran esta enorme pérdida.»[67]

La pena inundó completamente aquella corte y al reino entero, un reino que dejó, en coplas populares y de género más culto, la narración de los hechos.[68] De nuestra cultura que evoluciona y se pierde, acaso el de la muerte del príncipe don Juan sea uno de los temas más relevantes, aunque parezca mentira. Más relevantes y más hermosos. A mediados del siglo XX, entre los cantos de muerte de los sefardíes de Salónica y de Tetuán, aún se cantaba una endecha que recordaba aquel suceso. Lo hermoso es ver cómo la canción seguía viva a mediados del siglo XX y que era la misma que se cantó en Castilla a finales del XV. Se ha conservado, claro está, por el corte cultural producido en 1492 que implicó la ruptura evolutiva de las formas de pensar y su fosilización. Si hay alguna duda de por qué o cómo los expulsados componen esta endecha, contéstese viendo cómo hasta finales de siglo siguen añorando su Sefarad y aún piensan que volverán (en 1499 se les cierran definitivamente las puertas). De la endecha se conservan impresas hasta tres versiones diferentes. Reproduzco —en su memoria— la que oyó mi padre en Tetuán hacia 1951:

Malo estaba ese rey, ese rey de Salamanca,
Malo está de calentura, otro mal no se le añeda.
A meatá de aquel camino del sielo cayó una carta.
Malo estaba ese rey, ese rey de Salamanca,
Malo está de calentura, otro mal no se le añeda.
Mandara por los dutores, dutores de toda España,
Unos le mira en el purso, otros le mira la cara,
Sino era el más chiquito que Sebastián se yamaba:
«Perdón, perdón, mi señor rey por estas tristes palabras,
Tres horas tiene de vida, la una y media ya es pasada.»
Como eso oyera su padre, tiró mano a la su barba;
Tiró mano a la su barba, pelo a pelo la pelara.

Por ahí entrara su madre, su madre la desdichada.
«¿Dónde estabas tú, mi madre, mi madre la desdichada?»
«Pidiendo iba yo a Dio del sielo que cambiara alma por alma.»
«Tarde recordati, madre, la sentensia ya está dada.»
Ellos en esta palabra, su mujer por aí entrara,
Toda vistida de negro y un velo negro en la cara.
«Dónde estabas, mi mujer, mi mujer la desdichada?,
Apartay, conde y duque, pasará esta desdichada;
Por esta se ha de yamar ante vidda que casada;
A todo esto mi madre, la infanta queda preñada:
Si pariere una niña, reina será de Salamanca,
Y si pariere un niño, rey será en toda España.»
Ellos en estas palabras, el güé rey entregó el alma.[69]

El dolor no sólo fue de los Reyes y del reino. También lo fue del fiel perro de caza del príncipe, Bruto. Fernández de Oviedo cuenta que en Salamanca, después de depositado el cadáver, el lebrel se fue a la cabecera de la tumba y de allí no se movió. Si lo quitaban, si lo retiraban de la iglesia, volvía. Por ello, finalmente, le dejaron estar con un cojín hasta que «lo recogió doña Isabel que lo tuvo siempre consigo»[70].

La Meseta norte contribuye a los funerales de Salamanca. Se necesitan tejidos de luto, cera, maderas, clavos para el ataúd y para el catafalco, más ropajes para los vecinos, zapatos para calzar a los cien pobres escogidos. En Toledo no obedecen a la Reina y hacen unos funerales mucho más intensos que lo que ella quiere; en Córdoba no se permite danzar, ni adornarse los cuerpos con afeites, ni celebrar bodas ni otro tipo de fiestas, en tanto duren los lutos.[71]

La sucesión quedaba en el aire.

Juana, la Reina dolorosa

El 6 de noviembre del año mítico de 1479 nació Juana de Castilla, a la que se le conoce vulgarmente por Juana *la Loca*. Se sabe que durante su infancia visitó en reiteradas ocasiones a su abuela, también enajenada y encerrada en el castillo de Arévalo desde 1454 hasta 1496. La herencia genética pudo jugar una mala pasada en aquella niña, en la reina que nunca reinó.

Las conductas irregulares de Juana se intentaron explicar por el tema de los celos, que los habría heredado de su madre. Es de sobra sabido el fuerte enfrentamiento entre Isabel y Juana, para más desdicha, la Loca, por esas cuestiones ya que, en definitiva, no puede ser que la esfera de lo privado supere lo público: las reinas, esperan sus vasallos, no pueden tener esas debilidades. Enseguida volveremos sobre ello.

En 1496 Isabel decidió montar la Casa de Juana tras el pacto matrimonial con el archiduque de Austria y duque de Borgoña. Estaría compuesta por un capellán, un mayordomo, un copero, un caballerizo, un trinchante, un camarero, un tesorero, un contador, un veedor, dos maestresalas, algunos pajes y casi la docena de damas y dueñas de honor.

El 20 de agosto de 1496 parte una bien armada y pertrechada flota de Laredo rumbo a Flandes. Había a bordo una infanta de Castilla, Juana, que iba a casarse con un heredero flamenco. Y desde allá, traería acá a la pretendiente flamenca que había de casar con el heredero de Castilla. En el embarcadero de Laredo no se hacen fiestas como correspondería para despedir a esta chica de dieciséis años. No está el padre, ocupado en negocios de Estado. Sin embargo, sí que está la madre y los cuatro hermanos, incluida la princesa de Portugal, doña Isabel. Llena de ternura, la progenitora decide pasar la última noche embarcada con su hija para darle el cariño y la confianza imprescindibles ante semejante aventura, que con el tiempo se convirtió en un cambio de nuestra Historia. Juana iba a meterse en mundos hostiles, hostiles lingüísticamente, hostiles meteorológicamente, hostiles personalmente porque el joven apuesto que iba a ser su marido se convirtió en su torturador psicológico. Desde que Juana llegó a Flandes hasta que fue saludada por su futuro esposo transcurrió cerca de un mes, porque él estaba en Tirol. ¿No podría haber esperado más cerca a la que iba a ser su esposa?

Se había decidido que aquella armada estuviera compuesta por dieciocho naves y tres mil quinientos tripulantes, además de un número indeterminado de sirvientes de la archiduquesa. El aprovisionamiento se haría de bizcocho de Sevilla y Jerez, las legumbres, el pescado, la carne y la sal, el aceite y el vinagre de Galicia, la harina de Laredo, amén de veinte mil cántaras de a ocho azumbres, dos mil quintales de cecina de vaca, doscientos carneros vivos, veinte vacas, diez mil huevos, ciento cincuenta mil sardinas arenques, trescientas arrobas de pescado...[72] Sin embargo, un cronista del viaje eleva todas las cifras: «Ciento y veinte navíos de alto borde y entre ellos dos grandes carracas genovesas [...] se embarcaron en ella quince mil hombres.»[73]

Los archiduques se desposaron el mismo día en que se conocieron; esa misma noche consumaron el matrimonio y al día siguiente se casaron. Se ha insinuado que todo fue tan rápido por un calor sexual que llevó a los jóvenes a casarse con el primer cura que encontraron. La verdad es que los casó el capellán mayor de la archiduquesa y que se consumó el matrimonio antes de la velación, como era costumbre. Nada alarmante, nada extraño.[74]

Concluida la primera parte de la función, venía la segunda. El transporte de Margarita a España. La corte de vuelta tuvo que estar muchos meses esperando en Gelanda y, no sin exageración, el cronista afirma «en los cuales [meses] murieron más de nueve mil personas del armada, de los fríos, falta de bastimentos y otras cosas necesarias»[75].

Ha pasado un año y en Castilla apenas hay noticias de Juana. Isabel decide mandar a un fraile a Bruselas, fray Tomás de Matienzo, que no es bien recibido porque no se entiende a qué va. Poco a poco podemos ir descubriendo los recelos: en Castilla se rumoreaba que Juana tenía poca devoción. El 14 de agosto se niega, incluso, a confesarse. En ese momento debió subir de tono la conversación y el dominico la increpó, «le dije todo lo que Vuestra Alteza me mandó», y Juana, la joven Juana, se desmoronó: el ánimo «lo tenía tan flaco y tan abatido que nunca vez se le acordaba cuán lejos estaba de Vuestra Alteza, que no se hartase de llorar en verse apartada de Vuestra Alteza para siempre»[76].

En 1498 en Lovaina dio a luz a su primera hija, Leonor; en Gante, en 1500, a su segundo hijo, Carlos; en 1501 a Isabel y así sucesivamente.[77]

A finales de enero de 1502 Juana y Felipe entraron en Castilla. Este viaje se había concebido para ser jurados príncipes herederos de Castilla y Aragón. Como es bien sabido, la Reina estaba ya enferma y la princesa embarazada. A finales de abril se iban a encontrar en Toledo los Reyes y los infantes, pero Felipe enfermó y Fernando acudió a visitarle a Olías. Mantuvieron una entrevista de la que fue intérprete Juana. En los días siguientes, repuesto el flamenco, Isabel pudo dedicarse por fin a su hija. Hacía seis años que no la veía: seis años en los que habían muerto dos hijos suyos y en que sus otras dos hijas habían partido a sendas cortes europeas.

El caso es que Felipe, una vez jurado príncipe, decidió volverse a Flandes contra la voluntad de sus suegros y contra los apasionados deseos de su esposa. Estamos en el otoño de 1502. A Flandes no se podía volver ya por mar y había que hacerlo por tierra, cruzando tierras francesas. En esos momentos se estaba en abierta hostilidad con Francia por el caso de Nápoles. Felipe opta por atravesar el país, planteando un gravísimo desaire diplomático a los Reyes que tanto se habían empeñado por el control del Mediterráneo. La situación no genera dolor, sino absoluta indignación. Nos la legó Anglería en su epistolario, pero sabemos más cosas. Isabel y Fernando intentan adoptar todas las medidas posibles para demorar o bloquear la partida del príncipe. (¡Pobres Reyes! ¡Toda la vida peleando por su ideal político para que ahora se lo desbaratase un jovenzuelo extranjero que iba a ceñir la Corona de Castilla por pura carambola!) Escriben al marqués de Villena, mayordomo de Juana, que Felipe está «por dejar a la princesa nuestra hija e irse». Les preocupa la pena que le dará a Juana, y le instan a que convenza a la princesa de que disuada a su marido de emprender tal viaje: «Esforzadla vos para que esté muy recia y estorbe la ida del príncipe y la contradiga como cosa tan dañosa a ellos y a nosotros, que ninguna lo podría ser más» y que le insinúe que le ayudarán los padres en todo. Sin embargo, si el príncipe le hablara, «escribidnos luego de mañana qué tal está la princesa nuestra fija después que el príncipe la habló, si está triste o alegre y en qué ha parado lo que le habló si buenamente lo pudiéredes saber». Poco a poco Juana va perdiendo más el juicio, ante la impiedad de su marido, que además hace oídos sordos a las súplicas de las Cortes de Castilla y de Aragón. Al fin, en enero de 1503, partió para Flandes quedando Juana sumida en una profundísima depresión, «cabizbaja, desesperada, sin querer hablar palabra, día y noche pensativa», escribe Anglería que añade que sólo gime y llora; «es una mujer simple, aunque sea hija de una mujer tan grande». En esas condiciones dio a luz a Fernando, el nieto dilecto de Fernando V, el hermano expulsado por Carlos V al llegar a España. Y Juana decide marcharse de una vez por todas a Flandes tras los pasos de su marido, a la búsqueda de sus hijos lejanos. Vuelve a describirlo Anglería: «Solicita sólo por su marido, vive sumida en la desesperación, meditabunda día y noche, sin proferir palabra.» Los médicos añaden que «duerme mal, come poco y a veces nada, está muy triste...»[78]: ¿bulimia, anorexia nerviosa?

Isabel la retiene como mejor puede aunque le promete que emprenderá el viaje tan pronto como sea posible y se calme la situación crítica con Francia. Ésta es, en fin, la causa de retenerla: el miedo a que pudiera correr algún peligro. Lo comunica Isabel al embajador en Flandes en enero de 1504: «Deseamos mucho la ida de la princesa, nuestra hija, así porque es razón que esté con el príncipe nuestro hijo, como porque creemos que aprovecharía mucho para su salud.» Tomada la determinación de la partida de Juana, se impone esperar al buen tiempo, pero como la madre estuviera enferma en Segovia le explica a la hija que, puestos a esperar, que esperara junto a ella, «y ni por esto quería esperar aquí; antes se determinó de todo a partirse sin tiempo [atmosférico favorable] y sin nuestra voluntad», escribe, despechada, a su yerno Felipe explicándole la situación. Como el viaje así se haría contra la voluntad de la Reina, ordenó al obispo de Córdoba que estaba junto a Juana que «de mi parte estorbase que no hiciese cosa que tan mal parecería a todo el mundo y de tanta vergüenza para ella y de tanto desacatamiento para nos». A partir de aquí comenzó una memorable jornada que debió ser de las más tristes en la fase final de la Reina:

> «El dicho obispo mandó de mi parte que no le llevasen las jacaneas.[79] Y la princesa cuando lo supo quiso salir a pie de la fortaleza [La Mota] do posaba e ir así a pie y sola por las calles y por los lodos hasta la posada de las jacaneas. Entonces el obispo, por estorbar que no hiciese cosa tan fuera de razón por la autoridad y estimación de su persona, a vista de los naturales y extranjeros que aquí estaban en la feria y en lugar tan público, hizo cerrar las puertas de la fortaleza, de que ella tuvo tanto enojo, que porfiando que le abriesen la puerta, se estuvo en la barrera de la casa toda la tarde y noche y el otro día hasta las dos horas a la humedad y sereno en descubierto, una de las más frías noches que ha hecho este invierno y jamás quiso volver a su aposentamiento, antes después que se lo hubieron suplicado todos los que con ella estaban, se metió en una cocina que está allí en la barrera, donde estuvo otros cuatro o cinco días que por muchas cartas que yo escribí, ni porque yo envié al arzobispo de Toledo [Cisneros] y a don Enrique [el almirante Enrique Enríquez] para que trabajasen que saliese de allí y volviese a su aposentamiento, nunca con ella se pudo acabar.»

Tan dramática situación empujó a Isabel a desplazarse a Medina,

> «con más trabajo y prisa y haciendo mayores jornadas de que para mi salud convenía; y aunque le envié a decir que yo venía a posar con ella, rogándole que se volviera a su aposentamiento, ni quiso volver ni dar lugar a que me aderezasen el aposentamiento, hasta que yo vine y la metí, y entonces ella me habló tan reciamente, palabras de tanto desacatamiento y tan fuera de lo que hija debe decir a madre, que si yo no viera la disposición en que ella estaba, yo no se las sufriera en ninguna manera».

Así las cosas, la Reina informaba a su yerno Felipe que esperaba que tanto en el camino, como cuando llegara a Flandes «haya cerca de ella personas que tengan autoridad para templarla y refrenarla porque con la pasión que tiene no haga ni le dejen hacer cosa de que pudiese venir daño a su persona».

¡Qué días tan tristes y duros!

Felipe contestó pronto a su suegra en una carta traducida del francés por su embajador, «porque él no sabía escribir sino según la costumbre de acá». La primera misiva regia la había recibido el embajador y otros datos en cifra, que los leyó al príncipe, «lo cual oyó con gesto triste y respondióme». ¿Qué le respondió? Que de los desvaríos de Juana ya había oído antes «de mis servidores que están con la princesa», pero, sin embargo, nunca antes «lo había entendido tan claramente como ahora». Todos eran temas para recibir enojo y «pesar de oyllas» *(pesadilla)*, pero lo peor con diferencia eran las «palabras de desacatamiento» que a Isabel no se le deben decir ni como madre ni «por su gran autoridad y gravedad». A todo ese despropósito, acaso le cupiera una excusa, «la princesa tiene la cabeza caliente y muchas veces dice lo que después no querría haber dicho». En cualquier caso, el yerno tiene aún respeto por la Reina, por su capacidad «en tolerar y sufrir con su prudencia los desconciertos de la princesa, mi mujer, porque su Alteza ha tenido respeto a que aquellos desconciertos de la princesa procedían del mucho amor que me tiene y del gran deseo que tiene de venir a juntarse conmigo». ¡Qué bien le venía al esposo que su señora fuera una notoria desequilibrada mental!

Y llega el párrafo del arrepentimiento, que las cosas de la familia no parecían bien encaminadas: «Pluguiera a Dios que yo no fuera partido de Castilla como partí porque creo que no fueran acontecidas estas cosas y otras que han sucedido.» Con la esposa demente y lograda la reconciliación con los suegros, ¿quién iba a sucederles? La estrategia parece clara y el error de Isabel al reconocer ante su yerno los problemas de Juana, evidente. Felipe es un perfecto hipócrita. Maltratador de su esposa, enamorada y melancólica.

En fin, la carta se cerraba con la expresa autorización de don Felipe a doña Isabel para que dispusiera todo lo que quisiera en relación con la pobre Juana, que todo lo haría bien y que esperaba la partida de Juana: «La venida de la princesa acá pienso que será remedio para su enfermedad, y cuanto más presto, tanto me parece que será mejor», lo cual fue agradecido de nuevo por correo por Fernando e Isabel a final de mes.

Mas las cosas no podían acabar ahí. El bochorno, la vergüenza ajena, se apoderaron de Felipe el Hermoso. Es lo que cuenta el embajador a la Reina: «De esto, ni a mos de Villa ni al conde de Nassau no ha querido dar parte; antes me dijo que él estaría el más corrido [*de vergüenza*] del mundo si ellos ni nadie lo supiesen.» Igualmente, había ido a cazar después de oír las noticias de Medina «y todo el día anduvo pensativo y apartado, sin tomar calor en la caza, lo cual él no suele hacer». En el fondo, como declara en otra carta específicamente escrita para la Reina («me parecía que debía escribir a Vuestra Alteza para más certificarle mi voluntad»), le reconocía el «maternal amor» que mostraba y le prometía infinito respeto por tal actitud así como ofrecimiento «de serviros y obedeceros así como hijo debe servir y obedecer a su madre y señora y poner mi estado y persona y todo cuanto Dios me dio, sin reservar ninguna cosa, por vuestro servicio»[80].

El caso es que todas estas situaciones, vividas a velocidad de vértigo, jugaron una gravísima pasada a Juana que fue, finalmente, desposeída de sus derechos en un acto político espeluznante urdido por todos cuantos la rodeaban y que, finalmente, no favoreció a Fernando el Católico que podía desear que con la enajenación se proclamara por rey al nieto Fernando, ni a Felipe el Hermoso, que apenas pudo reinar, ni a Carlos V que hubo de soportar durante su vida la incómoda presencia de su madre, con la que apenas tuvo rasgos de humanidad... ni de crueldad directa (porque de torturarla cotidianamente ya se encargaban sus carceleros, los marqueses de Denia). Es el trato que puede darse a los *muertos civiles*. La locura de Juana, agravada con los años, fue pues, fundamentalmente, una cuestión política, no clínica. Si hubiera interesado, tal vez se le podría haber curado, o tolerado socialmente.

Muerta Isabel y de nuevo Castilla revuelta, Juana desde Flandes reclama el trono para sí. Las apreciaciones siguientes, que proceden de una carta a su embajador en España, deben ser tanto personales como políticas. El caso es que ella declara que los celos son los culpables de su situación mental, pero que, al igual que pasó con la madre, espera que se le curen: «Dejé de tener el estado que convenía a mi dignidad [y] notorio es que no fue otra la causa sino celos y no sólo se halla en mí esta pasión, mas la Reina mi señora a quien dé Dios gloria, que fue tan excelente y escogida persona en el mundo, fue asimismo celosa. Mas el tiempo saneó a su alteza como placerá Dios que hará a mí.»[81]

No es el momento de comentar la desesperación creciente de Juana que, al llegar a Flandes, como dice Anglería, «se dio cuenta que el corazón de su esposo estaba muy distante de ella, sospechando mediaba una amante. [...] Aquella serpiente de fuego le hizo estallar en turbulentas llamaradas, y se dice [...] la emprendió a golpes contra una de sus damas que sospechaba era la amante y ordenó le cortaran a rape el rubio cabello que tanto agradaba a Felipe». La respuesta del esposo fue patética, «nunca más volvió a estar con ella». Y la madre volvió a sufrir por la hija: «La indignación de la Reina, que la llevó en sus entrañas, ha sido aún mayor y sufre grandemente, asombrada de la violenta reacción del norteño.» Tan pronto como se supo que murió la Reina, Felipe se volvió en tierno custodio de su esposa. Es que ella era reina de Castilla.

Juana se había ido a Flandes sin Fernando; volvió de nuevo en 1506 como reina de Castilla, que no de Aragón, y con un panorama político bien revuelto. La triste despedida en Laredo, en 1504, de sus tierras españolas, el impresionante enfrentamiento con su madre, la pena, presagiaban malos momentos para ella.

Y la madre, entristecida, había redactado en el testamento: «Ruego y encargo a los dichos príncipe y princesa, mis hijos, que así como el Rey, mi señor, y yo, siempre estuvimos con tanto amor, unión y concordia, así ellos tengan aquel amor y unión y conformidad como yo dellos espero...»[82] Lo demás ya se sabe, en el mismo testamento Isabel duda de la capacidad de su propia hija y por ello, en su caso, propone el nombramiento de Fernando como gobernador y así el desheredamiento del yerno; la designación como heredero a Carlos; el enfrentamiento del padre y del esposo; la expulsión de Fernando (1506), la muerte de Felipe (1506); el abrazo de Tórtoles (1507) entre el padre y la hija; el encierro en Tordesillas (1509), su designación como heredera universal en el testamento de Fernando... pero todo eso son páginas de otra biografía.[83]

Últimamente el psiquiatra Alonso-Fernández concluye: «La biografía de Juana quedó rota por el trastorno mental a partir del casamiento», que le produjo celos, casi inauditos diríamos los profanos. Así su vida se podría dividir en tres fases y a cada una le correspondió una fase de trastornos psíquicos: de 1496 a 1506, «delirio de celos», que llegó a trastornarle la personalidad y ciertas reacciones de autismo con una sintomatología psicomotora catatónica aguda. Empeoró en el postparto de 1503, la marcha del marido y la muerte de la madre. En la segunda fase de su vida, hasta la reclusión en Tordesillas y desde ese momento (1509) hasta la muerte, su cuadro clínico evolucionó a lo largo de una prolongada fase de síntomas catatónicos y paranoides que concluyó en una fantasiofrenia; su cuadro psicopatológico, iniciado a los 16 años de edad, tuvo síntomas de psicosis esquizofrénica, tipo catatónico-paranoide con variedad polifótmica. Mas todo ello, concluye este psiquiatra, no se heredó sino que se debe a que su personalidad tenía gravísimas dificultades para la relación social, lo que es conocido como «personalidad límite». Ello se acentuó con el traslado a Flandes, pero, sigue nuestro autor, en su etiología habría que valorar las «taras mentales familiares en los ascendientes y en los colaterales». ¿Problemas genéticos o de socialización? Tal vez un sortilegio de cada.[84]

María y la perpetuación de la dinastía portuguesa

En 1482 y en Córdoba nació María. Su maestro, además del de Juana, fue fray Andrés de Miranda. Al parecer recibían instrucción juntas. Fue preceptor de las infantas desde 1489 a

1490 con certeza y tal vez hasta 1492-93. Les enseñó latín.[85] También fue preceptor de doña María y de doña Catalina Alejandro Giraldino. Empezó sus tareas allá por 1493 y las concluyó hacia 1500, lo cual no quiere decir que cesara su trabajo cortesano, porque aún en 1504 era tenido por capellán de la princesa de Gales. María casó en 1500 con Manuel de Portugal, el viudo de su hermana. Tuvieron diez hijos que, desde luego, han marcado nuestra Historia. De entre ellos, además de Juan III y Enrique, reyes de Portugal, cabe mencionarse a Isabel, esposa de Carlos V (fueron primos carnales); o a Luis, padre del prior de Crato, el rival de Felipe II a la sucesión de aquel reino.

Catalina: ¿te recuperaremos?

La hija menor, Catalina (nacida en 1485), fue el instrumento de acercamiento entre la Península e Inglaterra, por cuanto se casó, sucesivamente con Arturo y Enrique VIII. Sin embargo, la pobre mujer sólo ha pasado al acervo cultural colectivo por ser la esposa repudiada del rey cismático y poco más. En estas líneas intentaremos refrescar la memoria con otros datos.

Así, por ejemplo, a veces se repara en la muy alta consideración en que le tenía el inigualable humanista valenciano, Juan Luis Vives, cuyo recuerdo aún deambula por las lluviosas y recogientes calles de Brujas, la ciudad de su refugio. Cuando Juan Luis Vives editó su —digna de ser leída— *Institutio foemina christianae* (*Instrucción de la mujer cristiana*), se la dedicó a Catalina, la cual tenía «tanta santidad en vuestras costumbres y un tan generoso y magnífico ánimo, amigo de sagradas letras y buenos ejemplos» que movieron esas virtudes a escribirle la obrita. Vives define las intenciones de su texto: «[a la mujer] sólo una cosa le han encargado, que es la castidad». Le dedica el libro porque ha sido doncella, dueña, viuda y mujer casada por lo que podrá entender bien la esencia del texto. Aunque no le duelen prendas en avisarle que tal vez no le sea en exceso útil por sus experiencias, pero sí que podría serlo para su hija María. Y continúa la gran alabanza con una frase llena de fortuna definiendo a Catalina y a Enrique VIII: «Dos tan excelentes casados, que ninguno podrá alcanzar con muchos quilates las acabadas virtudes y encumbradas perfecciones que en ellos han florecido.» En fin, cosas de las *laudationes* y de la mismísima vida.

En el capítulo IV dedicado a la educación de las doncellas —que desde luego supera por todas partes al pacato de Martín de Córdoba— habla de cómo es tenida Catalina en Inglaterra y sus hermanas en sus otros territorios: «de las cuatro hermanas podemos averiguadamente decir, ningunas otras mujeres en memoria de hombres haber sido ornadas de más limpia fama, ninguna de más pura castidad, ningunas más queridas de sus pueblos, ningunas más amadoras de sus maridos, ningunas a ellos más obedientes, ningunas con más cuidado guardaron a sí y a los suyos sin alguna mácula, a ninguna pareció más mal la fealdad y la deshonestidad». Por su parte, Erasmo definió a Catalina como «egregiamente docta».

Era una cría que a los seis años recién cumplidos estaba acostumbrada al ruido de las armas y la incómoda vida militar en Córdoba, primero, y sobre todo en la vega de Granada, después. Allá conoció el triunfo sobre el enemigo multisecular y también la expulsión del deicida. Poco más tarde, quedaría impresionada por aquellas cosas extrañas (noticias, salvajes) que traía un genovés de otras ignotas tierras. Y así, siendo una niña aún, con un par de lustros a su espalda, no más, debió ir aprendiendo que a Francia sólo se le podía controlar si era cercada por tratados de amistad entre sus padres Fernando e Isabel y los circunvecinos de la Galia. Ya sabía que ella iba a ser una parte sustancial de esa estrategia, como su hermana Isabel casándose en Portugal, como Juana en Flandes, como ella misma en Inglaterra.

Su matrimonio se concertó en Medina del Campo, cuando tenía tres años de edad. El embajador de Inglaterra solicitó su mano para el príncipe heredero, un año más joven que ella. El príncipe se llamaba Arturo, como el mítico rey de la Mesa Redonda cuyos relatos ya hacía tiempo que habían conquistado también el Sur. La niña, que siempre fue princesa de Gales, iba a ser la reina de aquellas gentes, mitad magos encantadores, mitad caballeros. Pero su partida estuvo enturbiada de presagios agoreros: decidida su marcha para la primavera de 1501, abandonó Granada sola, porque la Reina, su madre, tenía que aplacar el levantamiento musulmán de La Alpujarra. Unas sesenta personas constituyeron su Casa que tardó un trimestre en atravesar la Península; al fin, embarcó el 17 de agosto de 1501 en La Coruña, con dirección a las Islas. La primera intentona de salir del golfo de Vizcaya fue un fracaso, porque una tormenta los devolvió a Laredo. Hasta finales de septiembre no pudieron hacerse a la mar de nuevo. El 2 de octubre de 1501 Catalina y su flota llegaron a Plymouth.

Pasaron las semanas. Llegó a Londres en donde fue recibida por el rey, Enrique VII, y su joven hijo, Arturo. Celebradas las bodas, en las que la princesa bailó como no habría gustado a algún confesor real, la muchacha quedó encantada con su nueva tierra. Y es que todo el reino y sus personajes más distinguidos se pusieron a sus pies. Sin embargo, ¡cómo iba a cambiar todo! De allí, por cuestiones bélicas, Arturo se trasladó con su joven esposa a la frontera de Gales: en el entretanto se discutía si era bueno que fueran juntos, porque él, débil, podía enfermar si convivía con la esposa. Se debatió la conveniencia o no de compartir vidas y, finalmente, se optó por dejarles. Unidos estuvieron hasta el 2 de abril de 1502, fecha en la que Arturo murió de forma súbita. Al parecer no llegó a consumarse el matrimonio. Nuevamente caía la desgracia sobre una recién casada de los Trastámaras... Por su parte, los augurios sobre la casa Tudor no eran mucho mejores: de los seis hijos habidos, sólo sobrevivían la mitad y de ellos uno, el varón Enrique, era el próximo príncipe de Gales pero aún un *puber*.

En el palacio de Durham una pequeña corte de españoles servía a la joven viuda. Dos propósitos tenía doña Elvira, el aya de la viuda: que la dote no se hiciera efectiva y que quedara claro que Catalina era aún virgen. Mas si el matrimonio no se había consumado, no era princesa de Gales. Entonces el rey de Inglaterra podía plantearse, como así hizo, que por qué iba a tener que mantener a aquella corte de extranjeros sin vinculación jurídica con su reino. Al mismo tiempo la guerra de Italia, la del Gran Capitán, consumía los dineros de Fernando e Isabel. En momentos de tales recortes, ¿quién es el más perjudicado?: el más débil. Y se olvidaron de Catalina.

Es cierto: en Inglaterra había un rey viudo, un príncipe de Gales adolescente aún y una infanta de España, en edad de procrear. El Rey la pide en matrimonio y la reina Isabel de Castilla se niega: mejor que Catalina se vuelva antes que se case con Enrique VII. Pero no por nada escandaloso o inmoral, sino porque no tendría ninguna influencia política en aquella corte en la que ella o sus hijos, de haberlos, sólo serían un recambio ante la muerte del príncipe. Y si él no moría, ellos no pintarían nada. Pero Inglaterra necesitaba un matrimonio con aquellos reyes del sur que empezaban a ser inquietantemente poderosos: mucho más que Inglaterra, porque el orto de la monarquía meridional había sido tan fulgurante como el estancamiento de las demás. Y ahora, encima, el ejército francés se retiraba desmoralizado de Nápoles.

El 23 de junio de 1503 se firmaba un nuevo tratado entre Enrique VII y los Reyes Católicos en función del cual se casarían Catalina y el príncipe de Gales y por el que se pretendían limar todas las asperezas habidas por el tema de la dote impagada o de la necesidad de una bula papal para evitar un matrimonio sacrílego. Había que esperar un tiempo hasta que el príncipe tuviera quince años (1506) y que llegara la dispensa matrimonial. Mientras tanto, terminaron las dificultades de Catalina que volvió a sonreír y a ser gratificada por los ingleses. No obstante, unos días después de leer la dispensa, Isabel murió en Medina. Esa muerte iba a producir un enorme cambio en la vida política de Catalina: en efecto, el trono de Castilla pasaría a Juana y Felipe, y Fernando quedaría relegado a un segundo plano, por lo que el matrimonio con Catalina perdía interés. Así las cosas, el 27 de junio de 1505 los ingleses denunciaron el tratado y se negaron a cumplirlo. Catalina quedaba desamparada otra vez más. Su lugar parecía ir a ocuparlo su sobrina Leonor, hija de la reina de Castilla, heredera de Aragón e hija, a su vez, del que podría ser futuro Emperador. La niña tenía más posibles que la joven. Claro está: las disensiones en la Casa de Durham fueron notables y culminaron con la expulsión de la dueña de Catalina a Flandes. Además, en el viaje de camino a España, Felipe y Enrique firmaron el tratado de Windsor por el que Inglaterra se comprometía a ayudar al archiduque si sus tierras flamencas o castellanas eran atacadas por un enemigo: naturalmente era un pacto antifernandino. Lo que ocurrió fue lo imprevisto: Juana declarada loca, su esposo muerto y Castilla gobernada por el regente aragonés: la estrella de Catalina volvía a subir.

No obstante, desde 1502 hasta 1507 no llegó ni un maravedí a Durham desde España. En más de una ocasión he podido leer que se pasaba hambre en aquellos aposentos principescos. Cuando, por fin, Fernando se decidió a mandar dos mil ducados, tal cantidad, aun cuando importante, no llegaba a cubrir la deuda contraída con Enrique. Por cierto, las irregulares libranzas que éste había ido haciendo más parecían actos de limosna que otra cosa. Tampoco estaba mal del todo la situación del embajador: llevaba tres años sin cobrar.

Felipe el Hermoso había muerto y quedaba otra viuda, no ya castellana sino española. Iba a ser la futura reina de casi toda la Península y Enrique la había visto en persona en el viaje de Flandes a Castilla. Entonces le pareció recatada y ahora no podía creer que estuviera loca como pretendía ¡su propio padre! Lo que a ninguna cancillería se ocultaban eran las verdaderas intenciones de Fernando: antes de que la herencia pasase a la familia de los Habsburgos, prefería dividirla entre Castilla y Aragón: para ello necesitaba casarse de nuevo. La respuesta de Maximiliano no se hizo esperar y en su horizonte existía incluso la posibilidad de invadir la Península para que su nieto, el niño Carlos, Charlot, recibiera, en su momento, su legítima. La alianza con Inglaterra era imprescindible: y así partieron embajadores con recados matrimoniales de Carlos, de Margarita, de Leonor con el príncipe de Gales, con el Rey, con quienes fuera preciso. A la altura de 1506 estaban cerrados los tratados. Y, en el entretanto, Catalina recibió credenciales de embajadora de Fernando ante la corte inglesa: nadie como ella conocía lo que se cocía al otro lado del Canal. Pero ella también sabía que los desplantes que sufría le hacían la vida insoportable y por eso solicitó ayuda. Finalmente, su padre optó por enviar a Gutierre Gómez de Fuensalida[86], que había vivido durante lustros por Centroeuropa y Flandes. Conocía como nadie a los nobles y a las gentes septentrionales y, además, por dos veces había estado en las islas en misiones especiales. Pero por el Támesis iban a encontrarse tres embajadores de España: el tradicional, De Puebla, al parecer converso, entrado en años y muy afecto al rey de Inglaterra y, por tanto, persona de poca confianza[87]; Catalina, con sus problemas; y el duro recién llegado cuya misión especial era la de que se cumpliera el pacto y que Catalina se casara con el príncipe de Gales, lo cual no era fácil porque, como es bien sabido, los impagos de dote son excusa de incumplimiento de todo tipo de pactos. Fernando de Aragón consideraba que la dote se había pagado ya; el Consejo de Enrique, no. Las negociaciones de Fuensalida no fueron un modelo diplomático[88], pero en cualquier caso, al final, tras la muerte de Enrique VII, se celebró el matrimonio por el que tanto se había peleado.

Pero en ese proceso, Catalina sufrió mucho. Ya se sabe que tuvo notables escaseces porque de ella no se ocuparon ni desde España, ni en Inglaterra. Fueron casi diez años ignominiosos, que duraron y duraron: «La señora princesa no está muy sana, sino harto flaca y descolorida», escribió Fuensalida al poco de llegar a Inglaterra (1508) e incluso:

> «La Princesa está tan fatigada de ver las maneras de estos, que de ninguna cosa se puede consolar acordándose de las cosas que ha pasado, que haberlo escrito a Vuestra Alteza o haberlo sabido acá de muchos las cosas que ha pasado y las necesidades que ha sufrido y las palabras que le han dicho y los malos tratamientos que le han hecho, hay mucha diferencia y han sido cosas para haber dolor de oírlas. [...] Está tan afligida y desconsolada que no se puede decir y aunque con su real corazón muestra la cara placentera a todos, a mí no puede encubrir lo que siente.»[89]

¡Pobre mujer! El 8 de mayo de 1508 le había dicho al embajador que «para el rey, mi señor, y aun para mi salud, mejor sería que me sacase de aquí, que no que su alteza hiciese por casarme a mí» y seguía escribiendo Fuensalida, «esto dicho con tanta pena y con tanta congoja, que yo estuve muy arrepentido de haberle hablado lo que los del Consejo habían pasado conmigo»[90]. ¡Pobre Catalina!: sus sufrimientos habrían de mantenerse por toda la vida. Da la triste impresión de haber sido la hija abandonada a su desdichada suerte, además, en tierras hostiles.[91] Fue enterrada sin ninguna dignidad en Peterborough, en el centro de Inglaterra.

Últimas lágrimas

No puedo resistirme a concluir estas páginas de dolor y esperanza que explican la azarosa entrada de la Casa de Austria en España, sin reproducir en extracto una carta del tan traído y llevado Anglería al cardenal de Santa Cruz. Está escrita desde Granada el 29 de julio de 1500, dos semanas después de la muerte del príncipe Miguel. Embargan el dolor y la tristeza, pero sobrecoge ver el dinamismo de las relaciones exteriores de los Reyes Católicos que parecen no poderse detener nunca. Escuchemos a Pedro Mártir:

> «Hacia el 15 de julio hicieron allí [en Granada] su entrada [los Reyes], pero con mala estrella, porque el 20 del mismo mes expiró en sus manos el pequeño infante, única esperanza de sucesión masculina: me refiero al príncipe Miguel. [...] Ya sabes que muerto el hijo único [...] no les quedaban más herederos que las hijas y de la primogénita, este niño.
>
> »Para llenarte el canastillo con diversidad de flores, escucha esta otra noticia: Catalina, la última de las cuatro hijas, se ha desposado con el primogénito del rey de Inglaterra.
>
> »Y para que no te quejes de cicatería en la medida, ahí va esta otra: han mandado llamar, para que son su esposo venga a tomar posesión de la herencia de tantos reinos, a su hija Juana, casada con Felipe de Borgoña [...].

»La muerte del pequeño infante Miguel ha abatido profundamente a los dos abuelos. Ya se declaran impotentes para soportar con serenidad de ánimo tantos bofetones de la Fortuna. [...] No obstante, disimulan estas negruras todo lo que pueden y se muestran en público con semblante sonriente y sereno. No es difícil, sin embargo, adivinar lo que hay en su interior.»[92]

Francamente, las relaciones de Isabel con sus hijos fueron desgarradoras y el resultado, vacío: la herencia del mal psíquico por la sangre portuguesa o los desvaríos políticos —impresionantes— en una monarquía nueva, tuvieron este desenlace. Y tras los Reyes Católicos, todo se desmoronó y apareció una dinastía extranjera, la Casa de Austria.

Notas

[1] RODRÍGUEZ VALENCIA, V.: *Opinión de los españoles y extranjeros...*, III, p. 116. Carta desde Córdoba a 30 de mayo de 1486.

[2] ANGLERÍA, Pedro Mártir de: *Epistolario...*, carta 216.

[3] Fue Ludwig Pfandl de los primeros en tratar el tema de la locura en su biografía sobre Juana la Loca (distintas versiones, varias ediciones, la última que conozco es *Juana la Loca, madre del Emperador Carlos V: su vida, su tiempo su culpa*, eds. Palabra, Madrid, 1999), en la que hablaba profusamente del príncipe don Carlos. El tema de la demencia de la Casa de Austria ha sido tratado con brillantez últimamente por ALONSO-FERNÁNDEZ, F.: *Historia personal de los Austrias españoles,* Madrid, 2000, aunque empieza por Juana la Loca.

[4] Más datos sobre estas relaciones, la enfermedad o el testamento de la reina madre viuda, en AZCONA, T.: *Isabel la Católica...*, pp. 397-398.

[5] RODRÍGUEZ VALENCIA, V.: *Opinión de los españoles y extranjeros...*, I, p. 16, 8 de mayo de 1470, en latín.

[6] Buenos estaríamos si una mujer que viera que su marido ha tenido dos hijos antes del matrimonio y otros dos ya casado con ella no pudiera sentirse segundona en ocasiones y padeciera inseguridades. Por otro lado, no está mal para la cultura de género que el ser esposa celosa sea pecado: o sea, que «lo bueno» es que la mujer trague *ad infinitum* el que el esposo se salte a la torera los papeles de su estatus social de marido. Pensar que el tener celos es un mal psicológico cuando se cuentan, insisto, cuatro hijos extramatrimoniales es increíble. La cita anterior, por cierto, es de AZCONA, T.: *Isabel la Católica...*, p. 365.

[7] A todos nos llama la atención el buen trato que dispensa Isabel a los hijos de su esposo. Recordemos que, por ejemplo, poco antes de irse a Laredo a despedir a Juana, «la reina se vino a Zaragoza a la vuelta de Castilla y trajo consigo a doña Juana de Aragón, bastarda del rey». Véase la referencia en PADILLA, L. de: *Crónica de Felipe I, llamado el Hermoso,* en CODOIN, 8, p. 35.

[8] RODRÍGUEZ VALENCIA, V.: *Opinión de los españoles y extranjeros...,* I, p. 13. Carta de 23 de octubre de 1500, desde Zaragoza.

[9] RODRÍGUEZ VALENCIA, V.: *Opinión de los españoles y extranjeros...,* I, p. 7. En las pp. siguientes otras comunicaciones oficiales.

[10] RODRÍGUEZ VALENCIA, V.: *Opinión de los españoles y extranjeros...,* I, p. 8.

[11] Digamos que todas las mujeres y todos los hombres, porque el matrimonio era una alianza social, económica.

[12] Editada por MARCH, J. M.: *Niñez y juventud de Felipe II,* 2 vols., Madrid, 1941.

[13] Cit. por AZCONA, T. de: *Isabel la Católica,* p. 127.

[14] En PALENCIA, A. de: *Crónica,* II, p. 143, está descrita la primera visita de Isabel a Medina. VAL, Isabel del: *Isabel princesa...,* p. 56, sintetiza el documento oficial de la toma de posesión.

[15] AZCONA, T. de: *Isabel la Católica,* p. 130.

[16] Para ver con detalle esos reconocimientos, AZCONA, T. de: *Isabel la Católica...,* p. 162.

[17] Citado por AZCONA, T. de: *Isabel la Católica...,* p. 173.

[18] MÜNZER, J.: *Relación del viaje [1494-1495]* en GARCÍA MERCADAL, J.: *Viajes de extranjeros por España y Portugal,* 3 vols., Madrid, 1952, I, p. 404.

[19] AZCONA, T. de: *Isabel la Católica...,* p. 174.

[20] Por increíble pudor no se suelen citar fuentes o textos: «Ante la presencia de algunos parientes y nobles más calificados, los recién casados consumaron el matrimonio», dice Azcona en: *Isabel la Católica...,* p. 176.

[21] TOLEDO, Dr. de, *Cronicón de Valladolid*; manejo la ed. facsímil de 1984, sobre la primera edición de mediados del XIX. La cita, en p. 79.

[22] Recogido por AZCONA, T., *Isabel la Católica,* p. 175.

[23] AZCONA, T. de: *Isabel la Católica...,* p. 179.

[24] SUÁREZ, L.: *Isabel I, Reina,* p. 59.

[25] AZCONA, T. de: *Isabel la Católica...,* p. 183.

[26] SUÁREZ, L.: *Isabel I, Reina,* p. 60.

[27] El disparate legendario es supino: se van a romper estructuras sociales y económicas por darle gusto a una extranjera de veinte y pocos años: así se escribe la Historia.

[28] Desde Alcalá, a 5 de diciembre de 1494. Epístola 146, I, 270. Es una carta fabulosa en la que habla de caníbales... Dirigida a Pomponio Leto, está claro que en Italia se iba sabiendo de América por Anglería. La segun-

da carta es de Alcalá, a 15 de enero de 1495, al arzobispo de Granada, I, 296. La tercera, al arzobispo de Braga, desde Burgos, a 5 de diciembre de 1496, I, 323. Las pobres hijas de Isabel padecieron por amor lo que no está escrito y al final entre bulímicas y anoréxicas, fueron pasando sus días. Isabel fue más afortunada que Juana.

[29] Carta al arzobispo de Granada, desde Medina, a 15 de julio de 1497. ANGLERÍA, Pedro Mártir de: *Epistolario,* carta 179.

[30] Isabel estaba entregando a su hija en la frontera, mientras—sin ella saberlo— su hijo agonizaba.

[31] Anglería narra la llegada de los príncipes a Toledo y cómo parten al Levante. Habla de la defensa de los derechos y que no quieren reina sino rey, el más próximo varón al monarca muerto: es decir, que si la princesa daba a luz un niño, sería éste el rey, mientras que si daba a luz una niña, serían sus padres los reyes... en Aragón; porque en Castilla ya habían sido proclamados príncipes de Asturias. El problema sucesorio era enrevesado hasta límites inimaginables... y seguiría siéndolo. ANGLERÍA, Pedro Mártir de: *Epistolario,* I, 369. Carta al arzobispo de Braga, desde Zaragoza, a 22 de junio de 1498.

[32] ANGLERÍA, Pedro Mártir de: *Epistolario,* I, 365. Al arzobispo de Braga, desde Alcalá, a 5 de junio de 1498.

[33] Las sucesiones no son tranquilas hasta 1527, en que nace Felipe, y eso que es enclenque. La tranquilidad vuelve al nacer el príncipe don Carlos. Esa tranquilidad se viene abajo en su muerte, 1568. Por eso el triunfo del nacimiento de Fernando... que murió niño. No hay sosiego, de nuevo, hasta Felipe... Es impresionante contemplar la inestabilidad dinástica.

[34] Andrés Bernáldez, citado por AZCONA, T. de: *Isabel la Católica...,* p. 877. No he podido encontrar la cita exacta en caps. CLIV y CLV.

[35] Los acontecimientos sevillanos los recogen Pulgar o Bernáldez. Están reunidos por CAMÓN AZNAR, J.: «Sobre la muerte del príncipe don Juan«, *Discurso leído en el acto de su recepción pública el día 24 de marzo de 1963*, Madrid, 1963.

[36] El parto y las celebraciones las he leído en BERNÁLDEZ, A.: *Historia de los Reyes Católicos don Fernando y doña Isabel,* ed. de ROSSELL, C., BAE, LXX, Madrid, 1923, pp. 567-773, especialmente, pp. 591-593, caps. XXXII a XXXIV.

[37] Camón, apoyándose en un erudito local, dice que el ex voto era de plata. CAMÓN AZNAR, J.: «Sobre la muerte del príncipe don Juan», p. 49. No fue un ex voto de plata, sino de cera dorada y pintada según las cuentas de Baeza. Puede verse la referencia en AZCONA, T. de: «El príncipe don Juan...», p. 225. Por otro lado, afirma Camón que Juan de Lucena le dedicó el *Arte breve e introducción muy necesaria para saber jugar al ajedrez.* No he encontrado en el PALAU ni a ese autor ni ese título. En todo caso, LUCENA, Luis de: *Repetición de amores y arte de ajedrez con CL juegos de partido.* Al final del libro ya sí, *Arte breve...*, etc. Salamanca,

1497. No me extraña: el discurso está cargado de inexactitudes y no es más que una síntesis de cosas sabidas. No hay aportación documental o conceptual nueva. Faltan decenas de notas a pie de página. En p. 62 habla de Pedro Martín pero querría decir Pedro Mártir [de Anglería]...

[38] Estos datos proceden tanto del texto de Fernández de Oviedo, cuanto del artículo de TORRE DEL CERRO, A. de la: «Maestros de los hijos de los Reyes Católicos», *Hispania* (Madrid) LXIII (1956), manejo la separata. Deza ejerció de maestro entre 1485 y 1496.

[39] AZCONA, T. de: «El príncipe don Juan...», p. 224.

[40] Las cuentas de Gonzalo de Baeza y la relación de Fernández de Oviedo son las dos fuentes hasta ahora más usadas para describirla. No obstante, es posible que se le hubiera puesto Casa antes, ya que en 1489 en las cuentas de la Reina aparece una entrada bajo ese epígrafe. Véanse las notas que daban estructura a la conferencia de AZCONA, T. de: «El príncipe don Juan, heredero de los Reyes Católicos en el V centenario de su nacimiento (1478-1497)» en *Cuadernos de Investigación Histórica* (Madrid), 7 (1983), pp. 219-252, concretamente, p. 223.

[41] AZCONA, T. de: «El príncipe don Juan...», p. 227.

[42] FERNÁNDEZ DE OVIEDO, G.: *Libro de la Cámara...,* p. 23.

[43] A Juan Velázquez, 11 de septiembre de 1488. ANGLERÍA, Pedro Mártir de: *Epistolario...,* carta 44.

[44] ANGLERÍA, Pedro Mártir de: *Epistolario...* 19 de septiembre de 1488, carta 47.

[45] ANGLERÍA, Pedro Mártir de: *Epistolario...* Desde Granada a 30 de marzo de 1492. Carta 98.

[46] MÜNZER, J.: *Relación del viaje [1494-1495]* en GARCÍA MERCADAL, J.: *Viajes de extranjeros por España y Portugal*, 3 vols., Madrid, 1952, I, p. 407.

[47] El gasto en la educación del príncipe fue creciendo con los años: en 1488, 7.813 maravedíes; en 1492, 11.856, y en 1493, 12.137. Véase TORRE DEL CERRO, A. de la: «Maestros de los hijos de los Reyes Católicos«, pp. 8 y ss. de la separata.

[48] *Libro del limosnero...,* entrada 148. En el mismo sentido, entrada 897.

[49] FERNÁNDEZ DE OVIEDO, G.: *Libro de la Cámara...,* p. 62.

[50] AZCONA, T. de: «El príncipe don Juan...«, p. 225, usando las cuentas de Gonzalo de Baeza.

[51] FERNÁNDEZ DE OVIEDO, G.: *Libro de la Cámara...,* p. 65.

[52] Este inventario en la obra anterior, Apéndice IIIb, pp. 203-207.

[53] ANGLERÍA, Pedro Mártir de: *Epistolario,* I, 296. Carta al arzobispo de Granada citada *supra.*

[54] AZCONA, T. de: *Isabel la Católica...,* p. 875.

[55] Sin embargo, hay más bibliografía: una descripción de su muerte, en la B. Universitaria de Salamanca, ms. 2.751, según recoge VARELA, J.: *La*

muerte del rey..., p. 198; y una recopilación por comendador ROMAN de las *Décimas al fallecimiento del príncipe don Juan,* Sevilla, 1890; véase la obra de PÉREZ PRIEGO, M. A.: *El príncipe don Juan, heredero de los Reyes Católicos y la literatura de su época*, UNED, Madrid, 1997.

[56] MÜNZER, J.: *Relación del viaje [1494-1495],* en GARCÍA MERCADAL, J.: *Viajes de extranjeros por España y Portugal*, 3 vols., Madrid, 1952, I, p. 406.

[57] He modernizado las grafías de las *Instrucciones de Carlos V a Felipe II*, desde Palamós en 1543, cuando Felipe tenía 16 años. Se pueden consultar, entre otros sitios, en FERNÁNDEZ ÁLVAREZ, M.: *Corpus documental...*, doc. CCLI.

[58] AZCONA, T. de: «El príncipe don Juan...», p. 236.

[59] FERNÁNDEZ DE OVIEDO, G.: *Libro de la Cámara...*, Apéndice V, pp. 232-233.

[60] Se incluye en FERNÁNDEZ DE OVIEDO, G.: *Libro de la Cámara...*, Apéndice Vb, pp. 233-238. El original, en Simancas, *Patronato real.*

[61] La *veracidad* de lo que se narra es una obsesión de los cronistas renacentistas. Aquí Anglería es honrado como nadie: dice dónde ha estado; dice qué le han contado. La cuestión de la veracidad la traté, entre otros sitios, en «La historia, los historiadores y el rey en la España del humanismo», en ALVAR EZQUERRA, A. (coord.): *Imágenes históricas de Felipe II*, Alcalá de Henares, 2000, pp. 217-254, en especial pp. 221 y ss.

[62] Entiéndase por esperanza incierta ya que, de momento, no era más que un recién estrenado embarazo que, para más dolor, se frustró también. Ésta era carta al cardenal de Santa Cruz, dada en Villasandino, de camino hacia Alcalá, 19 de octubre de 1497. ANGLERÍA, Pedro Mártir de: *Epistolario,* carta 182.

[63] Manejo el texto editado por CAMÓN AZNAR, J.: «Sobre la muerte...», pp. 95-112.

[64] Algo me hace recordar esa línea a estos versos de Juan del Encina y su *Tragedia trobada*, «La mucha passión de tal sentimiento/ las lágrimas tristes de tanto tormento/ me hacen mil veces dejar de escribir».

[65] Algunas opiniones personales en «Carlos V, de Bruselas a El Escorial», en *Torre de los Lujanes* (Madrid), 41 (2000), pp. 87-110.

[66] Desde Alcalá de Henares, a 8 de diciembre de 1497. Publicada por RODRÍGUEZ VALENCIA, V.: *Opinión de españoles y extranjeros...*, I, p. 14.

[67] Al arzobispo de Granada, desde Alcalá, el 30 de octubre de 1497. Carta 183. ANGLERÍA, Pedro Mártir de: *Epistolario...*

[68] Véase, como hilo conductor inicial, el texto ya citado de CAMÓN AZNAR, J.: «Sobre la muerte del príncipe don Juan...», pp. 85-93. Los romances abundaron, así «Nueva triste, nueva triste...» o «Villanueva, Villanueva,/ ¿qué se cuenta por España?». Escritores que lloraron por sus plumas fueron Garci Sánchez de Badajoz, Alonso Ortiz, fray Íñigo López de

Mendoza. Un estudio reciente es el de PÉREZ PRIEGO, M. A.: *El príncipe don Juan, heredero de los Reyes Católicos y la literatura de su época*, UNED, Madrid, 1997. Lección de apertura de Curso Académico.

[69] Las otras tres versiones guardan notables diferencias. Sobre el tema véase ALVAR, M.: *Endechas judeo-españolas*, Granada, 1953, pp. 22-36 (2ª ed. 1969), y del mismo autor *Poesía tradicional de los judíos españoles*, Méjico, 1966, en donde estas endechas están recogidas en pp. 15-16, y 189. La ilustración musical en p. 258.

[70] FERNÁNDEZ DE OVIEDO, G.: *Libro de la Cámara...*, p. 180.

[71] AZCONA, T. de: *Isabel la Católica...*, p. 879.

[72] «Armada y provisiones para llevar a Flandes a Doña Juana...», 18 de enero de 1496, CODOIN, 8, pp. 548-550.

[73] PADILLA, L. de: *Crónica de Felipe I, llamado el Hermoso,* en CODOIN, 8, pp. 5-267, en especial, pp. 35 y ss.

[74] Insinuaciones de ninfomanía —o casi— para esta muchacha de dieciséis años que unas horas después de conocer a un muchacho de dieciocho ha de entregarle su entereza, en PFANDL, recogidas y comentadas ampliamente por FERNÁNDEZ ÁLVAREZ, M.: *Juana la Loca. La cautiva de Tordesillas,* Madrid, 2000, pp. 79-80. A la pobre Juana lo que le faltaba era pasar a la historia como una adolescente ninfómana, una mujer esquizofrénica y una vieja depresiva. ¡Lástima que no viviera más para padecer Alzheimer!

[75] PADILLA, L. de: *Crónica de Felipe I, llamado el Hermoso,* en CODOIN, 8, p. 41.

[76] El informe del dominico lo trae a colación RODRÍGUEZ VILLA, A.: *Doña Juana la Loca,* s.l., s.f.; hay edición en CD-ROM, Madrid, 1999.

[77] Una sensible descripción del tríptico de los tres niños del Kunsthistorisches Museum de Viena, en FERNÁNDEZ ÁLVAREZ, M.: *Juana la Loca...*, p. 103. Luego Fernando en 1503 (engendrado durante las celebraciones de las juras); María en 1505 (engendrada durante las celebraciones por la proclamación como reina de Castilla).

[78] Las citas proceden del *Epistolario* de Anglería y de FERNÁNDEZ ÁLVAREZ, *Juana la Loca...*, pp. 109 y ss. La carta 268, de 29 de diciembre de 1503 de Anglería es memorable. En ella define a Juana como «leona africana» con «acceso de rabia». *Epistolario...*, II, p. 75.

[79] La jacanea es la jaca de dos cuerpos, tan fuerte y alta como un caballo.

[80] Se puede seguir el texto de esta correspondencia que está en el Archivo de la Casa de Alba, en RODRÍGUEZ VALENCIA, V.: *Opinión de españoles y extranjeros...*, I, pp. 23-33.

[81] RODRÍGUEZ VALENCIA, V.: *Opinión de españoles y extranjeros...*, I, p. 20.

[82] Un jugoso comentario a este párrafo en FERNÁNDEZ ÁLVAREZ, M.: *Juana la Loca...*, p. 119.

[83] Además de los escritos citados aquí, han vuelto sobre el tema, entre otros, PÉREZ, J.: «Felipe I y Juana la Loca» en *Torre de los Lujanes* (Madrid), 39 (1999), pp. 135-146, y FAGEL, R.: «La cultura de Corte en España y los Países Bajos alrededor de 1500», en *Torre de los Lujanes* (Madrid), 44 (2001), pp. 27-41.

[84] ALONSO-FERNÁNDEZ, F.: *Historia personal de los Austrias españoles...*, cap. II.

[85] TORRE DEL CERRO, A. de la: «Maestros de los hijos de los Reyes Católicos», pp. 12 y 13 de la separata.

[86] Es imponente la biografía del embajador y el acopio documental realizados por duque de BERWICK Y ALBA, *Correspondencia de Gutierre Gómez de Fuensalida, Embajador en Alemania, Flandes e Inglaterra (1496-1509)*, Madrid, 1907.

[87] Fuensalida lo define como «hallo que es verdadero servidor del rey de Inglaterra» en duque de BERWICK Y ALBA, *Correspondencia de Gutierre Gómez de Fuensalida*, p. 418. Cartas de Fernando V de Aragón a aquel embajador en CODOIN, XXXIX, pp. 428 y ss.

[88] «Deberíades todos tener vergüenza de haber traído una tan alta Princesa para mujer de vuestro príncipe...» increpó en cierta ocasión ante el Consejo de Inglaterra, recogido por duque de BERWICK Y ALBA, *Correspondencia de Gutierre Gómez de Fuensalida*, p. 421.

[89] Recogido por duque de BERWICK Y ALBA, *Correspondencia de Gutierre Gómez de Fuensalida*, p. 423. Desde Richmond, 11 de marzo de 1508, y desde Greenwich, a 21 de marzo de 1508, p. 430.

[90] Recogido por duque de BERWICK Y ALBA, *Correspondencia de Gutierre Gómez de Fuensalida*, desde Londres, a 9 de mayo de 1508, p. 450. En esa misma carta, una alusión más a las enormes penurias económicas de la corte de Catalina.

[91] No vamos a entrar en más datos sobre Catalina, porque ya es bastante con haber hecho alusión a su matrimonio con Enrique VIII (1509). La mejor biografía es la de MATTINGLY, G.: *Catherine of Aragon*, Londres, 1942. Hay edición española de Buenos Aires, 1942. Con anterioridad, además de la correspondencia de Fuensalida, que es absolutamente imprescindible, LLANOS Y TORRIGLIA, F.: *Catalina de Aragón, Reina de Inglaterra*, Madrid, 1914, refiere en una desigual pero jugosa conferencia los avatares de la vida de la hija abandonada. Supera, indudablemente, su metafísico *En el hogar de los Reyes Católicos y cosas de sus tiempos*, Madrid, 1946.

[92] ANGLERÍA, Pedro Mártir de: *Epistolario...*, carta 216.

TERCERA PARTE

Educación, conciencia y mecenazgo regio. Los albores del Renacimiento español

Cuerpo de mujer... ¿Alma de hombre?

Sólo por indicios podemos saber algo de la enseñanza de las primeras letras a Isabel. La historiografía más tradicionalista ha hecho recaer en la madre la feliz responsabilidad de forjar el carácter de la niña y sus apetencias. La madre habría sido la guía moral y espiritual. El argumento es interesante, pero no responde a toda la realidad del mundo intelectual de Isabel. ¿Por qué digo eso? Porque la Reina Católica fue una entusiasta mecenas y ese gusto por la apertura de los mundos culturales de Castilla al humanismo renacentista de corte italianizante o flamenco no fue cosa de su madre. Fue cosa de su padre y de su hermano, el Rey. Además, su formación espiritual, amén de la moral (que es bueno que sean cosas distintas), es producto de un complejo proceso de socialización en el que intervinieron otros agentes —no sólo la madre—, agentes animados (los personajes que cito más adelante) e inanimados (los medios ambientales sociales, las guerras, las intrigas). No se puede reducir la formación de la Reina a la bella imagen de la niña, sentada a los pies de «mamá» y escuchando *exempla* mientras, al fondo de la estancia, crepita en la chimenea la leña de la encina... No: la formación y las inquietudes culturales de Isabel fueron más complejas. Para empezar, los primeros contactos con ese mundo intelectual los tuvo en las cortes a las que perteneció: como decía antes, la de su padre y la de su hermano. Mas empecemos por los primeros pasos.

Una niña, infanta de Castilla

La manera de ser de Isabel se forjó en medio de las intrigas, las guerras y las humillaciones, en un ambiente en el que tuvo que construirse una personalidad dura y resistente a cualquier infortunio. Porque de no haber sido así, su reinado habría sido calamitoso.

Apenas sabemos nada de su niñez. Sin embargo, algunos indicios han dado que pensar más de lo creíble. Hernando del Pulgar, cronista de Isabel y gran ensalzador de su figura, escribe en cierta ocasión que:

> «La Reina, nuestra señora, desde niña se le murió el padre, y aun podemos decir la madre, que a los niños no es pequeño infortunio. Vínole el entender, y junto con él los trabajos y cuidados; y lo que más grave se siente en los [personajes] reales, mengua extrema de las cosas necesarias.»[1]

El texto es claro: la cría creció huérfana de padre y casi de madre, pues los desvaríos de ésta recomendaban mantenerla recluida en Arévalo. Esa infancia, pues, debió ser tormentosa por insegura. Fue madurando en medio de duros avatares, de «trabajos y cuidados» y, en fin, sumida en la pobreza, sin nada. Por tanto, en conclusión, Enrique IV habría dejado abandonados a su destino a su madrastra y a sus hermanastros.

¿De qué podrían vivir la reina madre y sus hijos? ¿De la caridad del rey-hermanastro? En absoluto. Por ley estaban fijadas las rentas que pertenecían a Isabel de Portugal y a sus descendientes. En efecto, las capitulaciones dotales, tan pesadas de describir, tan arduas de sintetizar, son —entre otras cosas— el seguro de vida de la esposa y de sus descendientes, para evitar, precisamente, desmanes en ella y ellos en caso de viudedad. Pues bien: según las capitulaciones matrimoniales de Juan II e Isabel de Portugal, a ésta correspondían las rentas reales de las villas de Soria, Arévalo y Madrigal. Es decir, anualmente percibiría lo que se recaudara en *alcabalas* (en teoría, el diez por ciento de toda transacción comercial habida en la localidad y su término) y otros derechos señoriales (*pontazgo*, *portazgo*, *martiniega*, *derechos de escribanías*) y demás regalías en esos núcleos urbanos. Lógicamente, las rentas variaban en función de la actividad económica; pero la responsabilidad de las fluctuaciones por malas cosechas no era cosa del Rey. Había también unas cantidades entregadas en metálico (de por vida y a Isabel de Portugal, 1.355.000 maravedíes) y que se cargaban a las arcas reales.

Otras cuestiones venían atadas ya en el testamento de Juan II.[2] Isabel, la infanta, tenía asignados para su mantenimiento 200.000 maravedíes anuales que se multiplicaron por cuatro (hasta llega a 870.000 maravedíes) cuando cumplió los catorce años de edad. Esos casi 900.000 maravedíes eran alrededor de un 130 por ciento de las rentas de Madrigal en un año. Además, poco después de cumplir los dieciséis de edad, a Isabel se le entregaron las rentas de Medina del Campo y su tierra. Pero, además, por el testamento de Juan II, se le dio Cuéllar y, al morir su madre, Madrigal, hasta que se casase y cobrase la dote que a su disposición pusiese el marido. También hasta que llegara el momento del matrimonio se le darían un millón de maravedíes en efectivo (de los que se retraería el producto de las rentas anteriores). Como recogimos antes, se dice que Enrique no hizo efectivos esos pagos en metálico.

Recordemos también que se especificaba que ambos hermanos quedaban sujetos a un consejo de regencia presidido por la madre y asistido por hombres rectos y que si la Reina volviera a casar o no fuera casta, perdería su papel en este consejo.

Desde pequeños estuvieron al cuidado de Gonzalo Chacón, comendador de Montiel, treintañero; esposo de una de las criadas más próximas a la infanta, hombre como los que Juan II quería para cuidar de sus hijos: recto. Su lealtad a Isabel en tiempos difíciles, la proximidad a la infanta-heredera en Guisando, fueron recompensadas con creces. Murió el 27 de diciembre de 1507 (sus restos y los de su esposa, camarera de la Reina, reposan en San Juan de Ocaña) y sus sucesores consolidaron el linaje de los Fajardo en Murcia, que llegarían a ser los famosos marqueses de los Vélez, uno de los cuales (el III) fue amigo próximo a Antonio Pérez. ¡Desde luego, vaya ojo político el de esta familia!

Hernán Pérez de Guzmán nos dejó sabrosos testimonios de la vida cortesana alrededor de Juan II, rey que sabía hablar y leer el latín, y al que «placíanle muchos libros e historias»; era gran aficionado a la poesía, de la que era un crítico de las técnicas de los «decires rimados» porque «conocía los vicios de ellos»; también sabía música y canto y «cantaba y tañía bien»[3].

Por su parte, Enrique IV no menospreció el quehacer de todo príncipe del Renacimiento: Hernando del Pulgar (1430?-1493?) puso de manifiesto en *Los claros varones de Castilla*[4] que «era un gran músico y tenía buena gracia en cantar y tañer» y que, igualmente, era aficionado a la arquitectura, como más adelante lo fue Felipe II. Cuando ya de mayor Isabel declare que está cansada de tanto bailar, su declaración no estará exenta de recuerdos de la infancia.

El aprendizaje del latín

En los textos lisonjeros escritos sobre Isabel, se alaba su conocimiento de las lenguas, pero no suele repararse en que probablemente lo único que sabía era el latín. No se sabe a ciencia cierta cuándo empezó a estudiarlo. Hacia 1482 (fecha dudosa) Fernando del Pulgar preguntaba a la Reina: «Mucho deseo saber cómo va Vuestra Alteza con el latín que aprendéis...»[5] Sin embargo, por otros testimonios debemos postdatar esos comienzos. Me baso en Lucio Marineo Sículo, que habla de más tarde, de 1492:

> «Hablaba el lenguaje castellano elegantemente y con mucha gravedad. La cual [la Reina] aunque no sabía la lengua latina, holgaba en gran manera de oír oraciones y sermones latinos porque le parecía cosa muy excelente la habla latina bien pronunciada. A cuya causa siendo muy deseosa de lo saber, fenecidas las guerras en España,

aunque estaba de grandes negocios ocupada, comenzó a oír lecciones de gramática, en la cual aprovechó tanto que no sólo podía entender a los embajadores y oradores latinos, mas pudiera fácilmente interpretar y transferir libros latinos en lengua castellana.»[6]

Pulgar nos da un dato más: «Alcanzó, en tiempo de un año, saber en ellas tanto [las letras latinas] que entendía cualquier habla o escritura latina.»[7] Para ello contó con una dama, Beatriz Galindo, «llamada *La Latina*, y así lo fue y muy gran gramática y honesta y virtuosa doncella, hijadalgo»[8]. Si estas citas describen verdades absolutas, el proceso pedagógico de Isabel, en relación al latín, sería muy interesante: se acostumbró a oírlo porque le leían textos en esa lengua clásica e imagino que le irían comentando capítulos de la sintaxis, de las etimologías, de la gramática; es de suponer que así fue aprendiendo asistemáticamente y que, cuando se decidió a aprender el idioma de Cicerón según normas estructuradas, que es lo que le recomendarían sus muy prestigiosos humanistas cortesanos, no le debió costar mucho porque ya estaban hechos el oído y la cabeza a recibir una lengua extranjera... que era clásica, teológica y sagrada. Era la lengua para hablar con Dios. *La Latina*, Beatriz Galindo, se encontró con el camino muy trillado.

Isabel, un producto pedagógico: el vergel de la niña y el pensamiento del fraile

El modelo jurídico social de Castilla es muy peculiar durante la Edad Media, porque a raíz de la Reconquista, la mujer adopta un protagonismo que no tiene en otros territorios europeos más tranquilos. La mujer, en Castilla, tiene libertad de obrar mientras es soltera y mayor de edad y, en segundo lugar, mientras es viuda. Tiene libertad de obrar, quiero decir, en el ámbito económico, habida cuenta que el derecho de herencia la protege al hacerle dueña y señora de los bienes heredables o de los dotales. La razón de tal peculiaridad la ha explicado recientemente Beceiro: se concibe «a las mujeres como sustitutas de sus consortes ausentes, llegando incluso a la defensa contra el enemigo»[9].

Sin embargo, hay otra socialización que invita a la mujer a ser arropada por el varón, a seguirle, a no despertar apetencias (ni intelectuales, ni carnales), casi a no ser, *pero siendo*. En ese sentido, la religión y sus predicados juegan un papel determinante de control social.

Ese proceso de socialización cuenta con varios mecanismos: el recurso a los *exempla* es uno de los más usados; pero también el desarrollo de las ideas expuestas por las *auctoritates* (¿quién las va a contradecir?); el juego del premio —que se logra por la virtud— y el castigo —en el que se cae por el pecado—, son elementos culturales que conforman las mentes masculinas y femeninas de la Edad Moderna. En último término, está claro que se trata de un mundo en el que, guste o no, están muy bien definidos los estatus sociales y los *papeles* inherentes a cada estatus. Con ello se logra cohesión social. Pero para ello hay que enseñar y/o adoctrinar, que es una parte de la educación.

Fray (Alonso) Martín de Córdoba quiso huir del mundo cortesano, pero no lo logró. (Siempre me ha sorprendido que las vidas de venerables padres escritas por clérigos respondan a los mismos principios: si el tal entró en la vida política —lo cual es bastante frecuente en nuestra Historia y en aquella sociedad sacralizada—, lo hizo acaso contra su voluntad, pero ejerciendo con mesura. Si no quiso entrar en la vida política, es porque rechazaba las cosas mundanas. Igualmente, siempre me ha chocado que el nombre de una persona que vive encerrada en su celda llegue a la corte y se le quiera erigir en gobernante o similar del reino. La explicación es evidente: no hay religioso que tenga fama de nada si no ha conocido de alguna manera el poder terrenal y, si no acepta el cargo, no es por humildad sino porque las circunstancias le recomiendan que se retire y utilice el monasterio y la celda como escudo contra los avatares políticos. Es chocante, desde luego, que se quiera —o que se haya hecho con tanta soltura— vender la especie de que los religiosos desprecian la vida política...) No sabemos bien cuándo nació aunque se ha afirmado que «podemos conjeturar que nació a finales del siglo XIV», lo cual me parece por lo menos improbable.[10] Pasó como estudiante y docente por Tolosa de Francia y por Salamanca; fue agustino y los biógrafos de la orden alaban su humildad, su ponderación, su sabiduría... en fin, lo de siempre.

Cuando se le ofreció cargo cortesano y dignidad episcopal, al parecer los rehusó porque él quería permanecer en su monasterio y en su celda. Lo cierto es que el cargo se lo ofreció Enrique IV y, de esa manera, más que reflejar humildad lo que hace es mostrarnos su adscripción política. Parece ser que Juan II también lo había hecho y no quiso. Leyendo entre líneas adivinamos su fracaso en la mediación política: «Se salió de la corte porque ni con su predicación ni consejo, pudo sosegar a los grandes del reyno, entre los cuales había grandes discusiones en aquel tiempo.»[11] No nos quepa duda: si su predicación hubiera sido exitosa, es decir, si hubiera crecido su poder político, se habría quedado en la corte. Pero su realidad es la del fracaso.

Escribió casi una docena de obras, muchas de ellas de indudable interés, de las que se ha perdido más de una.[12] Pero de todas ellas, debo destacar su *Jardín de nobles doncellas*.

Fray Martín fue preceptor de los dos hermanos, Alfonso e Isabel, y, por tanto, sus opiniones sobre la vida terrenal debieron ejercer fuerte impresión en sus vidas. Luis Suárez cuenta que cuando Isabel acababa de cumplir los dieciséis años le regaló el manuscrito del *Jardín de nobles doncellas*. Parto del principio de que cuanto él dijera de viva voz sería idéntico a los pensamientos dejados por escrito. Por ello, el sermoneo al que fueran sometidos los niños tiene su reflejo en esta obra, importante antes de ser editada, aplaudida después, ya que se editó en 1500 y se reeditó en 1542.

A la pobre Isabel le tocó vivir en una corte llena de desatinos: las banderías nobiliarias, los escándalos palaciegos, su madre encerrada por no estar cuerda y un predicador al que debía resultar sobrecogedor el escucharle. Pero de esa mezcolanza, salió aquella mujer.

Pocos biógrafos de Isabel han parado en el comentario de esta obra. Por eso me interesa su análisis sobremanera. En este siglo lo han analizado dos agustinos, Félix García y Fernando Rubio, en 1956 y 1964 respectivamente. Hora es de que a principios del siglo XXI un laico se adentre en el *Jardín de las nobles doncellas*.

La obra en cuestión versa, fundamentalmente, sobre el papel de la mujer —y más aún de la Reina— en la sociedad y de manera genérica en cómo se debe sojuzgar la hembra al varón. Aquéllos no eran tiempos de anomía, desde luego.

Desde el «Proemio» el texto es un claro discurso político. Con respecto a la fecha de su composición, aunque no esté datado, podemos afirmar que fue escrito después de la muerte de Alfonso de Castilla y antes de la firma del Pacto de Guisando, ya que llama a Isabel «infanta». Es, pues, una obra política de primera importancia que decanta claramente al autor hacia una de las opciones en guerra. El texto formó parte de la propaganda proisabelina, contraria a Juana de Castilla. De autor al margen de la vida terrenal, nada. El fraile agustino estaba absolutamente involucrado, como agente, como partícipe, como inductor, en la contienda castellana del reinado de Enrique IV, al cual, como tantos más, le dio la espalda a pesar de ser tratado con generosidad por el monarca.

En el «Proemio» —decía antes—, escribe fray Martín «A la muy clara y serenísima señora doña Isabel, *de real simiente procreada, infanta, legítima heredera* de los reinos de Castilla y León [...] manos dignas de regir las riendas de este reino»[13]. Añade que algunos no consideran bueno que el gobierno recaiga en mujeres, pero él lo ve de otra manera ya que la Historia así lo enseña. Naturalmente a este fraile, como a otros, les daba igual la cuestión en sí; lo que era necesario era asegurar un partido en el gobierno, en este caso el isabelino, que heredaría los despojos del alfonsino, al cual, ciertamente, se le llora en esta obra «aunque nos debamos doler del ilustrísimo varón hermano vuestro, por cuanto lo perdimos», pero no en exceso, porque «el dolor se amansa cuando vemos la noble infancia vuestra, que en la edad que es, tiene tal olor de florecientes virtudes...», es decir, parece verla maleable al gusto de sus partidarios.

«Regir», dice, «es cosa divinal, ser regido es obra de cosas bajas». Continúa explicando, por el derecho natural, por qué el hombre puede regir a las bestias y por qué, entre los hombres, el más sabio debe gobernar a los menos sabios. Concluye que el que más sepa y sea «de mejores costumbres y tal que a los suyos fuese elemento piadoso y contra los enemigos osado» debe ser rey.

En este «Proemio» se ventilan un par de temas de capital importancia. Veladamente, se exige del rey «primogénita sangre», pero no se ha despreciado *la elección*: por lo tanto, no es sólo el derecho sucesorio lo que debe marcar el traspaso de la Corona. En segundo lugar, apuesta por *la formación* también como segundo elemento de la ¿podríamos decir, «legitimación»? regia: «Pues que la sucesión natural os da el regimiento, que no fallezca por defecto de sabiduría moral.» ¿Ha «fallecido» en Enrique IV la «sabiduría moral» y puede por ello ser depuesto? Verdaderamente el problema sucesorio planteado aquí, con tal de legitimar la usurpación, es espectacular: primogenitura, sí; pero también buenas costumbres que acaso se puedan superponer a lo anterior. La herencia de estas ideas, basadas en que el deber mayor del rey es la defensa de la verdadera religión, llevó entre los siglos XVI y XVII a justificar, en caso extremos, el tiranicidio. Pero esto es harina de otro costal.

Para explicar por qué el varón es superior a la mujer recurre a la historia de Adán y Eva. «Dios quiso [...] que el hombre fuese principio de todos los hombres» y de uno, Adán, que saliera la mujer y a partir de ahí, los demás. Además, es importante que la extrajera del costado, porque si lo hubiera hecho de la cabeza, parecería que el destino de ella habría de ser señorearle a él; si de los pies, ser su sirvienta: bien está la extracción del costado para ser compañera, «que el varón ame a su mujer como a socia y compañera; no la tema como a señora ni la desdeñe como a sirvienta».

La mujer fue creada de más noble materia que el varón (hueso frente a limo), lo que explica por qué a las mujeres les cuesta más guardar silencio que a los hombres:

> «El varón fue formado y hecho de tierra, que es materia sorda y no suena nada. La mujer fue hecha de hueso;

> donde, si pones dos o tres huesos en una calabaza y la mueves, más ruido y son hacen que nueces puestas en costal.»

La mujer, por otro lado, fue criada en lugar más puro que el varón: ella en el Paraíso, él en el campo Damaceno. Esto tiene también su trascendencia si se lee su significado: al hacer a la mujer en el Paraíso, se honraba el matrimonio, aquel «ayuntamiento legítimo de macho y hembra; hombres». Hechas estas precisiones enumera una serie de bienes matrimoniales («fe [fidelidad], casta generación e sacramento») y se explaya en explicar en tres o en siete puntos, depende, la dignidad y Santidad de la Virgen, la hermosura de las flores, los ríos de gracia que recorren o manan de Ella; deleites y otros términos y metáforas explicables por la fe y necesarios para el novicio para concluir que aunque todos han de tener devoción,

> «en especial la señora princesa porque es de linaje real, como la Virgen que fue hija de reyes; y porque es doncella como era la Virgen cuando concibió al Hijo de Dios».

Acto seguido se ocupa en explicar en qué día fue creada la mujer (en el sexto día, aunque después que el hombre) y a qué edad (mientras que Adán lo fue hecho con treinta años, Eva «sería de veinticinco años»).

¿Y para qué fue creada la mujer? En primer lugar para que, como ser racional, conociese a Dios y le alabase; en segundo lugar para que, junto al hombre, dominase a todas las criaturas; en tercer lugar para la «multiplicación del humanal linaje»; en cuarto, para que los hombres hicieran paz entre sí: «Acaece que han contienda los grandes señores sobre partimiento de tierras y de lugares y con una hija hacen paz, traban parentesco.»

Por otro lado, siguiendo a San Agustín, se plantea cómo podrían engendrar los hombres a sus descendientes sin pecado y concluye, tras sesudo razonamiento, con que «Adán y Eva bien podían engendrar hijos sin ardor de carnalidad y más por aquel mismo imperio de voluntad, que movían los otros miembros [por ejemplo, la boca, la lengua], se movieran aquéllos [los reproductores] sin ningún feo estímulo, con tranquilidad de ánima y de cuerpo y no corrupción de la integridad, el marido se ayuntara entonces con la mujer».

Una vez zanjada la cuestión de la generación maravillosa de la mujer, le toca el turno a la generación natural, en donde manifiesta que nacen más mujeres en verano que en invierno; por tanto, hay más hembras en zonas cálidas que en zonas frías; si la concepción se ha hecho bajo el signo de los vientos cálidos australes, habrá mujer; y, finalmente, si el padre es de complexión frágil y la madre robusta, engendrará mujer y viceversa.

De esta manera cierra la primera parte dedicada a los condicionantes biológicos de la mujer, explicados al modo teocrático basándose sobre todo en San Agustín y en Aristóteles.

La segunda parte es la eminentemente cultural. Y así, en efecto, el primer capítulo lo dedica a «la buena condición que han las mujeres vergonzosas».

Para el moralista había una serie de buenas condiciones en la mujer. De ellas, la primera, que fueran vergonzosas, piadosas y obsequiosas; en segundo lugar, que huyeran de los vicios y que vistieran con honestidad; que supieran que es «más noble pasión la vergüenza que el temor», porque se ve en la vida misma ya que «los villanos han más miedo que vergüenza» mientras que los hidalgos «han más vergüenza que miedo».

Con respecto a la piedad, la mujer debe ser, naturalmente, piadosa. Pero de entre todas, las nobles han de serlo un poco más. Y si ésas eran condiciones favorables para la mujer, las excelencias de la reina o de la señora en sus estados eran que fuera «abogada, madre y escudo», a lo cual dedica todo el capítulo II. En él argumenta que el rey debe dar preeminencia a la administración de justicia aunque vaya contra sus intereses personales, ya que el vasallo debe dar la vida por el rey antes que por el padre, así también, el rey nos está más obligado a nosotros que a sus hijos. La reina ha de ser buena intercesora ante el rey y debe saber defender a los más débiles:

> «So su amparo y defendimiento, ha de recibir los humildes labradores, a los devotos oradores, a los estudiosos

> maestros y doctores, a las viudas, huérfanos y pobres sin amparo.»

Con respecto a ser obsequiosas, deben obsequiar más a Dios con la fe, la esperanza y la caridad, virtudes que le son más propias a la mujer que al varón. Lógicamente, las reinas y las princesas deben ser las más obsequiosas para con Dios.

Fray Martín sabe también cuál es el otro lado de la cara de la mujer: sus vicios. Como el libro es un tratado educativo, se han de exponer para estar advertidas y rechazarlos.

La mujer deambula entre tres condiciones menos buenas, que son «intemperadas»; «parleras y porfiosas»; «variables, sin constancia». Además, las mujeres tienen una condición indiferente que «todo lo hacen por extremo y por cabo». ¿Qué quiere decir que sean «intemperadas»? Pues que siguen los apetitos carnales «como es comer e dormir e folgar e otros que son peores». Todo ello probablemente a consecuencia de que, a fin de cuentas, son «más carne que espíritu». ¿Y que sean «parleras»? Que no dejan de hablar, por «flaqueza», ya que lo que no puede conseguir la espada lo logra la lengua. Cuando la mujer habla, embrolla todo porque no tiene fin. «Esto tiene buen remedio [...] que se muerda primero la lengua y los labios, porque no salga palabra que no sea limada por juicio de razón.» Más adelante, al tratar del cuerpo de la reina y sus controles, da una importante sentencia: «No abra la boca.» ¿Y que sean «movibles e inconstantes»? Sencillamente que su voluntad es como su cuerpo, «muelle y tierno», esto es, que son incapaces de mantenerse firmes en un mismo deseo.

En el capítulo V desgrana las condiciones de la mujer para ser reina: que sea buena por respeto a Dios, a sí misma y a los pueblos que rige. Ese respeto a Dios se ciñe a adorarle sólo a Él, no blasfemar y guardar las fiestas correctamente. Pero además, hay una circunstancia específica por la que Isabel debe honrar al Todopoderoso:

> «Dios, que en el vientre de la madre dio y predestinó a ésta para reina de tan noble reino como es España, más obligada es a lo amar que otra ninguna.»

Se trata, indudablemente de un importante texto que definirá el origen divino de la monarquía de Isabel y, por lo tanto, la dependencia de los designios sagrados en las formas de gobernar.

La reina está dentro de un cuerpo que ha de ser educado en su expresividad, en sus movimientos, en sus maneras de estar para respetarse a sí misma. Así, pues, al mirar, debe mover sólo los párpados, «no toda la cabeza, como hacen las mulas cuando les dan sofrenadas». Si está andando, que no quiebre el paso, «que es una manera de lozanía y significa liviandad». En el hábito, que haya honestidad, porque es pecado que la mujer intente parecer «más hermosa de lo que es» con afeites (esto es, con maquillajes). En este interés por conservar las cosas tal cual son (se aplicaría el principio también al orden social), las formas de vestir tienen un especial significado: «Que cada una, según su estado, vaya vestida.» Así que no haya hipocresías «como si la princesa se vistiese de buriel, de pardo». Adviértase que no son sólo las formas, o los tejidos, sino los colores (los hay de teñido más caro o más barato) los que distinguen socialmente.

Por último, tres son las virtudes por las que la buena reina logrará el respeto de sus súbditos: por la vía de la justicia, de la liberalidad y de la afabilidad.

El libro sigue con razonamientos aristotélicos y escolásticos sobre la generación, la condición y la composición de la mujer, para entrar de lleno en uno de los temas que más obsesionan a fray Martín... y con los años a la Reina: la virginidad y la castidad de la mujer. Su control, a nuestro modo de ver, implica el control completo de la mujer, de su ser y de su estar. Si pierden valor o importancia, si se desmitifican, la mujer alcanza un grado de independencia corporal e individual que hace tambalearse las relaciones sociales.

Por ello, todo podría empezar por censurar a la mujer en cuanto empieza a hacerse desvergonzada (como la mujer no tiene término medio, se haría enseguida desvergonzada en exceso). Impidiéndole expresividad o naturalidad, se le corta una parte de vida, sin duda.

Ese control represivo sobre el cuerpo debe llevarse a extremos incomprensibles. Cuando alaba a esas niñas mártires que lo fueron por defender su fe y su virginidad está poniendo en el mismo plano el espíritu y el cuerpo, una idea y un momento, un sistema cultural y un elemento biológico. Ponerlos en el mismo plano ha sido una de las más espectaculares creaciones culturales de la humanidad; desmembrarlos, también. Y no se olvide una obviedad: la virginidad sólo se puede controlar en la mujer, no en el varón.

Fray Martín sigue alabando la castidad de la mujer, tema obsesivo en este fraile (¿qué no habría oído, visto, vivido en el confesonario?) alrededor del que debe girar toda la vida: «Ni la castidad es nada sin las buenas obras, ni las buenas obras valen nada sin la castidad.» La vida sigue. Pobres viudas. Pero en su dolor algunas llevan la alabanza: las que «alcanzaron segundo grado de castidad». En cierto modo, habrían vuelto a los orígenes perdidos. Según nos explica fray Martín, hay tres grados de castidad, la conyugal, la viudal y la virginal, que se pueden resumir en un principio: «Buena es la continencia conyugal, pero mejor es la viudal y mucho mejor la virginal.» Formas, pues, de vida que tienen su reflejo en las manera de vivir, que son tres, la angélica, la bestial y la humana que, a su vez, son vidas contemplativa, bestial y activa y cada una tiene su espacio, el paraíso, el infierno y el purgatorio, como pasó en el Calvario, donde «Nuestro Señor perfectísimo, luego fue al paraíso; el ladrón réprobo, luego fue al infierno; el buen ladrón había de ir al purgatorio, si no que Nuestro Señor le dio absolución plenaria que fuese con Él al paraíso».

La castidad-virginidad es el centro de todo, es la virtud suprema de la mujer.

Por otro lado, castidad y fidelidad van íntimamente ligadas. Y, como no podía ser de otro modo, no falta la velada crítica a la esposa de Enrique IV porque, en efecto, la fidelidad de la mujer para con el hombre ha de ser especialmente cuidada en el caso de las reinas, porque con ellas «habrán hijos de bendición que sucedan a sus padres y mantengan el reino en paz y justicia». Es decir, que si no hay fidelidad, el reino será llevado a la inestabilidad, como todos bien conocen. En fin, la maldad de la reina precedente y la predestinación divina de ésta ensalzan plenamente el reinado de Isabel.

El texto ensalza también el autosacrificio que supone buscar aquel estado de perfección. (Lógicamente, tanto empeño en defender la castidad implica, creo, un secreto a voces: no debía ser grande la de aquellos tiempos.)

Concluye el libro, por si acaso no hubiera arremetido bastante contra el cuerpo de la mujer, arremetiendo contra su espíritu:

> «La señora, aunque es hembra por naturaleza, trabaje por ser hombre en virtud.»

Fray Martín sólo hace una alusión a la formación intelectual, nada al leer. Son unas líneas en el primer capítulo de la última parte del texto. Muestra ejemplos de damas de la Antigüedad que aprendieron artes e industrias y concluye que ya que las mujeres «no han de entrar en consejo, no han menester ciencia para ello». Es decir, que sólo por cuestiones políticas es natural que la mujer sea instruida. «La princesa deve catar algunas horas del día en que estudie y oiga tales cosas, que sean propias del regimiento del reino.» Es decir, sólo lo inherente al poder e, insisto, con especial atención al *oír*. La mujer recibiría, pues, su formación, de viva voz: así la retórica y la oratoria serían los mejores cauces de socialización; nunca lo escrito, menos aún lo impreso, que son homogéneos, fríos... Así de romo es este texto que, exagerando, podríamos decir que rompe con aquella tradición medieval que veía con bien que reinas y mujeres de poder tuvieran acceso al estudio y a la lectura.

Fray Martín no era tonto: sabía que si la niña leía, podría ser libre. Era conveniente adiestrar a la aspirante al trono en la estulticia y la inmadurez. Por eso, los cambios operados alrededor de Guisando, la maduración de Isabel en aquellas semanas se me antoja impresionante. En esto Isabel aparece rebelde: encargó en cierta ocasión una estatua de Santa Catalina, hija de rey e instruida en las artes liberales. También el estudio del latín en la edad madura sería un signo de rebeldía y una asunción de responsabilidad política, porque con el latín aprendería a gobernar más y mejor.[14]

Recuerdos de infancia (1454-1462)

Sigamos en aquellos años de infancia (1451-1462; más aún, 1454-1462). Había en Arévalo un convento franciscano y otro trinitario, amén de uno de clarisas: no es de extrañar que de allá saliera algún preceptor para Alfonso e Isabel. En Arévalo sentiría la devoción por la Virgen de las Angustias y otros menesteres para dar tranquilidad a la conciencia que le enseñaría su madre que, como dice la *Crónica incompleta,* fue «excelente madre» y, como tal, creó a su hija en «honesta y virginal limpieza». La afirmación es redundante en la pureza de Isabel, pero absurda: ¿cómo va a educar una madre a una niña que no ha llegado a ser núbil, en la depravación viciosa, en la satisfacción de los deseos carnales o la inmoralidad más perversa?

Hasta 1462 vivieron en Madrigal y Arévalo, cerca de la madre; lejos de la corte de Enrique. Hacia esa fecha fueron «arrancados» del regazo materno y trasladados a palacio. Es de sobra sabido que en ese año la infanta actuó de madrina de la hermanastra Juana en el bautizo. Mas si leyéramos con sensatez las páginas de la Historia, podríamos obtener otras conclusiones: Isabel y Alfonso vivieron en la corte hasta la muerte del padre (1454); luego se fueron a vivir a Arévalo hasta los diez años de Isabel y, finalmente, volvieron a la corte por expreso deseo del rey Enrique IV. Esta forma de obrar con los miembros de la familia regia, que en caso de una estabilidad política habría sido entendido con absoluta normalidad, como por medio está el rey Enrique, es tratado de manera polémica.

En este momento, y en medio de la convulsión política endémica, su situación preocupa a los nobles, a ciertos nobles. Se puede manejar bien a la infanta: el 16 de enero de 1465 una alianza de la nobleza contra el Rey logró la firma del compromiso de Medina ya analizado.

Alonso Flórez, el autor de la *Crónica incompleta hasta 1477,* describió así los rasgos de la princesa:

> «Tenía los ojos garzos, las pestañas largas muy alegres, sobre gran honestidad y mesura; los dientes menudos y

blancos, risa de la cual era muy templada y pocas y raras veces era vista reír como la juvenil edad lo tiene por costumbre. [...] Tanto en el aire de su pasear y beldad de su rostro era lucida, que si entre las damas del mundo se hallara por reina y princesa de todas, uno que nunca la conociera, le fuera a besar las manos.»[15]

Cuando Isabel tiene veinte años relata sus impresiones sobre su infancia en un texto durísimo que, aunque hubiéramos de leerlo en clave política, no dejará de tener algún atisbo de veracidad:

> «Yo no quedé en poder del dicho rey mi hermano, salvo de mi madre la Reina, de cuyos brazos inhumana y forzosamente fuimos arrancados el señor rey don Alfonso y yo, que a la sazón éramos niños.»[16]

Ni que decir tiene que Isabel sentía cierto resentimiento contra aquella etapa de su vida. Pero no es menos cierto que donde debía criarse una infanta era en la corte y no al calor de una madre enajenada. Ciertamente a los infantes convenía ponerles Casa aparte. Ahora bien, no pensemos ingenuamente que aquella separación de los hijos de la madre fuera hecha sin aviesas intenciones; ni que tampoco la carta de Isabel es prístina en sus fines. Por lo demás, la situación no es extraña en la historia ulterior de Castilla: ¿no fue arrancada Leonor de los brazos de Juana en tiempos de Carlos V?; ¿no fue expulsado de Castilla Fernando, el hermano de Carlos V?; ¿no fue encarcelado don Carlos, príncipe heredero e hijo de Felipe II?...

E Isabel continúa con su narración: quien decidió separar a la madre de los hijos fue la reina Juana «porque estaba ya preñada, y como aquella que sabía la verdad, proveía para lo advenidero». Es decir: Isabel pone a Juana de Portugal en el papel de carcelera y, aún más, considera absolutamente a Juana de Castilla hija adulterina al proclamar que la madre «sabía la verdad, proveía para lo advenidero». Con ese desprecio trató siempre Isabel a Juana.

En cualquier caso, la primera fase de su vida había concluido. A partir de ahora Isabel dejaba de ser hija y pasaba a ser cortesana. Durante aquellos años fue instruida en muchas cosas que no eran propias de la mujer y, aún más, siguió aprendiendo en el futuro más inmediato. Se ha dicho que aprendió tanto porque en palacio no se creía que fuera a ser reina. Acaso aprendió tanto porque su madre así lo decidió apostando por hacer de ella una cría diferente.

En este momento sus papeles sociales se circunscriben a dos aspectos: la preparación para la vida adulta y su casamiento. La niña puede alcanzar destinos insospechados y, por ello, ha de ser guiada por el recto camino moral. La niña, igualmente, habida cuenta su sangre real, ha de ser empleada como instrumento de paz.

Con respecto a la educación moral recibida, bien poco sabemos. Indicios hay, desde luego, de que su formación fue austera, rigurosa y seca, de manos de su madre. Pero también de otros: destaca Martín de Córdoba, como acabamos de ver.

Su veneración por San Juan fue grande y la tratamos más adelante, cuando nos adentremos en el mundo cultural libresco de la Reina. Mas si grande fue el culto al Evangelista, no se queda atrás el dedicado a San Francisco de Asís. Su primer preceptor en Arévalo era franciscano —fray Juan de Tolosa, provincial de Castilla—; intentó fundar un convento en Cardeñosa en memoria de su hermano Alfonso; a estos mendicantes entregó San Juan de los Reyes; era hermana de la orden desde 1470; fundó el Estudio General franciscano en Alcalá.

Se ha dicho que tuvo dos confesores dominicos, Mateo de Jerez y Juan Carrasco, que han pasado por la Historia sin pena ni gloria, además del franciscano; también le asistieron en la purga de los pecados fray Alonso de Burgos; luego fray Hernando de Talavera, don Pedro González de Mendoza o Cisneros... En su juventud fue su capellán Alonso de Coca, el que la informó de quiénes eran el duque de Guyena y el príncipe de Aragón, a los que conoció en persona en misión secreta para ver con quién de ellos se podría casar. También fue protegida, llevada y asesorada por el arzobispo de Toledo (don Alonso Carrillo) y por el tío de éste, don Fadrique Enríquez, almirante de Castilla. Todos ellos, además de Gutiérrez de Cárdenas, Núñez de Toledo, el contador Alonso de Quintanilla y Chacón fueron conformando su personalidad espiritual, humana y política, con frutos afortunados y desafortunados, como en la vida de todo individuo.

De entre las mujeres, Beatriz de Bobadilla, Leonor de Luján y Mencía de la Torre compusieron su círculo más próximo.

El robustecimiento de la conciencia

A lo largo de su vida la princesa, y luego la Reina, conoció a otros varones que le robustecieron la conciencia. La mayor parte de los autores partidarios de la canonización han visto tres factores que incidieron en su personalidad: Dios, ella misma y sus próximos.

Fray Alonso de Burgos, conocido por «fray Mortero», es uno de tantos frailes metidos en política contra su voluntad en medio de una situación de inestabilidad social. Era dominico y vivió enceldado hasta 1468. Luego, cosas del destino, fue confesor y capellán mayor de la Reina, además de obispo de Córdoba, Cuenca y Palencia. Murió en 1499 y la propia Reina fue su albacea. Debía ser un individuo de armas tomar, violento, impositivo e intransigente, como tantos y tantos de los que pulularon por aquella corte. Sus alabadores cuentan —como anécdota graciosa— un incidente contra un alquimista en presencia de la Reina, en el que se llegó a las manos. Tal talante y tal rudeza (¿dureza?) podían sustentar una energía capaz de promover las más grandes barbaridades de nuestra Historia. A él se debe la reforma —necesaria sin duda— de aquella Iglesia corrupta y desorientada que era la de finales del siglo XV, de la que por sus propias insuficiencias daría cuenta unos años después Lutero. Con la reformación de los regulares, en Castilla se impuso una pre-reforma católica que ayudó a la paz teológica y religiosa en las muy tumultuosas décadas siguientes. Acaso gracias a este audaz golpe de mano dado durante el reinado de los Reyes Católicos, se evitó vivir en un país tan ensangrentado como la Francia de las Ocho Guerras de Religión, o el Imperio de las Guerras entre católicos y protestantes. Pero este fray Alonso de Burgos, en boca de la historiografía tradicionalista y la nacional-católica, consiguió «con su industria [que] se echaron de España los moros y judíos [...] y con su favor introdujo la inquisición en los Reinos de Castilla y León, para terror de herejes y defensa de la Iglesia»[17].

Pero ya por aquel entonces, el cronista Alonso de Palencia no muestra mucho pudor en la descalificación de este violento individuo. Dice que intentó ser dominico y que no lo consiguió. Arrimado a buen árbol, logró «cargo más elevado de lo que su erudición merecía» y, no contento con ello, «comenzó luego a buscar el favor del vulgo con sermones de más petulancia que doctrina y para suplir con cierta hipocresía lo que la falta de instrucción le rebajaba, adoptó un rostro severo y andar majestuoso, muy contra lo que exigía su natural y contra lo que ordinariamente ocurre en los años juveniles. En sus sermones tronaba con más indignación que los otros predicadores contra la liviandad y las corrompidas costumbres de los cristianos, con lo que alcanzó entre el vulgo singular opinión de virtuoso» en aquellos días de guerras civiles. Esa demagogia fue la que le sirvió para ser escuchado entre el grupo de los alfonsinos que le abrieron erróneamente las puertas de su corte en la que perdió, en los excesos que él mismo señalaba, su dignidad. No obstante, tan vulgar personaje supo mantenerse siempre cerca de Alfonso y, cuando él desapareció, siguió al que había sido su mentor, el arzobispo de Toledo, contra el que su incapacidad diplomática estuvo a punto de costarle su gracia. Dice Palencia «que fue preciso que yo, que asistía como tercero a la conferencia, interviniese con mis ruegos para calmar la justa indignación del arzobispo»[18].

Otro de los personajes que sirvieron para conformar la conciencia de Isabel fue el lamentable fray Tomás de Torquemada, confesor de los dos Reyes, dominico de profesión y organizador de la Inquisición, por lo que ha sido «perseguido y calumniado tan injustamente»[19] (!). Andando el tiempo tuvo ciertos roces con los Reyes, cosa nada de extrañar habida cuenta de la soberbia del fraile. Curiosamente, muchos de sus biógrafos se obstinan en tachar su conducta de humilde y abnegada, porque no quiso ser ni obispo de Sevilla, ni arzobispo de Toledo... claro que —según mis entendederas— fue inquisidor general, puesto de más relevancia y más cortesanía que cualquier episcopado por cuanto tenía jurisdicción sobre todo el territorio de Castilla e incluso por encima de cualquier obispo o arzobispo. A Torquemada, humilde fraile, tampoco le interesaba el poder. Sólo el retiro en su celda; sólo la abnegada oración. Murió en 1498.

Un tercer confesor, pero no el tercero en importancia, fue fray Hernando de Talavera. Estudió Teología en Salamanca y fue jerónimo. Confesor regio desde 1478, ha sido siempre alabado por su mesura y ponderación. Desde luego que entre tanto incondicional de la sojuzgación, la aparición de un fraile predispuesto a socializar por la vía de la convicción y no de la represión es digno de elogio. Fue tan cultivado que de él se decía ser el nuevo San Jerónimo.[20]

No obstante, tampoco hay que pensar que Talavera fuera un hombre permisivo, por más que se repita que era tenido por un santo entre los mismos musulmanes. Vivía en tal abstinencia que «bien pudiéransele contar los huesos, tan sólo revestidos con la piel», dice Münzer, que le vio personalmente. Por ciertas cartas cruzadas entre el confesor y la Reina en 1493, conocemos cómo fue reprendida porque hubo bailes en una misión diplomática con los franceses, o también porque en esas fiestas se sentaron a comer en las mismas mesas —al uso francés— hombres y mujeres. La Reina, con dignidad, le contesta: no bailó, no llevó trajes nuevos, salvo uno de seda con tres marcos de oro; reprendió a sus cortesanos que no fueron austeros; abominó de las fiestas de toros; y, en fin, claudica la Reina, «no se hizo cosa nueva». Y continúa la sumisa claudicación, suplicándole que «podáis determinar lo que es malo, para que se deje si en otra fiesta nos vemos». Ella no perdería nada, ya que su voluntad «está cansada en las demasías, más en todas las fiestas». Curiosamente, se debe anotar que entre los bienes de la Reina había al menos un texto para aprender a bailar, en francés.[21]

Aquel confesor esperó a la conquista de Granada para poner en práctica toda su gran lección de tolerancia que, naturalmente no estaba en sus tiempos. Tan es así que el inquisidor Lucero quiso incoar contra él un proceso tras la muerte de Isabel.

De las relaciones entre la protectora y el confesor, aquellas relaciones que empezaron obligándole él a ponerse de rodillas a la hora de confesar, por más que fuera la Reina, pues ante el delegado de Dios estaba, de aquellas relaciones, digo, se conservan tres cartas[22] de la infinidad que se cruzaron entre ellos. Al margen de las circunstancias personales que pudieran influir en la redacción de las misivas, los comentarios que se han hecho sobre ellas y que se podrían hacer ahora inciden en una serie de lugares comunes. Para empezar, la Reina parece tener una importante dependencia con respecto a su confesor, cuyos escritos «me dan vida», o, por el contrario, «no hay pasatiempo en que yo más huelgue» que en escribirle. De hecho, la primera carta, que informa de sus miedos —sobre todo el miedo ante la muerte— tras el atentado de Barcelona contra Fernando, es un explayarse sin fin al amigo que oye. Por cierto que, a raíz de este atentado, se nos vislumbra una Isabel entera: obligó a unos frailes a que confesaran al que iba a ser ejecutado por el magnicidio y eso que la gente, presa de la indignación, lo quería impedir. Es una reacción colectiva a la que, desdichadamente, nos hemos acostumbrado a ver en España. Dependencia no sólo psicológica, sino también política, porque a su confesor le implora: «No os excuséis de escribir vuestro parecer en todo [...] porque bien sé yo que, ausente, será mejor el consejo que de otro presente.»

El cuarto confesor de la Reina fue Cisneros. Se cuenta que era austero —no cabe duda—, humilde, y que no quería tampoco bailes con el poder. Menos mal, porque si hubiera sido ambicioso... Incluso fue promovido al Papado. Pertenecía al grupo de poder del cardenal Mendoza, que fue quien dio su nombre a Isabel para que entrara a sustituir a fray Hernando de Talavera. La complejidad de su ser ha sido analizada a lo largo de la Historia de múltiples maneras y, a mi modo de ver, un análisis historiográfico sobre su figura denota la evolución de la percepción de la España de los Reyes Católicos y su nexo con la España de los Austrias: destaca la carencia casi absoluta de estudios a lo largo de todo el siglo XVIII o las exaltaciones de su humildad, su austeridad, su no querer estar encumbrado. No se puede resumir en una línea quién fue Cisneros. Sólo querría anotar un dato: si a la muerte del Rey Católico él hubiera apostado por el nieto don Fernando, el más querido en Castilla, en vez de por don Carlos, el legítimo heredero, pero un perfecto desconocido, ¿cuál habría sido el curso de nuestra Historia? No habría sido extraño que se hubiera decantado por el que daba más tranquilidad a Castilla y Aragón, aunque no fuera el legítimo heredero. Cisneros optó por jugársela en pro de la carta de la legitimidad y entregó un reino inquieto a un rey que le fue absolutamente ingrato, aunque queramos ver esa ingratitud como una felonía de sus consejeros más próximos. Como es sabido, Cisneros murió en Roa de Burgos yendo a besar las manos a su monarca.[23]

«Limosnera y edificadora de templos, e monasterios, e iglesias...»[24]

Muchos son los testimonios que nos hablan de la mentalidad caritativa, lógica por otro lado, de la Reina: «Hace la reina infinitas limosnas», decía el viajero alemán.[25]

A día de hoy conocemos bien la actividad limosnera de la Reina gracias al estudio realizado por don E. Benito Ruano de las anotaciones de gastos hechas en 1487 por Pedro de Toledo, limosnero de la Reina, que fue el primer obispo de Málaga tras la Reconquista.[26] Pedro de Toledo era hijo de converso muy metido en política: Fernán Díaz de Toledo, el padre, era consejero de Juan II y se opuso decididamente a la discriminación de oficios que sobre su grupo social implantaría el *Estatuto* de Pedro Sarmiento en Toledo; igualmente, fue decidido partidario de la ejecución de don Álvaro de Luna. Dejando al margen los avatares paternos, el hijo estuvo vinculado siempre a fray Hernando de Talavera, futuro primer arzobispo de Granada, del que era deudo muy vinculado. Tuvo un hijo bastardo antes de ser obispo, pero cuando ya era sacerdote. Murió el 22 de agosto de 1499. Enterrado en su catedral, sus restos se han confundido entre los de otros durante las reformas de la metropolitana.

Empecemos el comentario de las obras de caridad reales con un dato: entre abril y diciembre de 1497 el limosnero hace entrega de alguna cantidad de dinero en cientos de ocasiones, desde Málaga a Córdoba, llegando a Santiago. Si tenemos en cuenta lo que viajó en todo el reinado, no es de extrañar que en todos sus territorios tuviera tal fama de caritativa y de defensora de los débiles porque por todas partes la debieron ver obrando así. En 1487 se entregaron en limosnas 1.532.700 maravedíes, casi tres veces más que en 1482. Sin embargo, no es la única cantidad de dinero de caridad, porque la Reina podía sacar de otros cargos «su» dinero para hacer obras pías. Lo que aquí se consigna son entregas a particulares (no a un convento, por ejemplo, como institución) de una vez y en efectivo (no una merced regia de por vida contra una renta determinada): lo que aquí se consigna son, fundamentalmente, eso, *limosnas*.

Ahora bien, en el *Libro del limosnero* se registran también pagos habituales a criados reales; se pagan materiales artísticos, se pagan objetos de culto: es decir, el limosnero acude con liquidez allí donde la caja real en un momento dado no puede llegar. Y, desde luego, el dar limosna es un acto de religión y no civil. El dinero de limosna, en ocasiones, cubre lo que una partida ordinaria no puede: ello explica que se paguen viajes de criados regios, cruces de plata, dibujos de Málaga durante el asedio... Es evidente que, aunque no se viva en un marasmo absoluto pues ya hay oficios de contadores, aún no ha madurado la hacienda regia lo suficiente como para discernir con claridad qué es una cosa y qué otra, qué pertenece a qué concepto. Téngase presente que hasta la vuelta de Aquisgrán de Carlos V no se constituyó el Consejo de Hacienda.[27]

El oficio de limosnero real en Castilla pudo instituirse, precisamente, a finales de 1486. El dinero que él daba lo recibía de «penas de cámara», es decir, de multas impuestas por autoridades municipales de realengo o reales. Sabemos que, por ejemplo, las penas de cámara de la chancillería de Granada (el «Tribunal Supremo» de Castilla al sur del Tajo) pasaban a la limosnería real, del mismo modo que las impuestas en Sevilla por el corregidor (autoridad suprema municipal, nombrado por los reyes) en temas inherentes a la Corona. Así, en efecto, el limosnero ha ido anotando que en Córdoba un penado le pagó directamente la multa; que recibió de un tercero una fabulosa suma (70.000 maravedíes) con que se había penado a un judío en Madrid; recibió las penas de Trujillo, Cuenca, Écija (no todo lo que tendría que haber dado el corregidor, «que non quiso dar más el corregidor» —a saber en qué acabó su carrera política—)[28], Murcia, Albacete, penas por juegos y baratos de tahúres; una taza de plata de otra multa; cantidades astronómicas de pan vendido por encima del precio en Córdoba; lo que reciben los Reyes de «yantares» desde Santiago a Linares... y préstamos de banqueros, como esos cien mil maravedíes que recibió el limosnero de Juan Bautista, genovés (ent[rada] 913). Por cierto, la presencia de genoveses en Andalucía es un clásico desde la Paz de Lodi de 1452 y el «reparto» del Mediterráneo entre venecianos y genoveses. No nos extrañen sus andanzas por estas tierras.

Tan joven cargo tiene su manifestación en el *Libro...*, al anotarse en una de las partidas «esto fue al comienzo de mi oficio, que no sabía bien la manera que debía tener...» (ents. 218-221).

Al paso de los Reyes o en donde momentáneamente estuviera la corte establecida, ora un alcázar, ora un palacio cristiano, ora un real, acudirían esos que llamaban «personas envergonzantes» y que poco después serían catalogados como «pobres verdaderos», indigentes, mutilados, lisiados, heridos de guerra, a quienes sólo la solidaridad horizontal, la de sus convecinos, podía dar algo para comer. Se trata, siempre, de personajes que han perdido los lazos con su medio ambiente social y han de recurrir a la ayuda exterior. Porque no lo olvidemos: el verdadero indigente es el que no tiene ni siquiera una familia que le palie la vulnerabilidad individual. La Reina actúa de manera ejemplar: es, por un lado, la ejemplificación de la obligación cristiana de dar limosna para redimirse el rico de sus pecados, socorriendo al pobre, encarnación de Cristo en la Tierra. Por otro lado, es un ejemplo para todos: si la Reina es solidaria, todos han de serlo; donde ella corrija una anomalía, antes debería haber sido corregida por las autoridades pertinentes.

Veamos cómo actúa en una localidad de importancia: Medina del Campo (ents. 224 y ss.). Allí le comunican quiénes son *envergonzantes*, pero a «otros hallé yo»: es evidente que la generosidad de la limosna implica formar parte de una estructura social. Si estás dentro, apareces en la relación; si no, no percibes solidaridad. Por Medina van juntos el limosnero y el capellán. Dan limosna a un tullido; «a un hombre que estaba en la cama seis meses»; a un «escudero envergonzante [...] hombre de honra y muy pobre y con hijos»; a una «dotora»; al otro arruinado en la vida, «hombre que se vio en mucha honra y está muy pobre»; «a las que vinieron del monasterio de Segovia»; a la otra, «que estaba en la cama parida, mujer muy pobre», pero conocida en Medina, porque era «la mujer de Tremiño», por ello tal vez recibió también para el hijo, etc. Entre los beneficiarios extra-oficiales, está «la mujer que dejó el mudo, de que me informó Dionisio y hallé por verdad». ¡Tampoco es desdichada la situación de «Muñoz, el repostero, que ni tenía de qué comer»!; Su Alteza manda —saliéndose de la estructura de pobres-oficiales— que se dé dinero a otras mujeres de las que no tienen nada; aparece «la mujer del niño»; un tal Angulo señaló a «unas pobres»; también fue recomendada para recibir limosna «la mujer del mantillo empeñado»; y la partida mayor se la llevaron «pobres que demandaron a Su Alteza a la Semana Santa y los pobres de la puerta de palacio». Dar limosna, insisto, no es un acto al margen de las estructuras de poder.

El espectáculo en Salamanca fue vistoso también, «estaba una sala llena dellos [en palacio] y todos dieron peticiones» (ent. 249).

En 1487 está el real sitiando Málaga, ciudad de la que, por la resistencia, fueron hechos presos los moros y, como no pagaran su rescate, se les vendió como esclavos, en cantidad de hasta once mil, según dice el cura de Los Palacios.[29] En medio del fragor de la guerra de Granada, al campamento regio de Málaga acude a la Reina, muerto de hambre, un guanche,

«Guadarteme», al que le dan cuatro reales para comer. Había sido rey en Canarias.

Un vez rescatada Málaga, se sacaron de las cárceles a setecientos cristianos presos, a quienes «el Rey les mandó dar de comer y de beber y les mandó desherrar, y los mandaron vestir y dar limosnas, para despensa de cada uno donde quisiese ir y así fue hecho y cumplido», según dice un cronista de los sucesos.[30] Lo cual es verdad, pero también que no se estiró mucho la Reina con los cautivos presos: «Di a Bernal de Pisa dos doblas castellanas y un florín de rin [*sic*] y una corona para alquilar las bestias en que llevasen los presos que tenían en el alcazaba y para les dar de comer, que me lo mandó su Alteza, además de los mil y sesenta maravedíes que le había dado. Que montan [mil doscientos noventa maravedíes].» En efecto, hay otra partida de caridad para otros presos después de la conquista de Málaga (que había sido el 18 de agosto de 1487): «En X de septiembre de LXXXVII, en Málaga, di a Bernal de Pisa, alguacil de sus Altezas, cuatro florines para dar de comer a treinta y tres presos que tenía en la mazmorra; mandólo su Alteza [mil sesenta maravedíes].»[31] Si comparamos las cantidades, o no había tantos presos como narraba el cronista, o la Reina, en efecto, sólo se ocupó de una pequeña porción del gran gasto que suponía socorrer a aquellos setecientos liberados. Sin embargo, existe otra partida de 2.500 maravedíes para que «se diese de merendar a los cautivos cuando saliesen de la alcazaba de Málaga, a la venida a la tienda de Sus Altezas, para lo cual se compró que fueron para cautivos, pan e duraznos, peras e uvas e quesos. [...] El vino se volvió [léase *se devolvió*] a los que lo vendieron» (ent. 809), probablemente para que no hubiera borrachos ante la Reina o que no se festejase la libertad con alcohol.

Por el contrario, al levantarse el sitio tras la conquista, es pródiga en compensaciones: amparó a seis cautivos traídos de Vélez Málaga (ent. 750); los viernes se daba a María de Robles, frecuente intermediaria de las limosnas, un par de reales (ents. 751-752, 755); también al secretario del obispo que redactó las peticiones de bulas del patronato regio de Granada (ent. 754) y se entregaron al limosnero mil doblas para repartir entre caballeros y escuderos heridos o entre otras personas. El primero del registro es uno de Salvatierra (ent. 753); y otro un pícaro, «éste no se quiso curar; debiera ser burla su mal» (ent. 756); don Álvaro de Bazán recibió 36.500 maravedíes (ent. 758); don Carlos Ladrón de Guevara, la mitad; el otro don Carlos, de don Beltrán de Guevara, otro tanto; y de ahí abajo hasta casi cien entradas de limosnas. El que no es un herido, es un recomendado de un señor; y el que no era vizcaíno era asturiano, o gallego, o castellano en general. Fueron agraciados cantores, músicos o capellanes; duques, condes y sus hijos, soldados y escuderos. Otros son rescatados, que eran cautivos; muchos enfermos para que se retiraran a sus casas; a los otros, que por servir a los Reyes abandonaron sus puestos y «les hurtaron sus dineros» (ents. 803, 806); y un sinfín de heridos, cojos, mancos, dolientes, e incluso familias enteras de dependientes sólo de la caridad, tras una guerra.

También anduvo generosa en el adoctrinar a mujeres moriscas o en vestirlas a la cristiana: a una beata cordobesa le da 310 maravedíes para que catequice a Catalina y a Malfata (ent. 81); al pobre limosnero le cae un regalo: «Todas las otras quedaron en mi posada, éstas aparté de ellas...» Supongo que quedaron en su posada y a su cargo, pero ¿cuántas? Hay una partida (nº. 87) de la que se benefician diez mujeres «que vinieron de Málaga» para comprarles ropajes, y que asciende a más de cuatro mil maravedíes; y al fin, la intérprete, «di a Villaseca, la que habla morisco, que lo mandó su Alteza, con que fuese a su tierra, dos mil maravedíes». Supongo que, trasladada a Córdoba, se le autoriza la vuelta a Málaga. Hay más conversiones auspiciadas por Isabel: «...y con su hermana la que se tornó cristiana, Elvirica, y con una esclava negra» que fueron llevadas a Santorcaz, localidad antaño templaria que está cerca de Madrid.

La conquista de Málaga sirvió para que los del norte bajaran en verano al sur: «Dí a Ruberto inglés y a Bulen inglés, por libramiento de Sus altezas, porque les vinieron a servir como flecheros, seis mil maravedíes». Luego, algunos se fueron a Santiago a rezar al Apóstol. Guillermo Marstum, criado del rey de Inglaterra, vino con el conde de Escalas y «se le morió un caballo» yendo de peregrinación e Isabel mandó recompensarle, como a otros criados del susodicho conde antes de embarcarse; tal Johan Morton, de Londres, «que estuvo en la guerra de los moros con el marqués de Cádiz» (supongo que, entre otros lugares, en el sitio de Málaga) (ents. 514-517 y 675-676; 703, 727, etc.); había en el Carpio «un extranjero del artillería» que recibió su limosna por mandado del Rey: extranjero en la ingeniería de la artillería, y Castilla siempre a remolque del desarrollo técnico (ent. 887); de entre los de Centroeuropa hay otro «dí a Miguel alemán, que fue herido en el real...» (ent. 886).

Por estas fechas a un ciego y a un niño ciego les robaron las capas en Valdepeñas y la Reina les ayudó (ent. 108); una corte itinerante deja atrás a los que no pueden ir a su ritmo, «dí a Perca, hermano del gallego que quedó enfermo en Ocaña, dos veces Sangrando en mucho mal...» (ent. 113); «quedaron enfermos en Santiago...» (ent. 129); y sin ser exhaustivo, anoto que se le compra una mula a un cura (ent. 124); que se da «para vestir un niño» (ent. 125); que se compran ropas a La Latina; a la otra que se va a Córdoba llegado el día «para su parto« (ent. 90); a una loca en La Almunia (ent. 137) y al hazmerreír cortesano, «el galleguillo loquillo», recibió tela para un sayo y para otros vestidos y se le invitó a «la posada, que debía sueldo y medio» (ents. 136 y 144); se pagan las pieles para empezar a hacer un Breviario y todos los materiales necesarios (ents. 139, 146, 172); se manda encuadernar libros de doña Isabel (ent. 170); relojes, artificios y hechuras artísticas, etc.

De limosnas de la Reina se pagan dispensaciones y galas para la inminente boda del príncipe y de la infanta, aunque quede aún tiempo para su celebración (ents. 80 y *passim*); también aparecen salpicadas entradas de gastos del movimiento de la infanta, entre otros, unos guantes de nutria (ent. 134); la mula que se murió y que llevaba cosas de la niña (ent. 141); a todos los pajes de Isabel; a uno que se sintió menospreciado (ent. 138)...

Y, en fin, el 18 de octubre de 1487, en Linares, la Reina en persona manda a un portugués que vaya a ver al limosnero y recibe una importante suma, casi once mil maravedíes. Ese «portugués» —nos aclara Benito Ruano—, del que no se anota el nombre porque no lo recuerda el oficial real, resultaría ser Colón, a quien, como venía del reino vecino, se le tuvo por oriundo de allá y no de Génova. Nada más.

Los orígenes del mecenazgo real

Dejamos al lado la función caritativa y limosnera y nos interesamos por otro mundo cultural. Ahora trazaremos las líneas maestras del mecenazgo regio, bien en fundaciones sagradas, como en otras actividades políticas, y que nos disculpe Andrés Bernáldez, a quien le debemos el título del epígrafe anterior.

Se sabe, como hemos visto, que el humanismo italiano había entrado en Castilla ya en tiempos de Juan II. Mas la consolidación de una nueva cultura, en cuyo proceso el choque entre lo antiguo y lo moderno, y por ende las contradicciones, pervivencias de lo pasado e incertidumbres por lo venir, estarán en el quehacer cotidiano, tiene lugar en tiempos de la reina Isabel de Castilla. La expansión aragonesa por el Mediterráneo y el influjo de Sicilia o Nápoles serían las claves para comprender la introducción del humanismo italiano en la otra Corona peninsular.

Era un momento de convulsión cultural que los Reyes supieron estimular: especialmente la Reina. Propaganda, creación literaria y coleccionismo real fueron tres pilares de la cultura personal-oficial de la reina Isabel. Con ella se inauguraron muchas novedades de la tradición de la Casa Real en los siglos siguientes y se sentaron bases de la cultura política y de la concepción de *lo propio* frente a *lo ajeno*; de exaltación de la *alteridad* como una de las razones que mueven a hacer política.

La mezcolanza entre piedad, religiosidad y devoción tuvo como consecuencia que, ya en edad adulta, la Reina se preocupara por la edificación o la decoración de las iglesias, a lo cual nosotros lo llamamos mecenazgo real.[32] En efecto, los Reyes fundaron instituciones eclesiásticas, restauraron otras en mal estado, o dotaron a algunas necesitadas. Todo ello estaba bien revestido de costumbrismo medieval: debe ser difícil no hallar un rey premoderno que no se ocupe en dejar su impronta en el mundo material religioso. Mas en el caso de Isabel y de Fernando, la novedad estriba, al parecer, en la politización de ese mecenazgo regio. Es verdad que no hay construcciones porque sí; esto es, un edificio o tiene carácter triunfal o lo tiene conmemorativo; los propios Reyes cuando donan un cuadro con la efigie regia quieren que represente su presencia «virtual», con todo su poder soberano, no que sea un retrato de unas meras personas. El ejemplo de toda la ciudad de Granada como símbolo de la reconstrucción cristiana y manifestación del poder real es tan conocido como de necesaria cita: Catedral, Capilla y Panteón Real (con Isabel y Fernado; Juana y Felipe; Miguel), nuevos trazados urbanísticos... En los alcázares de Sevilla también actuaron para dejar la impronta de la nueva monarquía.

Además de San Juan de los Reyes (construido para conmemorar la victoria sobre Portugal), o Santo Tomás de Ávila, por citar dos fundaciones de excepcional importancia, no se debe perder de vista el «Paraíso» (como solía decir ella misma y testimonia Münzer después de reconquistar Granada) que la Reina se construyó en Guadalupe: Palacio Real, estancias a su gusto, fuentes, jardines y oratorio.

Otra de las manifestaciones de la eclosión de la simbología real es en la retratística. Por ejemplo, si comparáramos la iconografía de Enrique IV con la de Fernando o con la de Isabel, por separado, o con la de los Reyes Católicos, las diferencias serían tan notables como inimaginables. De Enrique IV no queda rastro (un par de dibujos); al servicio de los Reyes Católicos hubo pintores traídos del Norte de Europa. Ellos inauguraron una práctica que fue común en los reyes de la Casa de Austria, como es bien conocida: contar con los mejores artistas, y al precio que fuera, para representar en alegorías laicas o religiosas a los monarcas.

Por otro lado, la tradición medieval se mantuvo en otro fenómeno: la carencia de un Palacio Real de representación. A Enrique IV le ocurrió lo mismo (Segovia o Madrid serían los alcázares más significados) y con Carlos V volvería a suceder otro tanto (Granada, en un sueño de lozanía, Toledo, Madrid...). No será sino hasta Felipe II y 1561 en que la corte se establezca temporalmente en Madrid hasta que se convierta a esta villa en el referente del fin de la trashumancia cortesana y a su alcázar como primer símbolo de ese poder político que, luego, fue superado con amplitud por El Escorial (y más tarde completado por El Retiro).

Aunque los Reyes Católicos no tuvieron ese palacio real, se ha atribuido tal función al alcázar de Segovia porque, además de la tradición, en él se albergaba el tesoro regio.

En el otro lado de la balanza, la función de difusión del nuevo humanismo tuvo en las manos de la Reina uno de sus más importantes promotores. De sobra es sabido que Pedro Mártir rigió una escuela para adoctrinar a los hijos de la nobleza; que se contó con una excelente pléyade de humanistas y que no se cerró ninguna puerta a nadie, aunque es verdad que como comían de estas cosas, se tiraban los trastos a la cabeza por lograr plaza, sobre todo las cátedras universitarias: ¡qué humanística sigue siendo la España de hoy!

De esa escuela palatina la descripción más famosa es la del viajero alemán Jerónimo Münzer, que estuvo por España entre 1494 y 1495, el cual, tras poner de manifiesto cómo todas las clases sociales pudientes «cultivan las materias que conciernen a las Humanidades», afirma:

> «Conocí en Madrid a un laureado y consumado poeta, llamado Pedro Mártir de Milán, autor de un insigne poema en loor de los Reyes, que regenta un estudio en el que enseña a los hijos de los grandes. Éste me invitó a asistir a una de sus lecciones, como lo hice. Eran sus discípulos el duque de Villahermosa, el duque de Cardona, hijo del conde de Cifuentes, don Juan Carrillo, don Pedro de Mendoza, hijo de una hermana del conde de Tendilla, y otros muchos de nobles familias a los que oí recitar a Juvenal, a Horacio... todos ellos en número de cuarenta, son mozos esclarecidos, servidores de la Casa Real. Tienen maestros de diversas disciplinas y despiertan en España el gusto por las Letras. Distribuyen el

tiempo entre el estudio, el servicio del rey y la caza, con el fin de no perder en el ocio ni una sola hora.»[33]

Aún más. En 1501, al ser mandado como embajador a Egipto, se le tituló «maestro en las artes liberales de los hijos de los nobles que se crían en nuestro Palacio y andan en nuestra Corte». En 1504 recibía quitación como «maestro de los caballeros de la Corte de su Alteza, de las Artes liberales»[34].

Nuestro humanista fue traído en 1488 a España por el conde de Tendilla tras su estancia en Roma como embajador de los Reyes.[35] La causa por la que vino fue por la fama de paz que había en España, mientras que en Italia todo era caos y desorden. Tan pronto como llegó a nuestro país se sintió impresionado por él... y por los Reyes. «España es el único país feliz»[36], o también, «profeso veneración al rey y a la reina de España»; «no quisiera vivir en ninguna otra parte, de no ser España. Me agradan sobremanera tus Reyes, lo mismo que la nobleza española. Del pueblo no me preocupo»; «no tiene interés para mí el pueblo, al que siempre tuve en menos». Una *laudatio* directa se la dedica a Isabel. Piropos que, como vemos, decía a quien hubiera que decir:

> «Yo en persona te vi, yo escuché con avidez las vivas palabras que de tu boca salían. Es evidente que bajo esa cobertura humana se esconden virtudes celestiales. Esto es, altísima señora, lo que siento acerca de ti sin el menor asomo de adulación.»[37]

Al igual que tantos, se sintió fascinado por la guerra de Granada y quiso posponer el ser maestro al hecho de participar en aquella campaña, «sigamos ahora a Marte, supuesto que nos llama a una guerra tan justa». Y siguió a Marte, pues se armó y unió al ejército real en Jaén. Este tema le llevó a discutir con Isabel, «tal vez hubieras querido altísima señora, *pues eres amante de las letras*, que abriera una academia para los nobles jóvenes de tu corte. Te ruego perdones que de momento la toga ceda a las armas» (1488); pocos años después, como vimos, la tal academia funcionaba a pleno rendimiento.

El cambio de hábitos tuvo lugar, naturalmente, nada más tomarse Granada: «Yo también, al cesar la guerra, nombrado canónigo, me refugio en Saturno [...] durante algunos meses fijaré mi residencia en esta ciudad para, al lado de este Santo varón [el confesor Talavera al que la Reina busca sustituto interrogando por todas partes que pasa], cambiar mi indumentaria de romúlea en pompilia y abrazar, despojándome de mi antigua condición, una nueva vida...»[38]

Es cierto, ya en abril de 1492 dialoga epistolarmente con el arzobispo de Toledo sobre que Isabel le ha pedido que instruya a los jóvenes nobles que «enredados en devaneos amorosos, con grande disgusto de la Reina, pasan la vida sin pena ni gloria». Acepta el papel porque se lo piden; pero lo acepta de mal grado porque es duro meter en cintura a la juventud nobiliaria, y más aún a la española que ha despreciado al hombre de letras que no se ha dedicado a la vida militar. Sin embargo, un rayo de esperanza, «dotados por la naturaleza de alto espíritu, tal vez con más facilidad que sospechamos, sean inducidos al amor de las letras, cuyo sabor es tan agradable»[39]. También le anima a aceptar la responsabilidad el secretario Muros, del cardenal Mendoza, mientras que se enfrenta con uno de los ayos del príncipe Juan. A finales de abril de 1492 se despedía definitivamente del conde de Tendilla (aunque seguirán escribiéndose) y pasaba a otro patronato: el real.

Siglo y medio después, otro gran político, el Conde-Duque, volverá a plantear la necesidad de instruir a la juventud de la nobleza y que deje de estar ociosa o malentretenida en conjuraciones políticas. Socialmente, que cada individuo de un grupo cumpla con sus papeles.

Por otro lado, Nebrija[40] —al que Anglería describió como «te tengo en opinión de sabio, a juzgar por las cosas que me entero salen de tu oficina»— es el catalizador de este nuevo mundo cultural con la dedicatoria de la *Gramática* a Su Alteza, uniendo lengua, ciencia y política de tal manera que aún hoy se discute sobre esa explosiva combinación. Hay una escena, descrita por el humanista, muy reveladora: cuando le lleva el texto a la Reina, ésta le pregunta que para qué podría servir el libro; el confesor Talavera, que estaba presente, no dejó hablar al hombre docto pues explicó a la Reina que con la gramática se podría explicar a los pueblos que iban a ser vencidos la lengua que habrían de aprender para entender el Evangelio y la nueva cultura que les llegaba.

Si hubiera que definir los poderes allá reunidos, me encontraría con el poder político, el eclesial y el cultural, en consejo alrededor de la lengua. La trascendencia de la exaltación del castellano estriba no sólo en ese hecho en sí, sino también en que en pleno momento de cumbre del humanismo, en Castilla y a instancias de la Reina, se permitían el lujo de comparar las calidades del latín y de la lengua vernácula, en pie de igualdad. No ya sólo las conquistas contra infieles, la fuerza contra apóstatas, el descubrimiento de otras tierras, sino que la propia lengua era también grandiosa. Si al Imperio Romano correspondía el latín, al Imperio Hispánico, el castellano. No obstante, esta exaltación tuvo sus titubeos porque no era fácil destronar al latín. Ahora bien, es muy curioso comprobar cómo las gramáticas castellanas se han adelantado décadas a las de otras lenguas vernáculas: conciencia de hegemonía (¿superioridad?) evidente... y bien ganada porque es una realidad que no hay por qué enmascararla ni hacerla de menos: la Corona de Castilla se siente entonces poderosa y, unos pocos lustros después, no sólo se sentirá, sino que será la hegemónica de Europa hasta mediados del siglo XVII.

Creo firmemente en el protagonismo de Isabel en todo este entramado cultural. Me baso en más testimonios. Ella insta a Nebrija a hacer su gramática latina en 1486. Pero le insta a que la haga en castellano para que la puedan leer —y aprender latín— las mujeres sin ayuda de varón. Desde 1487 está recibiendo clases de Beatriz Galindo, *La Latina* (según las cuentas del tesorero Baeza); y en 1500 también indica a un bachiller Sepúlveda que meta en un convento de monjas de Granada a su hija, que sabe latín, para que se lo enseñe a las demás enclaustradas para hacerles así más llevadera su vida.[41]

Una de las transformaciones más importantes de la cultura de la época fue el inicio de la andadura de la secularización de la Historia: su camino lo había trazado el hombre, no la Providencia. La Historia era, pues, un resultado político. Por eso la trascendencia de la cronística oficial[42] de marcado carácter nacionalista.[43]

Durante la época de Isabel, los humanistas que llegaron a Castilla no solían hacerlo ya como legados políticos de sus repúblicas, sino que venían atraídos por el poder que irradiaban aquellas Coronas por toda Europa y dispuestos a dedicarse al cultivo de las *humanitates*. Ahora bien, aquellos humanistas no eran hermanas de la caridad: «Te lamentas de que el insigne gramático Nebrija te ha injuriado con cierta afrenta deshonrosa. [...] Es al ama a quien se lo debes decir y no a Mártir...»[44] En carta a su protector, el conde de Tendilla, Anglería no se muerde la lengua: «Fuertes, tu compañero, destacado ignorante entre los ignorantes...» y siguen dos folios de piropos.[45]

Otro de los aspectos novedosos de aquel reinado es la conversión del «tesoro real» en «colección real». El tesoro real era ese fondo constituido por el burdo acopio de piezas de incalculable valor hechas con materiales preciosos: así las treinta y cuatro efigies de oro de los reyes de España que tenía Enrique IV en Segovia; o aquel sinfín de tazas, jarras, saleros o relicarios de oro, jaspe, cristal, porcelana y demás, así como tapices, alfombras y entelados de todo tipo que era lo que hacía vivir a las artes decorativas en la transición de un siglo a otro y que tenía Isabel al morir. No obstante, parece ser que, en los últimos años del reinado de Isabel, sus gustos fueron refinándose: el tesoro real no era un almacén de objetos preciosos y suntuarios, aunque de factura burda, sino que los hay ya de marcado carácter ideológico y de hechura fina.

En 1499, Margarita de Austria, esposa del príncipe don Juan, tiene una colección de tablas al óleo (es la primera vez que aparecen pinturas en una serie real). Más adelante, en los bienes de Isabel hay tablas pequeñas, normalmente devotas, pero de firma importante: Juan de Flandes, Memling, Van der Weyden, Bouts, y demás; sólo dos piezas italianas, Perugino y Botticelli y algo de españoles. Gustos, pues, devotos y sobre todo de origen flamenco, como devota y flamenca era aquella corriente religiosa del recogimiento que fue la *devotio moderna*.

Se podría afirmar que las influencias humanísticas en Isabel fueron muy claras: lo flamenco para lo espiritual (como no podía ser menos); lo italianizante para lo nacionalista y para la exaltación regia (como tampoco podía ser menos).

La consolidación de la cultura flamenca en España, que tuvo lugar en tiempos de Carlos V (fundamentalmente la llegada del erasmismo), se produjo gracias a que las puertas habían sido abiertas ya por la corte de Isabel de Castilla.

Además, al estilo italiano, la reina Isabel (y el rey Fernando, pero nos interesa ella) se convirtió en una mecenas. No había ningún inconveniente, es más, era cosa justa elogiarla y exaltarla, en singular y con magnificencia. Era honorable dedicarle cuantas *laudationes* requirieran los tiempos. Eran cuestiones de justicia. Lo que ha ocurrido es que historiografías romas y pacatas han usado esas alabanzas como fuentes objetivas históricas, sin darse cuenta de que eran un producto político necesario. Y así se ha ido malinterpretando la historia de su reinado.

«Parece mentira que una mujer pueda entender de tantas cosas...»[46]

No hay duda, pues, de las inquietudes culturales de la Reina, aunque hay que dejar claro que no aprendía en tanto en cuanto que mujer, sino en tanto en cuanto que Reina, superando así la formación femenina (de género) o la personal (la de Isabel, como hija de sus padres...).

No hay duda, tampoco, de su intervención en la corrección, traducción o difusión de textos: Nebrija en sus textos filológicos, Mosén Diego de Valera en su *Crónica de España* (de Sevilla, 1482)[47].

A lo largo de su vida, Isabel reunió unos cuatrocientos volúmenes entre todas las bibliotecas reales, esparcidas por Granada, Segovia, Toledo, Madrid y demás. Gran parte de la biblioteca pasó a El Escorial en 1591. ¡Qué duda cabe que en este sentido, Isabel actúa como una más de entre los nobles! En efecto, a lo largo del siglo XV, la posesión de manuscritos y el prestigio que daba el tener letras fue otra norma más de distinción del grupo estamental superior.[48] Poseer una biblioteca interesante era necesario, prestigiaba y adornada al dueño. Poseerla, lo cual no implica leer los libros.

Aquella librería regia[49] guardaba las inquietudes del saber de Isabel-mujer y de la reina de Castilla. No eran pocas las obras religiosas que poseyó, bien de los Testamentos, parciales o totales, bien de otras Sagradas Escrituras. Al parecer, muchos Salmos en versiones diferentes, de Torquemada o de Savonarola por ejemplo.

Tuvo obras gramaticales y lexicográficas que sin duda las usó en su vida cultural, como las doctrinas emanadas de los clásicos que leyó: Aristóteles, Tito Livio, Cicerón, Plinio, Virgilio, Salustio, Terencio, Séneca, Justino, Valerio Máximo, Orosio o Quinto Curcio, Esopo; algunos textos en manuscrito y otros, incluso, glosados por alguno de sus nobles.

Poseía, además, obras de lectura poco edificantes para los frailes de la época y los comentaristas franquistas: Poggio Bracciolini, Boccaccio. Como de «laxitud de la Reina Católica», ha sido calificado el hecho de tener libros de estos autores. Poseyó una buena colección de obras de caballería: ¿eran bienes que se tenían, o el tenerlos implicaría leerlos y por tanto aceptarlos? En ese caso, ¡la reina Isabel se reía de su entorno al menospreciar en unas cartas el baile y deleitarse leyendo libros no aptos para mujeres!

No tenía muchos en francés, sólo tres, y reunió una importante colección de nuestras obras pioneras de la literatura. Así unas *Cantigas*, obras del XIV y textos ejemplares, como *El conde Lucanor* o las *Coplas del Arcipreste de Hita* (o sea, El *Libro de Buen Amor*). Parece ser que faltaban los clásicos del XV: Santillana, Mena, Pérez de Guzmán, Juan Alonso de Baena, el del *Cancionero*.

Estaban presentes obras de urbanidad de Álvaro de Luna, o textos moralizadores como los del arcipreste de Talavera; había algunos doctrinarios para aleccionar a los servidores de la Iglesia, como aquel *Doctrina a una monja*.

Los más numerosos, los textos religiosos, como no podía ser de otra manera. Poseía copias manuscritas de la Sagrada

Escritura. El hecho en sí, tiene importancia, porque uno de los problemas más graves del cristianismo en la transición del XV al XVI y, aún más, hasta Trento fue el de fijar correctamente los textos sagrados. Para ello se reunieron humanistas, filólogos y teólogos (por separado o en la misma persona); para ello se crearon universidades (Alcalá); para ello se editaron Biblias (la *Políglota* de Cisneros; más tarde la *Biblia Regia* de Arias Montano). La circulación de manuscritos, que aunque sólo formalmente, o por las manos que lo hicieran, podemos imaginarlos cada uno distinto del anterior y del siguiente, era peligrosa porque podían andar sin control. Ésa es, sin embargo, la gran ventaja de la imprenta, también en el mundo católico: se imprimen cientos o miles de copias todas exactamente iguales y, por tanto, revisada una, se han revisado las demás y el censor esa noche duerme tranquilo porque sabe que los ejemplares puestos a la venta en Málaga no son diferentes de los puestos a la venta en Hannover. Es de esperar que los textos manuscritos de la Reina hubieran sido revisados por sus preceptores y por sus confesores para retirarlos si no eran convenientes, más aún teniendo en cuenta que algunos estaban en romance, en castellano.

Al parecer la Reina tenía muchas exégesis, sobre todo de los Salmos como dije antes, probablemente porque su lectura era gratificante: textos breves y ejemplares a los que los comentaristas han ido dando luz y color a lo largo de los tiempos. Por aquellos baúles y anaqueles había escritos de San Agustín y de San Jerónimo; de San Gregorio; de San Isidoro y tantos más padres de la Iglesia.

Había también más textos ejemplares: muchas *vidas de Santos*, tan queridas por la cultura media renacentista. Descripciones de las virtudes de los modelos sociales, de los «desviados sociales positivos»; vidas de Santos o hagiografías en romance, en francés, en latín.

Su formación moral y religiosa estaba en muy buenas manos. No había dudas en lo que leyó: Kempis, Ludolfo de Sajonia, Lulio, Eiximenis; fray Hernando de Talavera; Alonso de Cartagena y todos los demás moralizadores españoles de la Baja Edad Media.

Un par de libros de descripción de los infiernos se podrían unir a otras descripciones de la tierra y los astros. Poseyó, ciertamente, un texto astrológico, algunos médicos y otros de las *propiedades de las cosas* (el preámbulo de la Física). Alguna obra de prodigios, de las muy difundidas en el XV, tanto impresa como manuscrita.

No menos de media docena de *relojes de príncipes*, es decir, de obras de reflexión sobre el oficio principesco, sobre la socialización-moral del rey en el ejercicio del poder; así como ordenamientos de grupos sociales jerárquicos, los de la Casa Real, los de las Órdenes Militares de San Juan y Santiago.

Había también ejemplares en los que se explicaba cómo debía actuar en sociedad un noble, así *doctrinales de caballeros* u *oficios de nobles*, y explicaciones del sentido de la vida, *espejos de la vida*...

De entre los libros para la educación de príncipes y nobles, no podían dejarse a un lado las obras de montería y cetrería, en impreso, manuscrito, romance o francés... Artes éstas que tanto cautivaban a Enrique y luego a los demás reyes de la Casa de Austria.

No podían faltar teóricos de la socialización de la mujer, como —de nuevo— Eiximenis, Cristina de Pisan (la francesa), fray Martín Talavera y Álvaro de Luna, así como otro anónimo.

Entre los textos jurídicos, está toda la literatura sobre la materia que se podía poseer a finales del XV: el *Fuero Real* o *Las Partidas*, fueros locales de Sevilla o Madrid, escritos y comentarios jurídicos por los más importantes comentaristas tardo medievales.

También tenía obras de carácter geográfico-fiscal, descripciones y corografías, que todo buen gobernante debía poseer, como Felipe II sus *Relaciones Topográficas* en la Biblioteca de El Escorial.

Obras jurídicas, descripciones territoriales y... libros de Historia. Ésos son los tres pilares sobre los que sustentar el poder hegemónico. La *Grande e General Estoria,* la *Crónica General,* además de crónicas de los reyes y, por supuesto, los necesarios resúmenes de la Historia, bajo títulos de *Mar de Historias,* compendios, atalayas de crónicas o sumas...

Había también, como señala Sánchez Cantón, obras no ya generales, sino particulares, bien biografías de reyes, bien de sucesos particulares, siendo una biblioteca histórica bastante bien nutrida, incluso con el manuscrito de algún historiador o sus anotaciones. Hay algunas obras de Historia extranjera, esencialmente, francesa.

La vida religiosa se debía acompañar con música, que en esta biblioteca cubre dos espacios, el profano y el sacral. Canto para órgano, oficios, canciones, hasta casi la docena de textos. Pero también, casi contra su pesar, había libros de danza —franceses— y para solaz un *Breviario sobre la sed* que era un barril disimulado en forma de libro.

Llama la atención a todos los que se han acercado a sus anaqueles el que guardara los cuadernos que sirvieron para la educación del príncipe Juan: «Cinco cartapacios de cuando al príncipe se mostraba latín», además de libros de canto, cuadernitos en latín, cinco diarios, cartillas iluminadas y, en fin, todo lo que el desdichado fue produciendo a lo largo de su vida.

Entre los criados regios, había unos iluminadores a sueldo (cobraban menos que los pintores) que crearon impresionantes obras del arte bibliofílico. Los libros de *Horas*, los *Breviarios* que pertenecieron a la Reina, nos despiertan la sensibilidad ante tan cuidados trabajos a pesar de la imperfección técnica (que no quiere decir mediocridad). Esos iluminadores fueron casi todos españoles; sentían con rapidez el influjo flamenco, aunque al parecer no se rodeó de los mejores de Europa.[50]

Y entre tantos escritos, ¿ninguno desviado? Es sorprendente hallar en uno de los índices inquisitoriales una de las obras que poseyó Isabel. Así, en efecto, de Pedro Jiménez de Prejano (teólogo y obispo de Coria, muerto en 1495) hallamos su *Lucero de la vida cristiana*. Este *Lucero* se editó por vez primera en Salamanca en 1493 y hasta 1543 conoció nueve ediciones en castellano; además, una en catalán (1495) y otra en neerlandés (1518). Estaba dedicado a los Reyes Católicos y apareció en 1559 en el *Index librorum prohibitorum*.[51]

Alrededor de cuatrocientos ejemplares. No son pocos: ¡cuántos tuvieran hogaño tal cantidad de libros con los que deleitarse la vista, el espíritu, la imaginación! Mas esos volúmenes no estaban concentrados en un único lugar, por lo que en puridad no podemos hablar de «colección» de tal aglomerado disperso de libros. Una de las ventajas de la corte estable (Madrid, 1561) será, precisamente, la de reunir todos los libros regios en una biblioteca..., y también los cadáveres de los antepasados y sucesores en un panteón. Es cosa de reunir bienes inánimes.

La cantidad de manuscritos e impresos era importante. Importante porque —es obvio— no todo lo habrían leído los reyes. No era necesario ni útil, porque los reyes lo que tenían que hacer era otra cosa y no pasarse el día entre elucubraciones o entretenimientos. Los reyes lo que tienen que hacer es gobernar. Mas, sin embargo, reyes instruidos como ellos, sobre todo la Reina, al poseer tal biblioteca estaban legitimando, por una vía innovadora, las fuerzas de su poder. El rey debía ser patrono de las artes y partícipe de ellas. Por eso el simbolismo político de las grandes bibliotecas. Pero, además, aunque la Reina no se fuera de «tiendas» a la búsqueda de las últimas novedades editoriales, que tampoco sería su función, lo que sí podía saber el humanismo castellano es que su Reina apoyaba la edición de obras, que guardaba las que se le enviaran y que, en fin, no despreciaba la creación literaria en sentido amplio. Tampoco hacía ascos a la recepción de novedades, como era de esperar por la época en la que vivía y, desde luego, el sentido netamente político de esa librería regia —insisto en el concepto de *sentido político* en vez de *humanístico* o *cultural* en su acepción más estrecha— se veía claramente en la profusión de obras jurídicas (la ley para legitimar el orden), históricas (el pasado para legitimar el presente) y geográficas (la descripción de los territorios sobre los que se imponen la ley, el orden y el poder).

Mas si el bisabuelo de Isabel no poseyó una destacable colección regia de manuscritos, el bisnieto reunió la más poderosa de la Europa de su época: de nuevo la figura de Isabel rompe con una tradición y abre las puertas a otra. Lógicamente en el carro de sus cambios van echadas pacas de la tradición, pero la vereda por la que chirría, es la de la innovación. Sorteadas algunas piedras en el camino y vadeado algún que otro riachuelo, se llegará a la Biblioteca de El Escorial.

Leer y escribir. Dos fenómenos culturales que se podían sacralizar. Para ello, nada como ponerse bajo la protección de algún santo que lo hubiera hecho. ¿Un evangelista?, ¿por qué no? Habitualmente se tiene la convicción de que fue San Juan el que tenía encandilada a Isabel: de ahí los nombres de sus hijos, de ahí la advocación de San Juan de los Reyes, de ahí, el águila de Patmos en los escudos reales; la invocación testamentaria o de ahí, en fin, aquellos dos poemas que pidió a fray Ambrosio Montesino. El saber de San Juan ilustra el descubrimiento de América: se trata de versos, cuya calidad lírica no juzgo, de indudable interés cultural, al considerar a «*nuestra nación,/ ya más sabia que solía*» por haber cruzado el Océano y traído un conocimiento «*como un rayo luminoso/ que mató nuestra ignorancia*». Son líneas plenamente renacentistas que funden la novedad con la religión al tiempo que sitúan los triunfos hispanos por encima de cualesquier otros conocidos o por venir, al tiempo que se trata de una loa a los símbolos del evangelista y a la fama de la Reina:

¡Oh Reina que a la fortuna
En grillos tienes cautiva [...]
Si más de esto pertenece,
De lo que mi pluma ofrece,
A San Juan Evangelista,
Perdonad, que ya mi vista
De su resplandor perece.

Así que con reverencia,
A vuestra alteza me inclino,
Temblando de la excelencia
De su imperial presencia [...]
¡Oh reina mayor del siglo![52]

En el testamento recuerda a San Juan con hermosas palabras que no está de menos citar:

«En el nombre de Dios [...] y de los muy aventurados príncipes de los Apóstoles [...] con todos los otros apóstoles, señaladamente el muy bienaventurado San Juan Evangelista, amado discípulo de Nuestro Señor Jesucristo y águila caudal esmerada, a quien sus muy altos misterios y secretos muy altamente reveló y por su Hijo especial a su muy gloriosa Madre dio al tiempo de su Santa Pasión encomendando muy conveniblemente la Virgen, *al cual Santo apóstol y evangelista yo tengo por mi abogado especial en esta presente vida y así lo espero tener en la hora de mi muerte y en aquel muy terrible juicio y estrecha examinación y más terrible contra los poderosos cuando mi ánima será presentada ante la silla y trono real del Juez Soberano*, muy justo y muy igual, que según nuestros merecimientos a todos nos ha de juzgar...»[53]

Los paños y tapices; las pinturas

Al parecer Isabel poseyó una enorme colección de tapices, que «no tenía en su tiempo rival»[54]: unos trescientos setenta, según unos, no más de doscientos según Sánchez Cantón, de los que no se conserva ninguno, porque eran piezas que iban deshaciéndose lentamente por el mucho uso al que eran sometidas y las duras condiciones climáticas y de transporte que soportaban. También a lo largo de la vida de la propietaria se perdieron algunos, como por ejemplo aquellos veintitantos que entregó en dote a su nuera en 1499.

Los tapices los fue recibiendo como regalos de los personajes más allegados, del Rey, de sus hijos, de los prelados, todo lo cual no es de extrañar: el tapiz tiene una función útil (abriga, protege) pero también de distinción social, tan necesaria en este humanismo; así, ciertamente, narra historias, recoge pasajes bíblicos, difunde temas literarios.

En efecto, la colección de tapices tenía no menos de diez de temas bíblicos de Historia Antigua; muchos del Nuevo Testamento entre los que destacan los de la Salutación y, por supuesto, del Apocalipsis, como no podía ser menos en aquella sociedad de las graves contradicciones entre el miedo y el placer ante la muerte, de las danzas macabras y del «*cómo se llega la muerte, tan callando*»; de las *artes moriendi* y de los pavorosos grabados de Durero. En este orden de cosas no es de extrañar la aparición de tapices sobre la Resurrección de Lázaro, la Crucifixión de Cristo, la Angustia... es decir, a la devoción por la conmiseración ante el dolor.

Hagiográficos había otros cuantos, pero con un sentido especial. Uno, concretamente, medía diez metros de largo y representaba a la Virgen con el Niño acompañados por «los Santos de España», es decir, una fusión entre religión y protosentimientos nacionales. Los tapices moralizantes tienen una importancia destacable: todos los vicios y virtudes habían sido tejidos para la reina Isabel.

Unos pocos mitológicos, media docena, nos hablan de la evolución del gusto en aquella época: Carlos V y sobre todo Felipe II hallaban buena parte de su solaz en medio de obras de arte de esta temática. Me gustaría destacar esos Trabajos de Hércules que tenía. Como tantas cosas de sus gustos culturales, se trata de la continuación de una moda medieval hispana, estudiada por Isabel Mateo y que fue descrita incluso por el marqués de Villena en sus *Doce trabajos de Hércules* (Zamora, 1483, y Burgos, 1499)[55]. Ahora bien, no perdamos de vista un detalle: esta alegoría a la unión de Hércules y la monarquía hispánica vuelve a ser tema central en el siglo XVII, cuando el Conde-Duque encarga a Zurbarán (tan mediocre en estos menesteres) la serie de óleos que deberían decorar, junto a los de batallas victoriosas de Felipe IV, el Salón de Reinos del Buen Retiro.

Nueve tapices contaban historias clásicas y un extenso número representaban narraciones literarias de su momento, entre las que destacaban, fundamentalmente, las del rey Arturo.

Otros tejidos que cubrían «complementos» como cojines, antepuertas, almohadas y demás daban color, calor y dignidad a los aposentos reales.

Desde 1494 empezó a haber compras de la Reina propiamente y más aún unos meses antes de morir: en 1504 se hizo con dieciocho tapices. Aunque, como decía antes, no se puede seguir la pista hasta hoy de muchos de esos tejidos, las peores sombras pueden planear sobre su destino: la destrucción y la dispersión. Veamos esas realidades. El número de los que se mandaron a la Capilla Real de Granada aumentó a la muerte de Fernando V hasta veintiséis. A la altura de 1737 estaban ya tan cansados de la vida que: «algunos tan rotos y pasados que sólo de llegarles a mover, se deshacen». En 1774 eran sólo retazos y jirones. En 1777 se deshicieron y quemaron para sacarles el oro con que se habían tejido...[56]

Al morir la Reina se subastaron casi todos sus bienes en Toro. Era una costumbre necesaria: con lo recaudado en la almoneda se pagaban deudas personales o los gastos del sepelio, las misas y otros. En este espacio lo que aparece es la persona Isabel, no la reina Isabel. Esa distinción es importante y nos permite comprender por qué no hay que llevarse las manos a la cabeza por esta disolución del patrimonio personal. Con justicia nos las podríamos llevar si entonces existiera el concepto de «patrimonio nacional» o de algún tipo de patrimonio colectivo, pero no era aún el caso.

Tengo la impresión de que aquella trascendental subasta sirvió para difundir el arte del Renacimiento en España, no sólo en la corte, sino entre aquellos que participaron como pujadores y de cuantos asistieran perplejos y absortos a la contemplación de aquellos bienes que no eran un acopio de objetos, sino que tenían un notable significado político.

Diecinueve paños se mandaron a la Capilla Real de Granada; a la reina de Portugal, su hija María, se le mandaron un par de tapices, y a La Latina uno de la Crucifixión; el Rey dispuso que no salieran a la almoneda otros más.[57] En la lista de los compradores de bienes regios aparecen Cisneros, la marquesa de Moya, el hermano del Gran Capitán, don Alfonso Carrillo; el arzobispo de Málaga; el de Mallorca; el comendador de Ávalos y así una extensa relación de cortesanos y oficiales reales de entre los que es posible que hubiera probablemente algún que otro testaferro. Incluso el encargado de la almoneda y sus familiares participan en la compra.[58] Algunos adquieren trece tapices, otros uno. Pero hubo algunos bordados que aunque salieron a almoneda, no se subastaron.

Es el momento de tratar la pintura. En 1480 se contrató por vez primera a un pintor con sueldo contra los gajes de la corte. Era Francisco Chacón. Sus funciones, además de las propias de ese oficio, eran las de cuidar que ningún infiel o hereje pintara temas cristianos. Poco sabemos de él. Era hombre de modestas miras; tal vez, en los conocimientos técnicos, la propia Reina le superaba por lo que conociera de pintura de Flandes. La guerra de Granada implica un freno en la contratación de artistas. Pero inmediatamente después, se contrata a un Melchor Alemán, que probablemente fuera distinto de otro personaje, Michael Sithium. En cualquier caso, ha empezado así la contratación directa de pintores del centro de Europa. Al tal Sithium se le están pagando ciertos atrasos allá por 1496. A la vez, Juan de Flandes empieza su andadura cortesana.

Sithium y Flandes son reputados retratistas y con ellos se acabarían las penurias que vamos a ver enseguida para poder mandar imágenes de o para pretendientes. Entre 1492 y 1504 parece que la corte se está abriendo al mundo cultural a una velocidad notable.[59]

Con respecto a las pinturas, es necesario aclarar que su número, es casi imposible conocer porque en los inventarios no se describen con claridad qué son óleos, qué tapices, qué otros objetos decorados sobre textil. Debe advertirse eso y sacar una conclusión, si se comparan con los inventarios de las personas reales posteriores: estamos en momento de transición de un tipo de gusto hacia otro. Aquí aún predomina el tapiz; con Carlos V, o con sus descendientes, destacarán los óleos sobre lienzo. De ese cambio de actitud participarán también los escribanos al distinguir en su documentación unos bienes de los otros.

Sin embargo, hecha la apreciación anterior, ha de recordarse que, al igual que ocurría con la colección de tapices, la de pinturas no era superada en la época por ninguna otra, a excepción de la de los Médicis.[60] De nuevo, pues, se abre una nueva página de nuestra historia cultural y de las tradiciones de la Casa de Austria.

En efecto, poseía Isabel ocho cuadros de retratos de ella misma, uno del esposo, otro de los dos siendo bendecidos por Dios; en la misma línea se deben situar los de San Juan Evangelista y el Bautista con la Reina y sus cuatro hijas y con el Rey y don Juan. Tal manera de representar a la Familia Real, divididos en sexos, es muy ilustrativa de la concepción que se tiene de quién y a quién o cómo se transmiten los valores sociales.

En aquella colección regia están algunos de los retratos de los pretendientes a yernos o nueras de los Reyes Católicos. No se olvide que entonces se conocían los futuros tanto por las descripciones de embajadores, como por los cuadros de distinto porte que se intercambiaban las cortes de Europa, lo cual explica el que en nuestras colecciones nacionales haya retratos de cuerpo entero de tantos infantes y príncipes del continente o esos hermosísimos detalles en manos de las princesas extranjeras de pequeños camafeos con la faz del prometido o del ya esposo. En los aposentos regios de Isabel estaban presentes las pretendientes del príncipe Juan; los pretendientes de Isabel, la hija mayor; los maridos... Y así quedaban rasgos de Maximiliano, luego Emperador; o del príncipe Alfonso de Portugal; de Catalina, la que sería reina de Navarra, y de la hija ausente: Juana. La esposa de Felipe (y hecha loca por la crueldad cortesana y las ambiciones políticas) estaba retratada tres veces, una de joven y dos de archiduquesa; la hija María, esposa de Manuel el Afortunado de Portugal, y Catalina tenían también su presencia en el alcázar de Madrid. Y, claro, de Enrique VIII y de su padres, que era bueno que se conocieran las familias políticas.

Por aquellas paredes había cuadros de otros personajes, a saber si por amistad o por cualquier otra razón de índole política. El caso es que de muchos no sabremos nunca quiénes fueron.

Ahora bien, la pléyade de pintores que trabaja para Carlos o los Felipes era enorme en comparación con los que trabajaron en su día para Isabel o Fernando. En cierta ocasión, no se ha podido remitir a tiempo el retrato del hijo a la pretendiente por «haber fallado aquí tal pintor, pero muy presto las mandaremos pintar y le serán enviadas»[61].

Los cuadros profanos escasean: pero a mi modo de entender tienen indudable trascendencia. Había uno mitológico y dos guerreros, de los que destacaré el de la «procesión de moros presos que van atados con unas cadenas», como no puede ser de otra manera en las fechas que corrían. Poseyó un pergamino sobre tabla representando una figura de la Muerte. Pero también alusiones a *meraviglie*. De nuevo Isabel aparece a caballo entre la tradición medieval (la que alaba la capacidad de crear Dios seres incluso horribles) y la modernidad (la que encuentra cierto placer humorístico en hacer formas recognoscibles con composiciones increíbles; El Bosco o Arcimboldo; las Cámaras de Maravillas o *Wundernkammeren*): Uno de los cuadros era de «una mujer desnuda cubierta de vello...»; otro un «lienzo blanco, pintado de unos libros, e cuentas e joyeles, e cuchillos e tijeras, *que es muestra de tienda*»; igualmente una representación de Nuestra Señora con el Niño que era un recorte de tijeras de un papel colorado. Cuando el alemán Münzer comenta cómo es Guadalupe en los años inmediatamente posteriores a la toma de Granada asevera que «para Dios no hay nada imposible». Tal afirmación la hace cuando va a describir ciertas cosas extrañas que vio allí: «La piel de un corpulento cocodrilo cazado en Guinea [...] un desmesurado espaldar de tortuga en el que pudiera bañarse una persona [...] un largo colmillo de elefante y dos barbas de ballena que medía cuatro codos de longitud por dos palmos de anchura en su base...»[62]

En los años posteriores, también los reyes de la Casa de Austria coleccionaron vistas de sus territorios, de sus ciudades. Isabel tenía un par de mapas *mundi*, dos vistas de Granada, otras de Nápoles y de muchos otros lugares «que se cree que son de tierra de Sepúlveda».

El mundo arquitectónico merece apreciaciones al margen. No hay duda de que ella era la responsable de la elección de los arquitectos y que fue evolucionando de un recargamiento imbuido de resabios mudéjares, hacia un arte más austero. Igualmente, si tenemos en cuenta que el Hospital de Santiago lo empieza a hacer Egas antes de la muerte de la Reina, y que su planta es en forma de T, en vez de serlo en cruz, que es lo más moderno, se podría concluir, con Yarza, «hay que reconocerle, al menos en arquitectura, un gusto totalmente ajeno al Renacimiento»; en escultura «no disponemos de información que nos permita asegurar que Isabel sintiera una admiración grande por la obra de Gil Siloé»[63].

En conclusión, es el momento de afirmar con rotundidad que la Reina no fue austera: su colección de tapices nos habla de un gusto ciertamente refinado; su biblioteca nos habla de una gran colección bibliográfica; tuvo más plateros a su sueldo que pintores, los cuales, después de 1492, fueron de lo más escogido. Gastó en dotar iglesias con orfebrería singular y ella misma patrocinó los trabajos de Jaume Almerique, el catalán que hizo la Custodia de la Reina que en 1505 compró Cisneros y trasladó a Toledo. Por otro lado, aunque Egas fuera más austero que su predecesor, Juan Guas, probablemente la Reina era más proclive al estilo del primero. Tuvo plena conciencia de que arte, cultura y política pueden imbricarse logrando importantes frutos propagandísticos, y, estéticamente, siempre fue más proclive hacia lo flamenco que hacia lo italiano. Tal panorama, sin embargo, ha planteado una incógnita: si fue la monarca que en su tiempo más gastó en arte en sentido general, ¿por qué no fue más exigente con las obras o con los artistas a los que contrató?[64] La respuesta a esa pregunta es un libro entero, el de Brans: «[Los Reyes Católicos] tuvieron a su servicio los más grandes escultores y arquitectos que vivían en España durante su reinado».

Finalmente, el papel de mecenas de la Reina empujó a tal fin a otros grandes dignatarios de la monarquía y el desarrollo del arte de Flandes en España se debió a su presencia: «No sería exagerado considerar el arte hispano-flamenco como el fruto del feliz encuentro del genio flamenco con el de una Reina enamorada de la belleza.»[65]

Colofón: la siembra

Algunos testimonios casi coetáneos nos hablan, efectivamente, del interés de la Reina por transmitir a sus hijas, independientemente de su destino político, una esmerada educación. Así, por ejemplo, Juan Luis Vives en su *Instrucción de la mujer cristiana*, editado por vez primera en Valencia en 1528, asevera que «quiso que todas cuatro [sus hijas] supiesen hilar, coser y labrar» para servir a las tareas domésticas. Vulgar educación, de no haber habido más esfuerzo: «La Edad nuestra vio aquellas cuatro hijas de la reina doña Isabel, tener muy buenas letras. De todas partes me cuentan en esta tierra, y esto con grandes loores y admiración [que] la reina doña Juana [...] haber respondido de presto en latín a los que por las ciudades y pueblos y do iba le hablaban, según es costumbre hacer los pueblos a los nuevos príncipes. Lo mismo dicen los ingleses de su reina doña Catalina de España [...]. Lo mismo de las otras dos que murieron reinas de Portugal.»[66]

No ha habido después monarcas que, por lo que sabemos, se ocuparan de una educación tan esmerada de sus hijas.

Notas

[1] Cit. Por AZCONA, T. de: *Isabel la Católica*, p. 53. Lo último que conozco sobre el cronista es BOGLIOLO, E.: *Fernando del Pulgar. Regalità e ordine negli scritti, 1485-1490,* Cooperativa Editrice Universitaria Cagliritana, Cagliari, 1999, en el que se se subrayan los mecanismos empleados por Pulgar para robustecer la figura real frente a los poderes feudales..

[2] Ya hemos dicho que se puede consultar en *Memorias de don Enrique IV de Castilla...*, Real Academia de la Historia, Madrid, 1835-1913, pp. 111-125 y el codicilo (ambos de 1454) en pp. 125-127.

[3] La edición más reciente de estas *Generaciones y semblanzas* está hecha por José Antonio Barrio para Cátedra, Madrid, 1998. Sobre las aficiones culturales de Juan II y cómo influyeron en Isabel, BRANS, J. V. L.: *Isabel la Católica y el arte hispano-flamenco,* Madrid, 1952, pp. 31-43. No habría estado de menos que hubiera citado más a menudo a Sánchez Cantón.

[4] Existen muchas ediciones modernas. La facsímil más reciente es de Salvat, 1971 sobre la original de 1500.

[5] La referencia es de SÁNCHEZ CANTÓN, F. J.: «Libros, tapices y cuadros...», p. 13. Es una referencia anterior a 1500 pues se trata de una frase entresacada del prólogo de los *Claros varones.* El texto manejable en RODRÍGUEZ VALENCIA, V.: *Isabel la Católica en la opinión...*, I, p. 88.

[6] En *De las cosas memorables de España*; manejo RODRÍGUEZ VALENCIA, V.: *Isabel la Católica en la opinión...*, I, p. 207. Al fin se ha tra-

ducido ya el epistolario de Lucio Marineo Sículo: *Epistolarum familiarium libri XVII* , JIMÉNEZ CALVENTE., T. (ed. lit.), Alcalá de Henares (Madrid), 2001.

[7] Referencia sacada de SÁNCHEZ CANTÓN, F. J.: «Libros, tapices y cuadros...», p. 13.

[8] De Gonzalo FERNÁNDEZ DE OVIEDO, en sus *Batallas y Quincuagenas*; citado por SÁNCHEZ CANTÓN, F. J.: «Libros, tapices y cuadros...», p. 13.

[9] BECEIRO PITA, I.: «Modelos de conducta...», p. 41.

[10] Manejo la introducción de F. RUBIO al *Jardín de nobles doncellas*, en la B.A.E., vol. 171, p. XI. A él debo la erudición de estas líneas.

[11] El texto original es de 1569, de una historia de los agustinos. Lo recoge F. RUBIO en p. XIII.

[12] Además de exégesis sobre las Sagradas Escrituras, redactó un *Ars predicandi*; una síntesis moralizante, *Libro de diversas historias*; un *Compendio de la fortuna*; un interesante *Tratado de la predestinación*; una *Alabanza de la virginidad* especialmente redactado para monjas y, en fin, este *Jardín de nobles doncellas* del que hay muy pocos ejemplares, uno en la Hispanic Society (Juan de Burgos, Valladolid, 1500) y otro en la Biblioteca Nacional (de la segunda edición de Juan de Espinosa, Medina, 1542, R-9717).

[13] El subrayado es nuestro. Lo de la «real simiente» descalifica por omisión a Juana; lo de «infanta» sirve para datar el texto; lo de «legítima heredera» también y para situarnos políticamente como lo de «manos dignas...».

[14] La idea la obtengo de BECEIRO, I.: «Modelos de conducta...», p. 63.

[15] La cita la extraigo de RODRÍGUEZ VALENCIA, V.: *Isabel la Católica en la opinión...*, I, p. 96.

[16] Manejo la versión de la *Colección diplomática*, doc. CLXXXVII, pp. 630-639.

[17] El texto referido es obra de fray Gonzalo de Arriaga y se editó en 1928. Lo retoma CARMELO DEL NIÑO JESÚS, «Dirección espiritual...», p. 174.

[18] PALENCIA, Alonso de: *Crónica...*, I, pp. 282-283.

[19] CARMELO DEL NIÑO JESÚS, «Dirección espiritual...», p. 175.

[20] MÜNZER, J.: *Relación del viaje [1494-1495]* en GARCÍA MERCADAL, J.: *Viajes de extranjeros por España y Portugal*, 3 vols., Madrid, 1952, I, p. 366.

[21] SÁNCHEZ CANTÓN, F. J.: «Libros, tapices y cuadros...», p. 34.

[22] Reiteradamente editadas. Propongo la lectura en RODRÍGUEZ VALENCIA, V.: *Opinión de españoles...*, III, pp. 5-48.

[23] La mejor biografía de Cisneros es la de GARCÍA ORO, J.: *El Cardenal Cisneros*, 2 vols. BAC, Madrid, 1992.

[24] BERNÁLDEZ, A.: *Historia de los Reyes Católicos don Fernando y doña Isabel,* p. 722, cap. CCII.

[25] MÜNZER, J.: *Relación del viaje (1494-1495)* en GARCÍA MERCADAL, J.: *Viajes de extranjeros por España y Portugal,* 3 vols., Madrid, 1952, I, p. 406.

[26] BENITO RUANO, E. (ed. lit.): *El libro del limosnero de Isabel la Católica,* Ministerio de Asuntos Sociales, Madrid, 1989.

[27] Véanse otras precisiones sobre este tema en el apartado dedicado a los descargos de conciencia.

[28] También es remolón el corregidor de Trujillo, ante quien va Diego de Ávila, «en dos veces» (ent. 122).

[29] BERNÁLDEZ, A.: *Historia de los Reyes Católicos don Fernando y doña Isabel,* cap. LXXXVIII.

[30] BERNÁLDEZ, A.: *Historia de los Reyes Católicos don Fernando y doña Isabel,* cap. LXXXV.

[31] *Libro del Limosnero,* entrada 62.

[32] Muchas ideas de las páginas siguientes se las debo a CHECA CREMADES, F.: «Poder y piedad: patronos y mecenas en la introducción del Renacimiento en Italia» en CHECA CREMADES, F. Y DÍEZ DEL CORRAL, R. (comisarios): *Reyes y mecenas. Los Reyes Católicos-Maximiliano I y los inicios de la Casa de Austria en España,* Madrid, 1992.

[33] El texto está repetido casi hasta la saciedad. Lo copio de GARCÍA MERCADAL, J.: *Viajes de extranjeros por España y Portugal,* vol. I, ed. Aguilar, Madrid, 1952, p. 408.

[34] Sendas citas de TORRE Y DEL CERRO, A. de la: «Maestros de los hijos de los Reyes Católicos» en *Hispania* (Madrid), LXIII (1956), manejo la separata.

[35] En el vol. XXXIX del CODOIN (pp. 397 y ss.) hay importantes documentos de ANGLERÍA, Pedro Mártir de: entre otros, su testamento.

[36] Estas líneas proceden de la lectura directa del epistolario de Anglería. Puede consultarse: ANGLERÍA, Pedro Mártir de: *Epistolario*, estudio y traducción por J. LÓPEZ DE TORO, en *Documentos inéditos para la Historia de España,* tomos IX a XII, Madrid, 1953.

[37] En carta nº 14, de 6 de mayo de 1488. Una excelente descripción de lo que sus ojos ven en materia política, en carta nº 31 a Ascanio Visconti, en la que al comentar cómo ha llegado al trono, no hay alusión a Juana de Castilla. Ya, aún en vida de ella, la habían muerto socialmente: «Muerto Enrique, aprovechando no sé qué ocasión, el rey de Portugal, entró en Castilla con un ejército...»

[38] Carta al arzobispo de Milán, desde Granada, a 11 de marzo de 1492. Carta nº 92.

[39] Carta al arzobispo de Toledo, Granada, 5 de abril de 1492. Carta nº. 102.

[40] Permito recomendar una serie de trabajos de ALVAR, M.: *Nebrija y*

estudios sobre la Edad de Oro, CSIC, Madrid, 1997, en especial la Parte Primera, «Estudios en torno a Nebrija», pp. 3 y ss.

[41] Es imprescindible la lectura de GIL FERNÁNDEZ, L.: *Panorama social del humanismo español, 1500-1800,* ed. Alhambra, 1981, pp. 309-310. Contrapone ese ambiente al mucho más cerrado de Carlos V y siguientes en relación con la enseñanza de letras a las jóvenes de la Casa Real.

[42] Sobre las novedades —como concepto abstracto— y su aplauso o repulsa entre los siglos XV y XVI es una obra maestra MARAVALL, J. A.: *Antiguos y modernos. La idea de progreso en el desarrollo inicial de una sociedad,* Sociedad de Estudios y Publicaciones, Madrid, 1966.

[43] Considero importante la obra de GÓMEZ MORENO, A.: *España y la Italia de los humanistas. Primeros ecos,* ed. Gredos, Madrid, 1994. Esa politización con marcado carácter nacionalista de la Historia lo he puesto de manifiesto en otras ocasiones: véase ALVAR EZQUERRA, A. (coord.): *Imágenes históricas de Felipe II,* Centro de Estudios Cervantinos, Alcalá de Henares, 2000.

[44] Carta a Lucio Marineo Sículo, a 13 de agosto de 1488. Carta nº 35. La llegada a Salamanca y el constatar que Sículo no es alabado de todos, se ve en cartas 54, 55. Nebrija está en Salamanca y no han tenido contacto fluido aún: carta 56. El ambiente salmantino lo refleja bien en las epístolas siguientes.

[45] Carta 46 de Anglería.

[46] MÜNZER, J.: *Relación del viaje (1494-1495)* en GARCÍA MERCADAL, J.: *Viajes de extranjeros por España y Portugal*, 3 vols., Madrid, 1952, I, p. 406.

[47] SÁNCHEZ CANTÓN, F. J.: *Libros, tapices...*, p. 14.

[48] El último análisis que conozco sobre la biblioteca de Isabel es de RUIZ GARCÍA, E.: «El poder de la escritura y la escritura del poder», en especial pp. 303-306.

[49] El trabajo de Sánchez Cantón es el clásico en la materia.

[50] YARZA, J.: *Los reyes Católicos...*, p. 100.

[51] SÁNCHEZ CANTÓN, F. J.: *Libros, tapices...*, p. 26. Habla de que fue expurgado «un siglo después»: fue sólo medio siglo después. BUJANDA, J. M.: *Index de l'Inquisition espagnole (1551, 1554, 1559)*, Quebec, 1984, p. 533.

[52] Los dos poemas íntegros y accesibles en RODRÍGUEZ VALENCIA, V.: *Opinión de españoles y extranjeros...*, III, pp. 245-284. Fray Ambrosio Montesinos era franciscano en San Juan de los Reyes y escribió varias coplas religiosas y exégesis escriturarias. Sus obras, que empezaron a editarse a finales del XV, seguían reimprimiéndose en el siglo XVII. También versificó la enfermedad última de la Reina. El poema en RODRÍGUEZ VALENCIA, V.: *Opinión de españoles y extranjeros...*, I, pp. 501-507.

[53] Para el testamento de Isabel, uso la edición de TORRE Y DEL CERRO, A. de la: *Testamentaría de Isabel la Católica,* Madrid, 1968, pp.

446-485. El subrayado es mío. Pueden consultarse otras, incluso facsímiles. Véase más adelante.

[54] SÁNCHEZ CANTÓN, F. J.: *Libros, tapices...*, p. 49.

[55] «Los trabajos de Hércules en las sillerías de coro góticas españolas» en *Archivo español de Arte* (Madrid), 189 (1975), pp.43-55.

[56] SÁNCHEZ CANTÓN, F. J.: *Libros, tapices...*, p. 46.

[57] Me llama la atención una frase de Sánchez Cantón: el infante don Fernando «no atino quién sea», dice. Pues era, ni más ni menos que el nieto de los Reyes Católicos, nacido en 1504 en Alcalá, criado y cuidado por Fernando V y que fue expulsado de España nada más llegar Carlos V. Este hermano menor era castellano plenamente, mientras que el mayor era flamenco. Fernando llegó a ser Emperador y sustituyó a Carlos V.

[58] No encuentro la malicia que quiere ver Sánchez Cantón en este tema: los bienes se tasan y salen a pública y libre almoneda. No hay favor para nadie. Si su actitud hubiera sido moralmente reprobable y hubieran querido tapices, no habrían aparecido en la documentación; habrían intervenido con terceros.

[59] YARZA, J.: *Los Reyes Católicos...*, pp. 93-94.

[60] SÁNCHEZ CANTÓN, F. J.: *Libros, tapices...*, p. 50.

[61] SÁNCHEZ CANTÓN, F. J.: *Libros, tapices...*, p. 52.

[62] MÜNZER, J.: *Relación del viaje [1494-1495]* en GARCÍA MERCADAL, J.: *Viajes de extranjeros por España y Portugal*, 3 vols., Madrid, 1952, I, p. 394.

[63] J. YARZA, *Los Reyes Católicos...*, pp. 88; 90.

[64] YARZA, J.: *Los reyes Católicos...*, p. 109.

[65] BRANS, J. V. L.: *Isabel al Católica y el arte hispano-flamenco*, Madrid, 1952, pp. 225 a 227 para las dos últimas citas. Curiosamente este libro no es recogido en la bibliografía ni citado por Yarza, aunque parece que han usado fuentes similares: «Desde 1480 encontramos en la corte un pintor español que, además de ser pintor, tenía una función muy significativa: era una especie de inspector general de los cuadros del reino. [...] Sabemos que en 1480 se le encargó de vigilar en Toledo la colaboración de artistas judíos en la ejecución de cuadros religiosos» (Brans, 1952, p. 79. No cita procedencia). «La primera vez que la documentación proporciona un nombre es en 1480. Se trata de Francisco Chacón, a quien se nombra "pintor mayor, para en toda su vida". Se confía en su habilidad y se le hará ejercer funciones de inspector, para que impida a cualquier judío o moro que pinte obra relacionada con la religión cristiana» (Yarza, 1993, p. 90, citando a Zarco del Valle, 1890).

[66] Obtengo la cita de V. RODRÍGUEZ VALENCIA, *Isabel [...] en la opinión...* I, p. 536.

CUARTA PARTE

1504: La soledad inunda Castilla

Malos augurios y el dolor de los cuchillos de la Reina

Ese infausto año de 1504 podría haber sido un año más de la Historia, sin más hechos memorables que los acostumbrados: alguna batalla, el nacimiento de un niño que diera perpetuidad a un linaje, el hallazgo en algún paraje recóndito del unicornio.

Sin embargo... El 10 de noviembre de 1504, la Reina firmaba una real pragmática por la cual se prohibía que, en adelante, los particulares se apropiasen del valor de la alcabala (en teoría el 10 por ciento del valor de casi todas las transacciones comerciales) sin consentimiento legal. La orden regia no tendría mayor importancia de no ser por un par de detalles: se hizo pública pero, extrañamente, sólo ante el Consejo Real por voz de pregonero, como si hubiera prisa en que se reconociera su existencia; el rey Fernando había determinado que se obrase así para satisfacer enteramente los deseos de su esposa. Todo se daba por zanjado entre el 12 y el 13 de noviembre de ese año: desde esos días quien se apropiase de las alcabalas incurriría en un grave delito ante el cual la Corona no iba a hacer disimulación como hasta entonces (no por dejadez, sino porque era imposible controlar todo)[1]. Ha acaecido después de firmado el testamento de Isabel, poco antes de su fallecimiento. Cosas de la conciencia.

Es cierto: en ese año de 1504 ocurrió una grave tragedia, porque murió la Reina. Con su muerte no sólo acabó su persona, sino la impresionante estabilidad conseguida en Castilla a lo largo del reinado y que se vino abajo, durante tres lustros, hasta el 23 de abril de 1521, en la batalla de Villalar, en la que, con el triunfo de los Imperiales, volvió a imponerse la calma en el reino. En efecto, los años transcurridos desde la muerte de Isabel hasta la revolución de las Comunidades son de los más intensos e importantes de la Historia de España y son, incomprensiblemente, de los peor conocidos. Pero ahora debemos ocuparnos de la muerte de la Reina.

Curiosamente, su óbito no dio origen —a excepción de Anglería— a una serie de narraciones, como ocurrió con la muerte de Enrique IV, Carlos V —las impresionantes cartas desde Yuste de Luis Quijada, el mayordomo del Emperador—, o Felipe II. No, la reina Isabel murió sosegadamente tanto en lo privado, cuanto en lo público.

Todo había transcurrido con relativa normalidad hasta la primavera de ese año. Sin embargo, en Semana Santa la tierra se agitó como si quisiera quitarse el peso de los edificios que tiene clavados en su corteza. El temblor fue notorio en Andalucía y algunos hablan de que se sintió al otro lado del Estrecho y en los confines de la Meseta. Luego, en noviembre, la Reina se fue.

Galíndez de Carvajal cita los malos augurios de 1504 (como narraba Andrés Bernáldez en el bautizo de don Juan): «El día de viernes Santo de este año fueron hechos grandes terremotos en Castilla, especialmente en Sevilla y Carmona y otros muchos lugares de Andalucía y se abrieron las bóvedas de las iglesias y fortalezas, de los muros y torres y cayeron mucha parte de ellos en tal manera que los vivos en los tiempos presentes nunca tal vieron.»[2]

Por su parte, la descripción por Andrés Bernáldez es muy lúcida y llena de tensión porque fue testigo directo. El cura de Los Palacios es ducho en el recoger alborotos de la naturaleza:

> «En cinco días de abril del año de 1504, Viernes Santo, entre las nueve y las diez del día, tembló la tierra en España muy espantosamente y fue el mayor terremoto en esta Andalucía y fue tan grande espanto que las gentes se

caían en el suelo de temor y estaban como fuera de sentido y fue de esta manera: Fue oído un muy grande ruido que iba por el aire y junto con él, todos los edificios, fortalezas, iglesias y casas se estremecieron y dieron tres o cuatro vaivenes al un cabo y a otro, uno acostándose hacia medio día y otro enderezándose [...] y el que esto escribió lo vio así en la iglesia de Los Palacios y vio estremecer primeramente el campanario y caer tierra de las paredes y levantéme de confesar y asoméme a la puerta del Perdón, que no estaba sino dos pasos de ella o tres [...] y entonces vi como todo se estremecía y comenzó de sonar un muy gran ruido por el aire y la techumbre de la iglesia comenzó a crujir como si fueran corriendo por encima muchas personas [...] y vi como la iglesia se acostó mucho toda a un cabo y volvióse a enderezar y la tierra se bulló mucho y se estremeció; y yo así medio acostándome a un cabo y a otro, me fui al Monumento dando voces llamando a Jesucristo y a la Virgen Santa María y los que estaban en la Iglesia algunos se fueron huyendo fuera; otros hicieron como yo y las mujeres y algunos otros no tuvieron sentido para se mover. [...] Todo pasó en poco compás de tiempo, en poco más de cuanto dicen el *Psalmo de profundis*. [...] El agua de los pozos hizo gran ruido, que se alzaba hasta arriba y daba gran golpe de vuelta...»

Luego sigue describiendo los efectos del seísmo en Sevilla y Carmona; él es quien recuerda que se notó en Medina del Campo y en África y apostilla: «Siguióse después de este gran terremoto y espantoso movimiento de la tierra, muchas fortunas y menguas que sintió España, muchos trabajos y hambres y pestilencias y muertes, y la primera fortuna que sintió España, fue la muerte de la Reina doña Isabel...» Las siguientes calamidades fueron las grandes lluvias del invierno de 1504, las hambres de 1505 y las sequías de 1506 y 1507, con colofón en la espantosa peste de este año.[3]

Por el contrario, Galíndez de Carvajal es muy poco explícito en la enfermedad y muerte de la Reina. Su texto, más que una crónica, es casi una fe de acontecimientos, sin lugar para la reflexión. Sólo anotaré cómo avisa de un primer mal de la Reina, «en principio de este año [1499] estuvieron los reyes en Ocaña y estuvo la Reina muy mala, e ahí juraron al príncipe don Miguel en Cortes»[4]. Unos capítulos más adelante recoge el luctuoso acontecimiento: «Martes a 26 de noviembre de dicho año entre once y doce del día llevó Dios a la Reina Católica y lleváronla a enterrar a Granada.»[5]

Tampoco se entretiene mucho más Andrés Bernáldez, aunque sí que explicita la causa de la muerte: «Murió la Reina doña Isabel, de gloriosa memoria, en el mes de noviembre, año de 1504 en Medina del Campo, de dolencia e muerte natural, que se creyó recrecerle de los enojos y cuchillos de dolor de las muertes [...] de sus hijos, que traspasaron su ánima y su corazón, y falleció de esta presente vida en edad de 56 años, habiendo reinado en Castilla veintinueve años.»[6]

El humanista Anglería había anunciado el mal ya en octubre de 1498, al decir que el pequeño Miguel había nacido enfermizo y que la Reina, a causa de la muerte de su hija predilecta, había caído enferma.

Antes hemos descrito el tema de los «cuchillos» de Isabel, esto es, los cuchillos de dolor —que en impresionista símil pone Bernáldez en la vida de la Reina— que fueron, desde 1496 a 1500, la muerte de su hijo Juan, la de su hija Isabel, la del nieto Miguel... todo lo cual la llevó a una postración salpicada de dolencias, como la de 1499. Concluye Bernáldez que «desde estos tiempos vivió sin placer la ínclita y muy virtuosísima y *muy necesaria en Castilla*, reina doña Isabel, y se acortó su vida y su salud»[7]. Anglería, en vez de cuchillos, habla del dolor que le causa Juana, «fruto infausto para su árbol», «pecho empedernido», «abrasa esta hija con su comportamiento las entrañas maternales...», todo esto el mismo día que la princesa se pone de parto en Alcalá.[8]

Los cuchillos de la Reina... Entre junio de 1500 y octubre de 1501 Isabel está en Granada y vive sólo por y para la espiritualidad: ordena a una treintena de obispos que *visiten* (hoy diríamos que *auditoríen*) sus obispados; que se pongan en orden las cosas del culto divino; organiza una expedición contra el turco… el príncipe Miguel acababa de morir. Desde el verano de 1499 hasta febrero de 1502 Sevilla y Granada fueron el centro de los movimientos regios: la reforma religiosa y la reordenación espiritual del reino ya conquistado así lo exigían.

En febrero de 1502 se ponen en marcha hacia Toledo, en donde permanecieron desde la primavera hasta el otoño de ese año. En el camino, pararon en Guadalupe. La Reina, por otro lado, no estaba para ir en cabalgadura y todo el trayecto lo hizo en andas y flanqueada por médicos, boticario y sangrador. Atrás queda la celebración de la Semana Santa en Zalamea. Delante, en el camino, Talavera y Toledo. Al otro extremo, bajando desde el norte, Juana y Felipe; pero también un correo: ha muerto Arturo, príncipe de Gales, esposo de Catalina. Las «obsequias» (como se decía entonces) por él son sonadas y costosísimas en San Juan de los Reyes.

Después de la jura como príncipes de Asturias de Juana y Felipe y mientras Fernando está en Aragón, preparando la sucesión en esa Corona, Isabel, que ha permanecido en Toledo, cae enferma de nuevo e incluso es sangrada. El esposo escribe preocupado porque no recibe cartas; a mediados de agosto está reconfortado por la mejoría de la esposa, «todo habrá buen remedio». Parece que, en efecto, todo va a tener buen remedio e Isabel decide ponerse en camino hacia Aragón.

Los príncipes, a finales de agosto, inician la marcha para ser proclamados herederos del otro reino; unos días después sale la Reina para hacer la jornada. Sin embargo, se detiene en Madrid más de lo previsto: en efecto, la escala se transforma en una estancia que va del 30 de septiembre de 1502 al 4 de agosto de 1503.

Desdichadamente en Madrid cae gravemente enferma y su esposo acude presuroso a estar con ella. Ha recibido la mala nueva el mismo día de la jura de Juana y Felipe. Así que nombra al varón su lugarteniente en el reino y se traslada presuroso a Castilla. Felipe, en vez de cumplir con sus obligaciones, decide marcharse de Aragón, ¡qué muchacho tan oportuno y responsable! A primeros de enero de 1503 se decide llevarla a Alcalá de Henares y allí nace el nieto Fernando. La Reina ha mejorado pero nunca volverá a estar en perfectas condiciones;

mientras, el esposo ha partido a Cataluña para asistir desde allí a las gloriosas campañas napolitanas. La Reina vuelve a recaer. Los médicos están seguros de que el mal que padece se lo causan las preocupaciones que le provoca Juana. Isabel padece fiebres, ha sido sangrada y purgada.[9] De nuevo, en andas, va a Madrid en donde pasa dos semanas, del 15 de julio al 4 de agosto de 1503. No sabemos por qué abandonó el alcázar de Madrid y se encaminó hacia el de Segovia: acaso fuera un verano muy caluroso y buscara el frescor del otro lado de la sierra. A diario recibe cartas de Fernando y se las contesta: que la guerra entre cristianos sea incruenta.

Noviembre de 1503: Isabel está en Segovia, postrada por la fiebre; le llegan las escalofriantes noticias de Medina del Campo y los desvaríos de su hija Juana. Acude presurosa como madre y como institución. La hija, la princesa de Asturias, ha pasado más de treinta horas tapada por un manto, en el patio del castillo de La Mota, y, después, casi una semana encerrada en uno de los cuartuchos, en las cocinas de la soldadesca. La reina de Castilla y de las Indias debe pensar, atónita, en qué manos quedan los reinos. Y es que, por vía del yerno, del mezquino marido Felipe, los flirteos con Francia son intolerables. La Reina acude a poner orden en las actuaciones de la princesa de Asturias, como ha de ser. Porque los reyes son personas, sí; pero por encima de ello, son reyes. Isabel, sin cicatrizar las heridas de los cuchillos, intenta hablar con su hija y las dos se enzarzan en una disparatada discusión en la que Isabel adquiere conciencia de la pena que la va a corroer. Su hija está loca. Como lo estuvo su madre. ¡Qué tragedia interior!; recordemos sus palabras: «Si ya no viera la disposición en que ella estaba, yo no se las sufriera [las palabras dichas] de ninguna manera.» La Reina, dice Anglería, echa de menos al príncipe Juan. Pero al príncipe Juan no se le puede llamar ya para que nos socorra.

Aunque Juana pudo, al fin, marcharse de Castilla para reunirse con su esposo, Isabel no volvió a salir de Medina. Desde aquel tristísimo mes de noviembre de 1503 hasta el 12 de octubre de 1504 debió meditar mucho en cuestiones de fe: sabemos que en aquellos meses las ropas que se compran a los mercaderes de Medina no tienen el esplendor pasado; ahora se adquiere estameña negra, sarga, raso negro...[10] Entre mayo y junio, sintiéndose algo mejor, se va a Olmedo, al monasterio de Santa María de la Mejorada, de los jerónimos, claro está.

Durante aquellos meses debió meditar mucho en materia política: porque a lo que ella sabía, la sucesión era un problema y había que dejarlo bien resuelto. Pero lo que ella desconocía era que los comportamientos de su hija eran ya disparatados y los de su yerno, de una crueldad inenarrable: mientras la madre vivía en la certeza de las incongruencias de la hija, la madre —también— vivía en la ignorancia del abofeteo de Juana a una amante de Felipe, de la reprimenda en público del marido a la esposa legítima y su pública humillación; del encierro al que fue sometida en Bruselas; del dormir él en el piso de abajo a sabiendas de que ella, con un cuchillo, intentaba horadar el suelo y repetía: «Habladme, que quiero saber si estáis ahí»... Felipe tenía unos planes en los que sobraba la cordura de su esposa; Fernando, otros, que chocaban con la francofilia de Felipe, e Isabel debió pasar un año terrible, de examen de conciencia, echando de menos a tantos vástagos: muertos unos, alejados físicamente otros, separados espiritualmente los otros. El rey Fernando se instala el día de la Navidad de 1504 en Medina, junto a su esposa.

El 26 de julio los dos, Isabel y Fernando, caen enfermos, empero a finales de verano el Rey se ha repuesto. A pesar de tener médicos de corte, pide a la Universidad de Salamanca que licencie al catedrático de medicina doctor[11] Fernando Álvarez y al de leyes doctor Carvajal. Había que ir preparando todo: el cuerpo y la sucesión. De hecho, a fray Ambrosio Montesino le ha pedido que redacte unos versos sobre la Pasión de Cristo, que ella quiere rememorar en su tránsito.[12]

Los esposos han estado postrados en lechos diferentes. A mediados de julio ella sufre porque su marido no la visita cuanto ella querría. Tiene fiebres diarias y no comprende ni a su hija, ni a su yerno. Fernando también ha padecido por los males de su esposa. Sin embargo, «el tormento de la Reina es mucho más duro» y Anglería escribe de «desolación», de «preocupación que empeora» por el estado de salud de Isabel... Esto pasa el 19 de julio. La carta del 3 de octubre empieza dramáticamente: «¡Ay de España entera!», porque en esas fechas «los médicos han perdido las esperanzas» sobre la recuperación de la Reina. Creo que, ya que es una de las pocas descripciones de la enfermedad —si no la única—, merece la pena escuchar al testigo:

> «El humor se ha extendido por las venas y poco a poco se va declarando la hidropesía. No la abandona la fiebre, ya adentrada hasta la médula. Día y noche domina una sed insaciable, mientras que la comida le da náuseas. El mortífero tumor va corriéndose entre la piel y la carne.»

En esta carta, dirigida al arzobispo de Granada y a Tendilla, anota por vez primera las disensiones que empieza a haber cuando la Reina está aún viva: «Ya se están haciendo cábalas de lo que acontecerá una vez que ella falte.» Así, en efecto, unos apoyan ciegamente al experto Fernando; otros no, porque prefieren que reinen Juana y Felipe, el extranjero, ya que serán incapaces de domeñar a la nobleza. Unos días después, al consejero real, licenciado Polanco, le comenta sus opiniones sobre la Reina:

> «Tiemblo al pensar que con ella nos abandonen la religión y la virtud. Hay que desear partir, llamados de la tierra, hacia donde ella se encamina. Sobrepasando toda grandeza humana, vivió de tal modo que no es posible muera; con la muerte terminará su mortalidad, pero no morirá. Hemos de llorarla, pero también hemos de tenerle envidia, ya que disfrutará de una doble vida, pues dejará al mundo henchido de fama imperecedera y ella, a su vez, en la presencia de Dios vivirá una vida inacabable en los cielos.»

El 19 de noviembre, una nueva misiva a los amigos-autoridades de Granada: «Va empeorando la enfermedad de la Reina. [...] No hay la menor esperanza.» Ya están claramente definidas las facciones nobiliarias, porque unos quieren que se llame a Felipe y que se mande a Fernando «a los reinos de sus abuelos»; otros, los más sensatos en el decir de Anglería, creen que debe gobernar Fernando y autorizar su retiro si él quiere. Mientras, se opina que Fernando gobernará y que Juana rehusará y así podrá subir al trono el nieto Carlos. Dicen también que Isabel abominó de Felipe por el trato inferido a Juana y por no considerarlo preparado para gobernar en Castilla; mientras tanto, «los nobles rugen, aguzan los dientes como jabalíes espumareantes...» y definen sus posiciones, las más lógicas: a reino revuelto, a rey débil, mejoras para la nobleza, a la que lo que mejor le va es la inestabilidad política:

> «Abiertamente proclaman que sus antepasados por este camino reunieron y aumentaron su patrimonio, afirmando que siempre hay ganancia cuando muchos andan desacordes acerca del mando.»[13]

«En el nombre de Dios, Todopoderoso...»[14]

Entre los documentos del Patronato Real del Archivo General de Simancas hay uno que formalmente podría pasar desapercibido, pero no por su importancia histórica. Se trata de varias hojas de vitela, de la piel del choto que no ha nacido aún, en las que no hay nada que llame la atención, ningún elemento decorativo. Sólo un sello real lacrado y un tembloroso «Yo, la Reina». Nada advierte que el contenido de aquellas hojas, raídas en el ángulo inferior derecho por lo sobadas que han sido a lo largo de la Historia de tanto pasarlas, es una pieza clave de nuestro ser colectivo.

Medina del Campo. 12 de octubre de 1504. Hace doce años justos que otro día 12 fue descubierta América. Pero ahora no es momento de grandes celebraciones, al contrario. En una sala de Medina están presentes varios señores. Hay un secretario real, Gaspar de Gricio, notario público apostólico, escribano público de la corte y de todos los reinos y señoríos. Presumiblemente ha ido leyendo a la reina de Castilla todas y cada una de las cláusulas de su testamento redactadas en nueve hojas de pergamino, al final de las cuales ella firma con el consabido «Yo, la Reina» y lo sella con su sello real. Es un testamento que guarda las normas en muchos puntos, pero en otros sigue revelándonos la personalidad del testador. Es muy extenso y, por tanto, aunque no tenga pruebas claras, pienso que lo ha ido fraguando desde tiempo atrás y que lo ha ido dictando al Gricio, el cual ha ido copiando fielmente. En ocasiones hay un cierto desorden —desde mi punto de vista, que no ha de saber poner las cosas en el sitio de la lógica de la Reina—, pero en general es una excelente autorreflexión de las vidas pública y privada transcurridas.

Siga la escena: el secretario real pliega el testamento y los testigos allá presentes, lo sobreescriben y sellan, a su vez, cada uno con su sello. Los testigos del otorgamiento del testamento son Juan Rodríguez de Fonseca, obispo de Córdoba; Fadrique de Portugal, obispo de Calahorra; Valeriano Ordóñez de Villaquirán, obispo de Ciudad Rodrigo; Martín Fernández de Angulo, arcediano de Talavera y consejero real; Pedro de Oropesa, también consejero; y Sancho de Paredes, camarero de la Reina. Todos y cada uno repiten la misma fórmula: «Se lo vi firmar [a la Reina] y lo vi sellar con su sello y lo firmé de mi nombre y lo sellé de mi sello.»

El documento debería depositarse en Guadalupe, según el deseo de la Reina y su perspicacia histórico-política, «para que cada y cuando fuere menester verlo originalmente lo puedan allá hallar». Sin embargo es conveniente que antes de ello se hagan dos copias, una para el monasterio de Santa Isabel de la Alhambra y la otra para la catedral de Toledo, «para que allí lo puedan ver todos los que de él se entendieren aprovechar». El original está hoy en el Archivo General de Simancas, como corresponde.

El testamento está dividido en varias partes. La primera está constituida por las *invocaciones*. Empieza con la mención a Dios y la Santísima Trinidad, «tres personas y una esencia divinal». Después la Virgen María, en sus múltiples papeles, «Reina de los Cielos y Señora de los Ángeles», así como «nuestra Señora y abogada». Siguen las advocaciones a San

Miguel y San Gabriel; todos los santos y santas de la corte celestial y, en especial, San Juan Bautista, santos Pedro y Pablo y todos los apóstoles, muy señaladamente San Juan Evangelista —advocación a la que ya hemos hecho alusión—, su especial abogado; Santiago, al que reconoce por patrón de sus reinos y enviado especialmente por Dios; San Francisco, en su condición de «patriarca de los pobres y alférez maravilloso» del Señor; San Jerónimo, «doctor glorioso», y Santo Domingo; también la Magdalena, su abogada. La relación la ha hecho en función de una gran verdad:

> «Así como es cierto que habemos de morir, así nos es incierto cuándo ni dónde moriremos, por manera que debemos vivir y así estar aparejados como si en cada hora hubiésemos de morir.»

En segundo lugar, hace una *identificación del testador y manifestación de catolicismo*. La identificación del testador es la alusión a todos sus títulos. Conviene advertir que, naturalmente, no lo hace en condición de reina de España (cuya unidad política e institucional aún no existe), sino en condición de reina de Aragón, como le correspondía desde 1481; se enumeran todos los reinos en función de su importancia diplomático-política y se citan como reinos territorios que tuvieron esa condición en algún momento, aunque ahora sólo quede de ello un recuerdo protocolario. Isabel es reina de Castilla, León, Aragón, Sicilia, Granada, Toledo, Valencia, Galicia, Mallorcas, Sevilla, Cerdeña, Córdoba, Murcia, Jaén, Algarves (de Andalucía), Algeciras, Gibraltar y Canarias; tiene el condado de Barcelona y el señoreaje de Vizcaya y de Molina de Aragón; los ducados de Atenas y Neopatria, heredados de aquellos tiempos de Roger de Lauria; los condados de Rosellón y Cerdaña, que tantos quebraderos dieron a la Casa de Austria por mantenerlos al otro lado del Pirineo; los marquesados de Oristán y Gociano. En cuanto a las Indias, no hace ninguna alusión directa.

La manifestación del catolicismo la hace en el mismo y necesario preámbulo en el que afirma estar en su sano juicio, preámbulo sin el cual el testamento no tendría validez. Así pues, «enferma de mi cuerpo de una enfermedad que Dios me quiso dar y sana y libre de mi entendimiento», se declara dentro de la Iglesia Católica, creyente en los siete Artículos de la Divinidad y los siete de la Humanidad, en los siete Sacramentos, en el Credo y, en fin, en el articulado hecho en el Concilio Niceno. Siguiendo al rey Ezequías, quiere disponer de su casa «como si luego la hubiese de dejar».

A continuación, la *encomendación del alma,* a Cristo, «el cual de nada lo creó» y que lo redimió con su sangre; se entrega a Dios porque no ha recibido más que parabienes de él, «los cuales sé que no basta mi lengua para contar ni mi flaca fuerza para los agradecer». Alude más adelante a la misericordia divina para que «le plega no entrar en juicio con su sierva» y que interponga su bondad, su muerte y su pasión «entre su juicio y mi ánima» porque si desde luego nadie se puede justificar ante Él, «cuánto menos los que de grandes reinos y estados habemos de dar cuenta». Por ello solicita clemencia e intercesión en el Juicio, a la Virgen y a todos sus santos y santas, «mis devotos abogados», especialmente San Miguel del que querría que recibiera su alma para defenderla «de aquella bestia cruel y antigua serpiente que entonces me querrá tragar».

Ordenadas las cosas relativas al alma y sustancialmente al Juicio Final, llega el momento de ordenar las cosas relativas al cuerpo. Así pues, procede la *determinación del sepulcro.* En primer lugar, entre franciscanos y vestida con el hábito de la orden, cosa muy común, pero con un sesgo excepcional en esta ocasión: quiere ser sepultada entre los mendicantes de la Alhambra de Granada. En segundo lugar, se la enterrará «en una sepultura baja que no tenga bulto alguno salvo una losa baja en el suelo, llana, con sus letras esculpidas en ella». No es que no se haya respetado su última voluntad (en la Capilla Real de Granada, en un mausoleo de excepcional belleza renacentista, realizado por el florentino Domenico Fancelli), sino que Isabel dejó una sensata salida a otras disposiciones. En efecto, si el deseo de Fernando era otro, lo aceptaba, máxime si consistía en que fueran enterrados los dos juntos, como símbolo de su unión en vida en la tierra y su unión en el cielo: «El ayuntamiento que tuvimos y que nuestras ánimas, espero en la misericordia de Dios, tendrán en el cielo, lo tengan e representen nuestros cuerpos en el cielo.»

Las *honras fúnebres* se harán con toda la humildad posible; que no se vistan jergas ni se le hagan unas exequias exageradas, sino todo lo contrario: que ardan durante el oficio divino sólo trece hachas y que se calcule lo que habría costado enlutar la iglesia y hacer un sepelio más clamoroso y que se reparta ese dinero «en vestuario a pobres» y la cera que se hubiera consumido en otro tipo de funeral, se distribuyera entre iglesias necesitadas.

El *depósito del cadáver*, hasta que se pudiera llevar a San Francisco de Granada, se deberá hacer tan presto como pudiera ser. El cuerpo, eso sí, «entero», es decir, sin extraerle ninguna víscera.[15] (Alfonso X había determinado que su corazón fuera enterrado en el Calvario, en Jerusalén; mas «lo otro de dentro» lo deberían llevar a Santa María la Real de Murcia y lo demás debería reposar en Murcia. A los reyes de Aragón en el XV se les embalsamaba y rasuraba la barba; Felipe el Hermoso fue abierto, embalsamado y su corazón mandado a Flandes; también los de la reina Juana o Ana de Austria en 1580 fueron embalsamados; al parecer a don Juan de Austria lo mandaron desde Flandes en tres baúles: aquí se recompuso el cadáver y se expuso armado ante su hermano Felipe II. Otros cuerpos no se tocaron en absoluto, y así de legendariamente pasaron a la Historia: Fernando el Católico o la emperatriz Isabel. Por cierto: en Yuste a Carlos V sólo le echaron tomillo en el ataúd... y el cuerpo estaba momificado por lo menos aún en 1872.) Si no muriera en o cerca de Granada, se la llevaría a San Juan de los Reyes; si no, a San Antonio de Segovia; si no, al monasterio franciscano más cercano a donde hubiera muerto.

Entre las *mandas pías*, la primera se dedica a las instrucciones del pago de todas cuantas deudas tuviera, tanto personales como a oficiales y criados regios. Se ejecutaría el pago dentro del año transcurrida su muerte y contra sus bienes muebles: esta práctica ha de hacernos reflexionar sobre la confusión existente entre lo real-público y lo real-privado, así como el porqué de la dispersión y pérdida del patrimonio de la Corona. A la muerte de cada rey o reina, príncipe o infante que hubiera tenido edad para montar una Casa propia, era habitual hacer tasación y almoneda de sus bienes, como ya hemos visto en el capítulo dedicado a sus pertenencias culturales. Establece Isabel que en el caso de que no fueran suficientes para el pago de las deudas, se dispusiese de cualquier renta del reino, siempre y cuando el tocarla no causara mal. Y en tercer lugar, si aún así no hubiera bastante, se dispondría de cualquier renta de Granada que se vendería de por vida, para que con el producto de esa venta se pudiera hacer frente al descargo. Adviértase que entonces, a diferencia de hoy en día, no existían unos Presupuestos Generales del Estado y que las estimaciones de entradas y gastos que se conservan no pasan de ser, casi, apuntes nebulosos de un contador real. Quiero decir que no son rigurosos, exactos o estadísticos. Por otro lado, la multiplicidad y la heterogeneidad fiscal hacían que el mundo hacendístico fuera muy diferente en unas partes y otras de la Península e incluso de la propia Castilla. Por eso fue tan importante la reforma de Mon ¡en el siglo XIX!: la tradición de la diversidad, que hacía que cualquier riqueza luciera la mitad que si hubieran sido rentas compactas, echó por tierra cualquier tanteo de imposición de un impuesto único. Los intentos tuvieron lugar ya desde la década de 1590, gravando la harina. Pues bien, una entrada de dinero (por ejemplo, lo recaudado en transacciones comerciales —alcabala— en una demarcación cualquiera), se destinaba al pago de un gasto ordinario concreto. El pago estaba supeditado a la bonanza del ingreso, con lo que eso suponía. Entre las rentas aceptadas por ley que eran de la administración y casi propiedad de la Corona, las regalías, el monarca podía determinar que si los ingresos por alcabalas de tal comarca habían sido cualquier cantidad, se pudieran vender los mismos derechos regios a una persona, por su vida, a perpetuidad o como se decidiera, por tal cantidad. De esta manera, se obtenía liquidez... pero se mataba a la gallina de los huevos de oro. Que esa manera de obrar se hiciera para el pago de las deudas de la Reina tampoco iba a repercutir en exceso en la balanza del haber y debe de la Corona. El problema vendrá cuando, «gracias» a los gastos del Imperio y de la defensa de la religión, haya que vender casi todo. Pero ya estamos en otro problema que no llegó a ver Isabel.

Sobre la conciencia de los testamentarios recaería el incumplimiento del impago de las deudas. Los testamentarios, a quienes por ser muchos elude de la unanimidad para tomar decisiones, son: el Rey; Cisneros; Fonseca, el contador mayor; Juan Velázquez, el contador de su hija y consejero regio y depositario de todos estos bienes; Deza, obispo de Plasencia, confesor del Rey y consejero regio y Juan López de Lezárraga, secretario y contador. Una vez pagadas las deudas, ellos distribuirían lo sobrante entre iglesias, hospitales y pobres. El pago se ha de hacer dentro del año siguiente a su muerte y cuidándose de no mezclar el dinero procedente de rentas reales y de bienes reales, no sea que todo, al final, se diluya.

A su esposo, una vez que autoriza que se disponga de sus bienes para pagar esas deudas, excepto los ornamentos de su capilla que los manda a Granada, lo demás —digo— permite a Fernando que lo expurgue, que se quede lo que quiera «porque veyéndolas pueda aver más continua memoria del singular amor que a Su Señoría siempre tove e aun porque siempre se acuerde que ha de morir e que lo espero en el otro siglo, e con esta memoria [léase: con estos recuerdos] pueda más sancta e justamente bivir».

En segundo lugar, las misas. El católico ordena misas por su alma para que mientras ésta esté en el Purgatorio pueda redimir antes sus pecados. Si no hay misas, es muy difícil que actúen los abogados celestiales. Isabel dispone que tan pronto como se paguen las deudas, se digan por su alma 20.000 misas en iglesias y monasterios observantes (fundamentalmente franciscanos) de sus reinos y señoríos, de tal manera que, evidentemente, si no se tomaban interés en pagar sus deudas, en las conciencias de los albaceas dolería el que no hubiera misas, con lo que eso implicaba.

Deudas y misas. En tercer lugar, las dotes. La reproducción del orden social es algo que incumbe a todos. A la Reina también. Hay una práctica habitual, marcadamente antropológica y caritativa que consiste en dotar a doncellas (doncellas específicamente, no mujeres) menesterosas para que se puedan casar, y a doncellas pobres para meterlas a religión (aquí el juego sociorreligioso consiste en estigmatizar a quien es pobre, pues se le retira de la circulación social, pero como ser pobre no es un baldón en la mentalidad católica, se le dignifica ofreciéndole servir a Dios). A las menesterosas que se casaran, como tendrían esposo e hijos y sostendrían el orden social, se les da un cuento (un millón) de maravedíes; a las pobres, que se les apartaría de la vida social activa, otro tanto.

En cuarto lugar, vestir a los pobres. Es la actitud de Cristo lavando los pies a los Apóstoles: Isabel dispone que se vista a doscientos, como decidan sus testamentarios.

Igualmente, como salvar de los sufrimientos que se padezcan por la religión es un acto de redención del alma, dispone la liberación de otros doscientos cautivos en manos de los infieles.

Finalmente, dispone que se dé en limosna lo que se acostumbre.

La segunda parte del testamento es típica y consta de una sola manda: el *cumplimiento del de su padre,* en especial en lo que se refiera a honrarle en su enterramiento en Miraflores. Naturalmente como esas honras tenían que perdurar, estaban por cumplirse las de los tiempos venideros.

La tercera parte del testamento de Isabel incidía en cuestiones netamente políticas. De nuevo aparecen sus disposiciones cargadas de personalidad y son muy poco comunes. No se trata de algo grandilocuente, sino de un texto cargado de reconocimiento de errores y aciertos políticos, porque ella misma declara las cosas en las que se equivocó. Así, el *acrecentamiento de oficiales,* esto es el aumento del número de servidores (y por ende de cargos) que trabajan en la administración real es definido por la Reina como «daño y gran gasto y fatiga» para los vasallos. Quiere que cese el incremento de oficiales, pero era una realidad imparable: la complejidad del Estado exigiría año a año más y más «técnicos» aunque fuera más costoso para las arcas regias y, por tanto, para los súbditos. El mayor número de oficios públicos incrementados tuvo lugar durante la guerra de Granada. Es de suponer que muchos de esos oficios se incrementaron para venderse, pero esto es otro asunto: por necesidades económicas la Corona tuvo tendencia en los siglos XVI y XVII a aumentar el número de oficios públicos (que Tomás y Valiente clasificó como oficios de *pluma* —escribanos, sobre todo—, *dinero* —contadores, etc.— y de *poder* —regidores municipales por ejemplo—, a los que habría que sumar algunos *cortesanos*) en una localidad y venderlos a quienes estuvieran dispuestos a comprarlos tanto por una vida cuanto a perpetuidad. La estrategia tuvo importantes consecuencias: dinamizó la movilidad social; robusteció a las oligarquías municipales; convirtió los oficios «acrecentados» en bienes muebles transmisibles por herencia o por venta —sin regular— entre particulares, e hizo de los españolitos vividores de las rentas. El recurso al acrecentamiento de oficios para poder pagar las necesidades políticas de la Corona fue un error según reconoce la propia Reina.

En segundo lugar, quedan *revocadas ciertas mercedes* concedidas durante el reinado. No es de extrañar que privilegios dados a ciudades, villas, lugares y fortalezas lo hubieran sido hechos a cambio de dinero. Algunos privilegios, tales como exenciones fiscales, elevación de la categoría de lugar a villa con lo que implica de apropiación de término municipal, etc., incidirían también en la merma del poder regio. Por ello, la anulación; por ello, y por el miedo al empobrecimiento del espacio de poder directo de la Corona.

Una cláusula de excepcional importancia por lo que se refiere a las ideas políticas de la Reina es la relativa a la *administración de justicia*. Anula todas las actuaciones hechas por la fuerza contra el derecho de los vasallos de señorío de acudir a los tribunales de justicia de apelación reales, es decir, a las chancillerías, porque de tolerarlo «sería en mucho daño e detrimento de la preeminençia real y suprema jurisdiçión de los dichos mis reynos. [...] Lo susodicho es ynabdicable e ynprescriptible e no se puede alienar ni apartar de la Corona Real».

Afecta a la Corona en su ámbito institucional la *recuperación de rentas* cedidas por cualquier privilegio a sus miembros: la infanta María, a la sazón reina de Portugal (desde 1500, tía del príncipe Miguel), tenía concedida una renta sobre la ciudad de Sevilla, que debía revertir a la Corona al fin de sus días.

Igualmente es interesante la orden de reversión a la Corona de *los juros*, es decir, el finiquito de algo así como la deuda pública actual por medio de la compensación a los poseedores del principal que se extraería de rentas de Granada. Con ello se pretendía que las rentas reales estuvieran libres de cargas. Tenía miedo la Reina de que ocurriera lo que pasó ya con Carlos V: suspensiones de pagos de intereses de la deuda e incluso bancarrotas, con Felipe II.

Finalmente, se ordena el cumplimiento y ejecución final de las *capitulaciones matrimoniales* con Portugal (María) e Inglaterra (Catalina).

En tercer lugar, una cláusula de excepcional importancia y de las más citadas: *la designación de heredera*:

> «Ordeno e establezco e ynstituyo por mi universal heredera de todos mis regnos e tierras e señoríos e de todos mis bienes rayzes después de mis días a la illustrissima prinçesa doña Juana, archiduqesa de Austria, duquesa de Borgoña, mi muy cara e muy amada hija primogénita...»,

lo cual manda cumplir a todas las autoridades y a todos sus vasallos cumpliéndose según la «costunbre e fuero d'España». Esta cláusula tiene un par de incógnitas: en primer lugar, el que no aparezca el co-rey Fernando; en segundo lugar, que hable en nombre de «España» y no de Castilla, o de nuestros reinos y señoríos exclusivamente. Ella, sin duda, se sentía, efectivamente, reina de España.

Esa cláusula se amplía con otra de capital importancia: la designación de *Fernando el Católico como gobernador* en ciertos supuestos: el primero, que siendo Juana reina, no estuviera en sus reinos; que estando en ellos, se ausentara temporalmente y, en tercer lugar, que

> «estando en ellos no quisiere o no pudiere entender en la governación dellos».

Es decir, a la hora de redactar el testamento Isabel sabe bien, como tantos vasallos suyos, que Juana desvaría. El término de poderes a Fernando se cifraba hasta 1520, es decir, hasta que Carlos tuviera «a lo menos veynte años cunplidos».

A Fernando se le encomendaba que no alterara el patrimonio real por vía de enajenación y mandaba a todas las autoridades, «prelados, duques, marqueses, condes e ricos omes e a todos mis vasallos e alcaydes e a todos mis súbditos e naturales de cualquier estado, preeminencia, condición y dignidad» que obedecieran a Fernando y le ayudaran como estaban obligados a hacerlo.

A Juana y Felipe también se les indicaba que debían ser «muy obedientes e subjetos al Rey», por lo que «no le salgan de obediencias y mandado», reverenciándole, obedeciéndole, respetándole y siguiendo sus mandamientos y consejos como «que yo no hago falta e que soi biva». Esa obediencia se le debía como a padre, pero también por la quietud de los reinos y por la mucha experiencia de Fernando: la experiencia habida fue uno de los motivos de enfrentamiento más violentos entre el Católico y el Hermoso. Isabel habla en su testamento que el respeto se ha de basar, igualmente, en los logros políticos conseguidos; la pacificación lograda; la unidad religiosa (no se cita a los judíos); el significado de esa herencia política no lo podía entender la francofilia de Felipe I.

Otro motivo de interés de Isabel —y es la cláusula de la *ordenación política* a sus sucesores— es el de la concordia entre los esposos, como el que ella y su marido se guardaron, que se tengan «aquel amor e unión e conformidad como yo d'ellos espero». También ansía de ellos que no resquebrajen el patrimonio real, que «tengan mucho cuidado» en gobernar en paz; que fueran «benignos e humanos» con sus súbditos y que «los traten e fagan tratar bien»: es decir, el rey es capaz de situarse por encima de los señores a la hora del gobierno. Mención especial merece el cuidado que se ha tener en la administración de la justicia, ya que si se es rey, se es para obrar rectamente en esa obligación: a todos se les administrará igualmente, «así a los chicos como a los grandes, sin acepçión de personas poniendo para ello buenos e sufiçientes ministros»; también es necesario que el cobro de las rentas reales no sea abusivo y que no genere vejaciones; que se cumplan en su reinado las leyes del reino; que se consuman los oficios acrecentados de nuevo (es decir, que se anulen los cargos creados para su venta); que a don Fernando, aunque sea siempre poco lo que la Reina o Castilla le den, le entreguen la mitad de lo que renten las Indias, además de diez millones de maravedíes anuales... ¡Qué poco se imaginaban entonces lo que iban a generar aquellas «Islas e Tierra Firme del Mar Océano descubiertas e por descobrir!».

El *orden sucesorio* quedaba diseñado sin problemas: muerta Juana, le sucedería Carlos y a él sus descendientes. Las líneas se marcaban en función de mayor a menor, varón sobre hembra y nietos sobre tíos. Si don Carlos fallecía sin sucesión, le heredaría Fernando y así sucesivamente va nombrando a todos y cada uno de sus hijos e hijas hasta cerrar la relación con Catalina.

A raíz de la designación de doña Juana como heredera, es necesario aclarar un punto: se prohíbe la concesión de *cargos a extranjeros*, pero esos extranjeros lo son en el sentido actual, los que no son ni súbditos de Castilla o Aragón. Los extranjeros son los que vienen en el séquito de don Felipe que «por ser de otra nación e de otra lengua» no gobernarían ajustándose a los cánones «d'estos dichos mis reynos». En esta ocasión la lección que nos da Isabel sobre sus ideas está en la consideración del extranjero como aquel que posee una naturaleza —digamos— cultural (no sólo un nacimiento) y una lengua diferentes. En su mente sigue predominando la idea de «España» como la del aglutinamiento de las Coronas de Castilla y Aragón. Quedaba, pues, vedada la entrega de oficios de justicia, hacienda, casa y corte y dignidades eclesiásticas a los no-naturales «de los dichos mis reynos y señoríos»; por tanto, en su cabeza no está el vedar la circulación de elites sociales dentro de sus territorios: si así se hiciera sería por la poca iluminación política de las oligarquías territoriales. La cláusula siguiente *adscribe* las islas Canarias y las «Yslas e Tierra Firme del Mar Océano», ya que habían sido descubiertas y conquistadas «a costa d'estos mis reynos e con naturales d'ellos»; pero esta vez sí que restringe el sentido de esos sus reinos, «mis reynos de Castilla e León». Es decir, quedaba excluida la Corona de Aragón. Lógicamente, Fernando no cumplió esa orden, pues dio muchas licencias a sus vasallos; en 1526 Carlos V autorizó a todos, incluso no «españoles»; finalmente, Felipe II al final de su reinado definió como extranjeros a los que se vedaba ir a las Indias, a los no nacidos en las Coronas de Castilla, Aragón y Navarra.

A sus hijos y herederos encomendaba que continuaran con la defensa de la religión católica, manteniéndola en la conquista de África y en el apoyo a la Inquisición, así como en el reconocimiento de los fueros y privilegios de las instituciones eclesiásticas.

No falta un recuerdo en el testamento a los *servidores reales*, suplicando al Rey y mandando a la princesa y su marido que los honren y se sirvan de ellos, en especial, de los Moya, de Gonzalo Chacón, de Garcilaso de la Vega —el comendador de León—, de Antonio de Fonseca y Juan Velázquez.

Al infante Fernando le concede una pensión de dos millones de maravedíes hasta que se haya criado. Se harán efectivos contra la renta que se señale.

Encarece que las reliquias que obran en su poder se devuelvan a sus dueños, en especial el sayal de Cristo debe volver a San Antonio de Segovia. Las que son de su propiedad, pueden ir a Granada, a la Catedral.

Las *disposiciones finales* son varias: su declaración de que se tenga por testamento el presente; que ella sea enterrada en Santa Isabel de la Alhambra de Granada, donde irá el cuerpo de su hija Isabel; y que Juan sea enterrado en Santo Tomás, «çerca de la çibdad de Ávila», dice la Reina, en sepultura de alabastro: hogaño yace en una de mármol.

Igualmente, que con sus bienes se pague lo que falte por hacerse de la Capilla Real de Granada dedicada a Santa María de la O. Nombra al depositario de los bienes, indica los lugares de custodia del testamento y sus copias y lo zanja con el protocolo final, «lo firmé de mi nombre e mandé sellar con mi sello», otorgado en Medina del Campo el 12 de octubre de 1504. Fue signado y suscrito además de por el notario público, por otros siete testigos más ya enunciados antes.

Lleva Castilla casi cincuenta días haciendo plegarias por su buena salud, mas la Reina, visto que era voluntad divina llevársela ya, «mandó que no importunasen más a Dios por su salud». En ese momento, dicta el codicilo, recibe los sacramentos, sin tolerar que se le vean los pies durante la unción y es vestida con el hábito de San Francisco.[16]

El testamento en la posteridad

En Bruselas, el 6 de junio de 1554 Carlos V, el Emperador, otorgaba testamento. Entre sus últimas reflexiones y voluntades, estaban las siguientes: que su cuerpo y el de la Emperatriz fueran enterrados en Granada, junto a los Reyes Católicos y a Felipe, su padre: la Capilla Real se convertiría así en el Panteón Real. Luego, en el codicilo autorizaba a su hijo Felipe a que hiciera lo que creyera conveniente, pero manteniéndolos siempre juntos.

Igualmente, Carlos V reconocía que por las guerras contra el Turco, así como contra otros príncipes de la cristiandad, «no emos podido hazer lo que deseávamos, que era cumplir enteramente los testamentos del rey don Felipe, mi señor y padre y de los Reyes Católicos» ni los de los abuelos germánicos. «Por ende, mandamos que lo más presto que ser pudiere, sean observados, cunplidos y executados en todo lo que faltare y restare de cumplir dellos...»

Carlos V reconocía también que por los gastos de guerra había entregado parte del patrimonio regio a particulares y añadía, «no e podido ni executar la cláusula que dexó en su testamento la Cathólica Reyna, mi señora y abuela, que habla sobre las dichas alcabalas y las provisiones que mandó dar y antes que falleciese». Segundo incumplimiento.

Siguiendo los pasos de la abuela, «porque la Reina Católica, mi abuela, en su testamento, dixo y declaró que daba por ningunas y de ningún efeto y valor las mercedes que hizo de las cosas pertenecientes a la Corona Real», Carlos V revocaba todo lo que hubiera hecho contra la Corona Real. Así, en efecto, encargaba a su heredero que se zanjaran los juros concedidos... y la pelota se fue pasando de unos a otros. Tercer incumplimiento.

Felipe II era consciente de esos incumplimientos y los recogió en su testamento: un siglo de conciencias reales apenadas por cuestiones hacendísticas a causa de las guerras religiosas...

¿Y Felipe III? No perdamos de vista su testamento (30 de marzo de 1621): «No he podido cumplir ni executar la cláusula que dejó en su testamento la señora reina Isabel mi rebisagüela, de que el Emperador mi señor y agüelo y el Rey mi señor y padre hicieron mención en los suyos, que hablaba sobre las dichas alcabalas...» También aludía al testamento de la Reina al hablar de la revocación de mercedes (que en su reinado recordaban las de tiempos de Enrique IV).

En la cláusula 69 del de Felipe IV ya no se hace mención al de Isabel, pero sí muestra el Rey la inquietud de haber tenido que enajenar patrimonio real y su intención y encargo de recuperarlo. Ahora bien, las cláusulas 70 y 71 tienen al testamento de Isabel como protagonista: el tema de las alcabalas, o la concesión de mercedes.

Carlos II en las clásusulas 50 y ss. alude a Juan II, a Isabel, etc. En función de lo mismo, de que no se parta el patrimonio real. La música machacona de la cláusula 51 puede oírse como canto de sirena: «Yo también lo dispongo y mando de la misma manera...»

Valga como colofón de este breve comentario, el encabezamiento de la cláusula 76 del de Felipe IV: «Mando que, con particular cuidado, se entienda en el cumplimiento de lo que falta de executar de los testamentos de los señores Reyes Católicos...»; sin duda, fórmulas, pero, ineludiblemente, maneras de que disposiciones anteriores no caigan en el olvido y situaciones ilegales se tornen en válidas por aplicación del derecho de costumbre.[17] Mecanismos monárquicos para basar parte de su legitimidad en la tradición, en el ser depositarios de una legendaria legitimidad.

«¡La Reina ha muerto! ¡Castilla por la reina doña Juana!»

Por desgracia ha llegado el fatal día. Aunque «de dolor se me cae la mano derecha», Anglería comunica el fallecimiento de la Reina a sus amigos de Granada.

> «Exhaló la Reina aquella alma, grande, insigne, excelente por sus preclaras hazañas. La faz de la tierra se ve privada del más admirable de sus adornos. [...] No recuerdo haber leído que Dios y la naturaleza hayan formado persona alguna digna de compararse a ésta en el sexo femenino ni en las facultades del mando. [...] No hay quien tenga dudas sobre su comportamiento, juntamente con su marido, en la extirpación de las herejías, en la pureza de la religión, en la eliminación de sus reinos de todos los judíos, quienes todo lo manchaban con sus tráficos. Ante los propios ojos tenemos cuál fuera su preocupación por el exterminio de los mahometanos. [...] Su tesón en desterrar los vicios, en promover las virtudes, más conocido a mí o que a otro cualquiera...»

Los elogios siguen. Excepción hecha de la Virgen, no hay otra mujer que tenga sus méritos para entrar en el «catálogo de las santas»; «podía llamarse la castidad misma»; y como un hombre del Renacimiento no podía entender que una mujer tuviera tantas virtudes intelectuales y morales, «bajo la cubierta femenina, esto es, bajo el cuerpo de mujer, llevó siempre un espíritu viril». Quiere el humanista que todos los cristianos lamenten «la pérdida de este espejo de virtudes, refugio de los buenos, azote de los malos. [...] Han de alegrarse aquellos que tuvieron ocasión de conocer su espíritu, sus palabras y sus acciones»; hay que dar por sentado que su alma estará junto al Altísimo.[18]

Se cuenta en un manuscrito anónimo que Cisneros va camino de Medina para asistir a Isabel. No llega a tiempo, y en el camino le comunican la mala nueva. Se cuenta también que aunque rara vez se le había visto descontrolar sus sentimientos, en esta ocasión «se le saltaron las lágrimas» y exclamó que desaparecía una Reina «que no ha de tener semejante en la tierra, por su grandeza de alma, pureza de corazón»[19]. Mas, por otro lado, cardenal, ¿por qué no has estado a tiempo junto a tu confesanda?

Todos los caminos de Castilla se han llenado de correos reales que al galope comunican por doquier la muerte de la Reina. En las faltriqueras van las comunicaciones del deceso firmadas por Fernando. Al condestable de Castilla le escribe:

> «Oy, día de la fecha desta [carta] ha plasydo a nuestro Señor llevar para sí a la serenísima reyna doña Ysabel, mi muy cara y muy amada mujer, y aunque su muerte es para mí el mayor trabajo que en esta vida me podía venir, e por una parte el dolor della por lo que en perderla perdí yo e perdieron todos estos reynos me atraviesa las entrañas, pero, por otra, viendo que ella murió tan santa y católicamente como bivió, de que es de esperar que nuestro Señor la tiene en su gloria que para ella es mejor y más perpetuo reyno que los que acá tenía, pues a nuestro Señor así le plugo, es razón de conformarnos con su voluntad y darle gracias por todo lo que hase...»[20]

En el texto oficial, suele hacerse hincapié en tres puntos: que la Reina ha muerto, que hay que levantar pendones por los nuevos reyes, que no haya grandes exequias y que Fernando es el gobernador. Todo, pues, en cumplimiento del testamento. En unas horas, antes del anochecer otoñal, se sabe en Valladolid; en menos de dos días la noticia ha llegado a las ciudades costeras andaluzas y algo más tarde a Flandes. De todas partes, se devuelven las condolencias; Juana y Felipe desde Bruselas, el día 24 de diciembre. En una carta de finales de año el embajador Fuensalida comunica a un deudo suyo en Castilla que en Bruselas se teme que Fernando, en efecto, se haga con las riendas del poder; que se case y tenga descendencia, con lo que se perdería en la sucesión, por lo menos, la Corona de Aragón; finalmente se teme que Fernando se case con aquella mujer que sigue en Portugal y que algunos podrían empezar a llamar reina de Castilla, ¡Juana! No han transcurrido tres meses de la muerte de la Reina, y los nubarrones vuelven sobre el cielo político español.

En la primera semana de diciembre las ciudades han ido celebrando los actos fúnebres por Isabel al tiempo que han proclamado a Juana. En Medina, la misma tarde del óbito; en Valladolid todo ha concluido el 2 de diciembre; en Murcia el 8; en Jaén el 9... El nuevo reinado empezaba sosegadamente. En Castilla no se conocía esa sensación desde hacía casi un siglo; por lo menos. Juana es la reina. Felipe, el rey consorte. Fernando, en el caso que Juana faltare a sus obligaciones, gobernador. Pero ¿y si Felipe no considera que Juana esté en su sano juicio: sería él el rey, o Fernando el gobernador hasta la mayoría de Carlos? ¿Y si Fernando no quisiera reconocer a Felipe? ¿Y si Fernando, rey de Aragón, se casara con Juana de Castilla, aquella que fue llamada La Beltraneja y que pudiera resultar que ahora todo se reconociera una ignominia y tuvieran hijos? ¡Cuántas zozobras!

«Sin detenimiento alguno lleven mi cuerpo entero a Granada...»

El mismo día de la muerte, un estrado en la plaza del mercado de Medina ha sido el lugar elegido por Fernando para despojarse de sus dignidades reales en Castilla, pasarlas a su hija y yerno y quedarse el título de gobernador. Tal acto insólito «unos lo atribuyen a su discreción y suma bondad; otros, admirados ante la novedad, acusan al Rey y arguyen que nunca debió suceder esto»[21].

En la parroquia frontera a la plaza de Medina se ha hecho el funeral de cuerpo presente y al parecer no ha habido oración fúnebre. El 27 de noviembre el cadáver ha salido de Medina.[22] Una cruz de los franciscanos de Arévalo abre un cortejo fúnebre que no es macabro, sino necesario cuando se trasladan los restos de los muertos. ¡Ya se estremecerán los campos de Castilla entre diciembre de 1573 y febrero de 1574 cuando se muden los restos de todos los reyes hacia El Escorial! El cortejo comprende: veinticinco personas de la capilla de la Reina; quince cantores y un organista; nueve capellanes del Rey; un alcalde de corte, cuatro alguaciles y dos personas más (una mujer, la condesa de Camiña); dos reposteros de capilla; nueve reposteros de camas; tres reposteros de estrados, seis porteros, un copero, cinco ballesteros de maza, seis monteros de guarda, dos aposentadores, tres continos (oficios de representación palatina); encargados de limpiar la plata y de la despensa, un aguador, algunos cereros, varios barrenderos, un carnicero, un gallinero, un caballerizo de andas y cinco ayudas suyos, un acemilero, seis cocineros, treinta y cuatro mozos de espuelas y diez escuderos de a pie, así como una docena de acémilas. El costo fue de 898.255 maravedíes.

Dos buenas mulas llevan en andas un féretro fuertemente atado por unos cordeles, con dos forros de seda de 16 varas de largo y cubierto por una primera capa de cuero y otra exterior de cuero encerado para que no se dañe con el frío o el agua. Los animales que llevan las andas lucen riendas y caparazones negros. En un cajón va un paño negro sobre el que se deja el ataúd, cuando hay una parada. Las andas van cubiertas con un espectacular paño de brocado de pelo carmesí, morado y verde, con una «antepuerta de oro y plata de pelo blanco», con representaciones de granadas y las armas reales.

Para el caminar nocturno, hay un par de antorcheros de madera y otras 195 hachas; se han gastado en misas y en alumbrarse 45 arrobas, 2 libras y 2 onzas de cera; entre cera y cerero, 53.681 mrs. y unos 520 kilos.[23]

Por los bamboleos hay que fortalecer el arnés en Cebreros. En otro sitio, treinta hombres ayudan a vadear un río (Carlos V se cayó rodando con su ataúd, en otro); en aquel lugar, un par de guías indican por dónde pasar; ha habido acémilas cargadas de pan cocido traídas para alimentar a la comitiva; y por todas partes se alquilan mulos para llevar a frailes, para transportar alguna vitualla, y más limosnas en Cardeñosa, en Toledo, Torre del Campo, a las beatas de El Viso; al cura de Los Palacios le pagaron las rejas que hubo que derribar para que pudieran pasar las andas; en Mengíbar el barquero contó con la ayuda de seis hombres para cruzar el río; y el de Espelique sólo cruzó a los de la capilla; los demás fueron por otro lado.

La comitiva había salido de Medina. El itinerario debió ser algo así como Arévalo, Cardeñosa, Cebreros, Ávila, San Martín de la Vega, Toledo, Manzanares, El Viso, Torre del Campo, Jaén, Los Palacios, Mengíbar, Espelique y Granada, en donde fue recibido el féretro por el conde de Tendilla. Por todas partes acuden gentes a dar el último adiós a su Reina y en algunos sitios, como en Toledo, la reciben como viva y la despiden como muerta, para poder proclamar a Juana.

Anglería ha estado en la comitiva y los detalles que nos da del luctuoso viaje son, como siempre en él y en su traductor (Antonio de la Torre), preciosos. Al salir de Medina, «los cielos se deshicieron en cataratas» y todo el trayecto se hizo sin poder ver el sol, «parecía que nos arrastraban las borrascas del mar». Es más, sólo tenía seguridad de sobrevivir en lo alto de las colinas, porque casi a nado pasaban por valles y llanuras, que siempre había charcas y lagunas; «las caballerizas ya no tenían fuerzas para sacar las patas» de los lodos; gemían «las cansadas mulas entre nuestras rodillas. Aquí se caía la carga, allí se precipitaban en una fosa, más allá se dejaban abandonados los bultos al no haber caballerías en que transportarlos». El agua es el gran protagonista de la narración del humanista, «¡ay, cuántos cuerpos de desdichados, cuántas caballerías aquellos torrentes se tragaron!». Incluso la comitiva discutió si no sería mejor dejar el cuerpo en Toledo en tanto se calmaran los elementos, aun contraviniendo las órdenes del Rey y la postrera voluntad de la Reina que quería llegar, sin dilación, a Granada. Cada paso que daban temían morir; al fin, «dimos sepultura al cuerpo de esta celestial Reina con las convenientes oraciones y elogios desde el púlpito»[24].

La Reina ha querido que no haya ninguna señal en su tumba. Y el capitán general de Granada acepta el testamento. Sólo pone una lápida de mármol sobresaliente del suelo cuatro dedos y rodeada de una verja de plata para que no sea pisada la morada real... y se propone la conveniencia de enlosar la capilla de los franciscanos, dorarla y pintarla, aderezar las capillas laterales, poner una reja de hierro, en fin, cumplir estrictamente el testamento y ennoblecer la tumba por medio de la exaltación del espacio circundante[25], no la tumba en sí: ¡qué hábil!

Sin embargo, todo ha cambiado ya hacia 1521. Entonces Carlos V decide que, concluida la Capilla Real, Fancelli haga el mausoleo debido. Luego, Felipe II, los dejará reposar allí para siempre, en vez de trasladarlos a El Escorial. Hoy, mañana, las colas de viajeros, turistas y curiosos se detienen tras la reja de la cripta para contemplar los féretros de dos generaciones de reyes y un príncipe mal logrado. Cada uno pensaremos una cosa, pero a buen seguro que nos une la misma idea: ésta es la muerte, descansen en paz.

Notas

[1] Sobre este interesante asunto, AZCONA, T.: *Isabel la Católica...*, pp. 936-937.

[2] GALÍNDEZ DE CARVAJAL, L.: *Anales breves del Reinado de los Reyes Católicos,* p. 554.

[3] BERNÁLDEZ, A.: *Historia de los Reyes Católicos don Fernando y doña Isabel,* especialmente, pp. 721-722, cap. CCI.

[4] GALÍNDEZ DE CARVAJAL, L.: *Anales breves del Reinado de los Reyes Católicos,* ed. de C. ROSSELL, BAE, LXX, Madrid, 1923, pp. 533-565, p. 549.

[5] GALÍNDEZ DE CARVAJAL, L.: *Anales breves del Reinado de los Reyes Católicos,* p. 554.

[6] BERNÁLDEZ, A.: *Historia de los Reyes Católicos don Fernando y doña Isabel*, p. 722, cap. CCII.

[7] BERNÁLDEZ, A.: *Historia de los Reyes Católicos don Fernando y doña Isabel,* p. 692-693, cap. CLV. El subrayado es mío.

[8] ANGLERÍA, Pedro Mártir de: *Epistolario...*, carta 255, II, p. 48, 10 de marzo de 1503.

[9] La noticia la tomo de AZCONA, T. de: *Isabel la Católica...*, p. 915.

[10] Tal vez sólo sea mera coincidencia con la llegada de la Semana Santa; tal vez sea una actitud de recogimiento. Los datos los proporciona AZCONA, T. de: *Isabel la Católica...*, p. 921.

[11] Es curioso cómo los médicos se han apropiado del título de *doctor* sin serlo todos. Para ser *doctor* ha de ser defendida una tesis doctoral, que no poseen nada más que algunos. Los médicos que se titulan *doctores* sin serlo han logrado un ascenso social y una apropiación indebida de un título académico. *Doctor* quiere decir *El más sabio...*

[12] Recuerdo al lector que el poema está en RODRÍGUEZ VALENCIA, V.: *Opinión de españoles y extranjeros...*, I, pp. 501-507.

[13] ANGLERÍA, Pedro Mártir de: *Epistolario...*, cartas 273, 274 y 277.

[14] La edición del testamento que manejo es la de TORRE Y DEL CERRO, A.: *Testamentaría de Isabel la Católica,* Madrid, 1968, pp. 446-485 aunque hay varias más.

[15] Las noticias anteriores, VARELA, J.: *La muerte del rey. El ceremonial funerario de la Monarquía española (1500-1885),* eds. Turner, Madrid, 1990, pp. 17 y ss.

[16] Éstos son datos que proporciona PADILLA, L. de: *Crónica de Felipe I*, CODOIN, 8, Madrid, 1846, pp. 119-120.

[17] He manejado los *Testamentos de los Reyes de la Casa de Austria*, 4 vols., ed. Nacional, Madrid, 1982.

[18] ANGLERÍA, Pedro Mártir de: *Epistolario...*, carta 279.

[19] *Recopilación de parlamentos...* Bibliothèque Nationale, París, *Manuscrits Espagnols,* Côte 187, fols. 49r-52r.

[20] El extracto lo copio de RODRÍGUEZ VALENCIA, V.: *Isabel la Católica en la opinión...*, I, p. 7. El subrayado es mío.

[21] ANGLERÍA, Pedro Mártir de: *Epistolario...*, carta 279, de 22 de noviembre de 1504.

[22] Las informaciones siguientes proceden tanto de AZCONA, T.: *Isabel la Católica...*, cuanto de la *Testamentaría...*, pp. 349, *et allii.*

[23] Calculamos la arroba en unos 11,5 kilos; la libra, algo menos de medio kilo y la onza, algo menos de 30 g.

[24] ANGLERÍA, Pedro Mártir de: *Epistolario...*, carta 94, desde Granada, a 25 de diciembre de 1504, a Fernando de Aragón, sobrino de Fernando el Católico.

[25] La carta de Tendilla al rey, de 23 de diciembre de 1504, en RODRÍGUEZ VALENCIA, V.: *Opinión de españoles...*, I, 258 y ss.

QUINTA PARTE

Fama y gloria

Este capítulo es, esencialmente, una reflexión en voz alta sobre la causa de beatificación y canonización de Isabel la Católica. Sin embargo, se antecede de una crítica durísima contra ella, realizada por un coetáneo, así como de un cuentecillo que glosaba su reinado, escrito a principios del siglo XVII, que creo es desconocido hasta ahora.

«La Reina está en el infierno por tener opresos a los hombres»

No todo iban a ser flores para con Isabel. Si no, que se les diga a los pretendientes del otro bando, el de Juana y Alfonso V, a los vencidos de Granada, a los indios que no entendían nada, a todos y cada uno de los apóstatas judíos que fueron sentenciados en sus múltiples variantes por la Inquisición, a los que antes de ser herejes se marcharon, a las víctimas de tanta destrucción al parecer necesaria para la imposición de un orden político.

17 de mayo de 1507. En Medina del Campo hay rostros circunspectos. El escribano real y notario de corte y escribano de los del número de Palencia, Antón Lorenzo de Herrera, está con unos cuantos testigos, porque el contador de cuentas de la reina Juana, el licenciado Alonso Ruiz que va con título de juez pesquisidor, le ha llevado una cédula real firmada por los del Consejo Real en la que se le ordenaba que levantara una información secreta sobre ciertas cuestiones.

¿Qué ha ocurrido para tanta solemnidad? Pues que hace unos meses, el corregidor de Medina del Campo, Sarmiento, se ha ido de la lengua. Un corregidor era el delegado real en las ciudades más importantes y sus funciones eran las de presidir el ayuntamiento y administrar justicia en primera instancia. Ser corregidor no era ser cualquier cosa. Lo puede comprobar el lector en la *Política para corregidores y señores de vasallos en tiempos de paz y de guerra,* de Castillo de Bobadilla. Ser corregidor en la gran Medina del Campo era un buen cargo político. Por eso, su desacato era algo gravísimo. Y Sarmiento, al parecer, lo había hecho: «Dijo ahí algunas palabras de la reina doña Isabel, nuestra señora, que haya santa gloria, y del señor rey don Fernando, su marido, diciendo que ella estaba en el infierno y que él venía a robar este reino.»

No hay por qué escandalizarse por el hecho de que se traten estos asuntos.[1]

Los testigos reconocieron en forma de derecho las firmas de la cédula real y, una vez así aceptada y autentificada, se procedió a tomar juramento a los testigos también en la forma debida: «Por Dios Nuestro Señor y por Santa María y por la señal de la Cruz que con sus manos derechas tocaron y por las palabras de los Santos Evangelios, doquier que más verdaderamente están escritos[2], que bien, leal y verdaderamente, sin arte y sin engaño dirían la verdad de lo que supieren y les fuese preguntado.»

El primero en responder a lo contenido en la carta del Consejo fue Álvaro de Mercado, que dijo que «lo que sabe deste caso es que en el mes de septiembre que pasó del año pasado de quinientos y seis años, estando el rey don Felipe, que santa gloria [haya], y la reina, nuestros señores, en la villa de Valladolid, este testigo, viniendo de fuera, llegó a ver y hablar a García Sarmiento, corregidor desta villa de Medina, como a corregidor que es y [...] oyó y vio decir al dicho Garci Sarmiento, corregidor, que la Reina nuestra señora doña Isabel, que Dios tiene en su gloria, estaba en el infierno, por tener opresos a los hombres», a lo que el testigo, extrañado, le increpó: si la Reina no estaba en el Paraíso, él no querría ir allá. En ese momento, Álvaro de Lugo, «viendo sobresalir tanto al dicho corregidor, le apartó porque no dijese más palabras». El mismo testigo relata ante el pesquisidor que tanto en regimiento (en ayuntamiento) como fuera de él el corregidor había dicho que el Rey era «robador»; más aún: «Que si venía a estos reinos, que todo el reino era robado.»

El segundo testigo, Francisco de Cuello, vecino de Medina, corroboró lo dicho, «que la reina doña Isabel estaba en el infierno por tener a muchos opresos que no tenían culpa e contra justicia» y que unos días después, afirmó sobre don Fernando que «era un tirano robador».

El tercer testigo era un letrado, Cristóbal Sanz, procurador, que aseveró contra el corregidor «que estos reinos habían sido muy mal gobernados y que creía que la reina doña Isabel, según su mala gobernación, que estaba en el infierno, y que el rey de Aragón, con ella, nunca hacía sino robar y disipar estos reinos y que era muy tirano hombre y que otras veces hablaba otras cosas desta calidad contra sus altezas y que nunca hablaba bien de ellos». A otro testigo, oír esas cosas «le pesó mucho de ello y se le volvió la color». Además, el bachiller Maldonaldo, ayudante del corregidor, «dice algunas cosas contra el rey don Hernando, diciendo que nunca acá vendrá ni el diablo acá le traiga y que nunca habla bien de su Alteza».

Así acabaron las diligencias, el día 19 de mayo, cuando el pesquisidor ordenó al escribano «que le diese la dicha información que ante mí había hecho, escrita en limpio, cerrada y sellada y signada con mi signo» para entregarla a los miembros del Consejo. No sabemos en qué deparó la cuestión, pero a buen seguro que el caso de este corregidor era la punta del iceberg de ese movimiento tan desabrido contra Fernando que hubo en Castilla. Por cierto, no nos extrañe que, recién muerta Isabel, con esos estados de opinión, al llegar Carlos se levantara Castilla contra él...

El cuento de la reina de Licaonia, Honíbala

Existe en la Biblioteca Nacional de París[3] un códice que, según creo, no se ha investigado aún. Tiene un pomposo título.

Tan pomposo que parece un prólogo. Dice así: *Libro discreto y curioso y en lección vario, llamado Recopilación de parlamentos sabios y de razonamientos discretos; de prudentísimas letras y elocuentísimas respuestas, de sentencias y razones muy graves y elegantes, de sumos pontífices, de emperadores, de reyes, de príncipes y de señores grandes; de doctísimos y de sapientísimos varones, recopilado por muy alto modo y por muy elegante estilo, no con poco trabajo, sino con estudio inmenso.*

Si un investigador no anda con ojo y todo le vale, confundirá fuentes sin intencionalidad política y fuentes de información ideológicas. Habitualmente ocurre que se acepta por valioso en sí cualquier testimonio con tal que sea «histórico»: ¡como si un cronista, por muy coetáneo que fuera de los hechos, no pudiera estar interpretándolos o tergiversándolos a su gusto! En este punto debemos afirmar que un dato, aunque sea falso, vale porque falsear la realidad tiene, en sí mismo, un alto valor político e historiográfico.

El autor del texto es fray Ignacio de Piña, prior de Chiapas. Era capellán de don Diego de Acuña, caballero de Alcántara, comendador de Ornos, consejero real, lugarteniente, gobernador y capitán general de Guatemala. Cuenta nuestro buen fray Ignacio, más llevado por la imaginación que por ajustarse a la verdad, que al morir fray Tomás de Ávila, predicador dominico que anduvo por León, Galicia, Ávila, Valladolid y Guatemala (esto es circulación de elites y procesos de trasculturización) y que falleció en su ciudad natal en 1604, entre sus papeles se hallaron unas hojas que contenían este discurso. El argumento de ficción, de cine, está servido. Lo único que ocurre es que la película es sólo eso, de ficción. ¡A saber cuándo escribiría fray Tomás el «parlamento»! Por lo menos, casi un siglo después de la muerte de la Reina. Y, por otro lado, está cargado de imprecisiones cronológicas.

El «parlamento» en cuestión está dedicado a las palabras dadas por el cardenal Cisneros a la reina Isabel ante el temor de que, como ya había ocurrido con Urraca y Alonso I de Aragón, no dejasen en Castilla gobernar al aragonés: parecería que el cardenal tenía dotes de adivino... o ¿es que la ficción estaba escrita pasado el reinado de Isabel y las azarosas gobernaciones de Fernando y Cisneros?

Según nuestro autor, Cisneros usó un ejemplo histórico para alumbrar a Isabel. El ejemplo no puede ser más ácido: Honíbala, la reina de Licaonia[4] era «hermosísima hembra» y, sobre todo, honestísima, sabia y muy virtuosa. Para evitar más desaguisados en su inestable reino, se casó con un deudo y allegado suyo. El nuevo rey, su marido, era «hombre de juicio muy corto y muy falto de entendimiento». Ella, con sus virtudes, encubría «las faltas de su marido» (¿las faltas morales, me pregunto?).

La pobre reina cavilaba para ver cómo paliar la estulticia del «mente capto» de su marido y así, primeramente, escogió un modo de vida sabio y prudente, apartando la vanidad de sí, echando de su casa a todas las damas livianas; a las que se quedaron las hizo vestir honestísimamente y desechó afeites y ornamentos. Prohibió el servicio de caballeros mancebos. Los monarcas se rodearon de experimentados consejeros.

Nunca quiso estar presente en las decisiones de gobierno, ni aunque le llamaran su marido o los consejeros, para evitar que dijeran que el rey seguía los dictados de la esposa: no quería que «se cantase por el reino que el rey era hombre afeminado y que la reina, su mujer, tenía el gobierno».

Ella sólo quería que los buenos actos políticos se le atribuyesen a él para darle honra y encubrir con tanta prudencia «la falta de su cordura». Rezaba a diario especialmente al Santo Ángel Príncipe de su reino. Buscaba paz, buen gobierno, la salvación de su marido y que hubiera sucesión. Por fin, en la vigilia de la fiesta de los Ángeles se apareció el Ángel Príncipe de su reino y le habló: «Muy amada hija Honíbala y muy excelente señora, reina de Licaonia.» Cristo había oído sus súplicas y se había dispuesto allá en los cielos que, dentro de un año, tendrían un hijo y el rey adquiriría sano juicio para el recto gobierno. De esta manera Dios —como si hubiera habido una segunda Anunciación— premiaba «tus oraciones muy devotas, tus muchas obras pías, tu gobernación tan sabia, tu intención recta». Además, en veinte años los cónyuges pasarían a la otra vida acompañados del Ángel. Pasarían «en estado dichoso».

La reina contó esto al rey, que tan pronto como lo oyó «se halló con perfecto sano juicio y con sano entendimiento». Ella parió un hijo; ellos murieron santamente transcurridos aquellos veinte años; el nuevo rey gobernó rectamente y ordenó que todos los años se celebrara el Día del Ángel de Licaonia.

Así que, señora, teniendo en cuenta lo inteligente que es don Fernando, vea cuánto respeto le debe. Si sigue el ejemplo de Honíbala, conseguirá gran paz y concordia entre «los grandes y señores de España». Ella habló a Fernando con lo que le había dicho Cisneros y adoptaron una serie de medidas: ambos se llamarían reyes de Aragón y de Castilla; entre los dos gobernarían la república; con ambos nombres se acuñarían monedas; los dos visitarían España...

El sabio consejo, echado en tierra fértil, dio felices frutos. Lástima que la Concordia de Segovia fue de 1475 y el llamamiento al confesonario real de Cisneros fue en 1492. ¿No hay ficción en este «parlamento»?

La sierva de Dios Isabel I de Castilla: la defensa de su santidad

Como es bien sabido, la Iglesia Católica instruyó un proceso para la beatificación y canonización de Isabel I (que se reabre en estas fechas, cuando este libro está en prensa). Un proceso de canonización consta de varias fases y se busca un fin: que no haya errores en la elección del individuo que ha de servir de modelo para los demás católicos. En el caso de Isabel las cosas quedaron paralizadas allá por los años ochenta del siglo pasado; paralizadas —que no quiere decir que arrinconadas o desestimadas— porque al parecer se insta con reiteración ante las autoridades vaticanas para que se vuelva a poner en marcha el proceso.

En los párrafos siguientes vamos a analizar una parte de los trabajos de la *Congregatio pro causis sanctorum*. La congregación se encontró, desde el principio de sus trabajos, con dos diferencias con respecto a otras tareas emprendidas con anterioridad: la importancia de las realizaciones de Isabel y la cantidad de documentación generada por o sobre ella.

Curiosamente se pretendía canonizar a una sierva de Dios que ni había tenido experiencias místicas, ni había obrado milagros. La carencia la supliría por un sinfín de virtudes morales —que se ven más adelante— o por una profunda e indubitativa fe ya puesta de manifiesto por sus más cercanos colaboradores (Marineo Sículo la representa orando y gobernando sin cesar; el viajero alemán Münzer, en su *Itinerarium Hispanicum* de 1494-1495, es quien nos informa de que ella hablaba de Guadalupe como de «su paraíso»[5]).

Tres han sido las causas de carácter histórico esgrimidas para explicar el porqué del retraso de la puesta en marcha del proceso de beatificación de Isabel, teniendo en cuenta que siempre ha sido tenida por santa... o casi. En primer lugar, se ha pensado que el paso de una dinastía a otra pudo haber generado una especie de desinterés en la excesiva exaltación de los predecesores, no fueran a hacerles sombra, «la vinculación entre unos reyes nuevos y los reyes antiguos era muy distendida»[6]. En segundo lugar, que nunca se pudo realizar el ingente esfuerzo de acopiar toda la documentación generada por la sierva de Dios y, en tercer lugar, problemas de relación con la Santa Sede.

Es natural que un proceso se incoe al poco de morir el señalado. En este caso eso no se hizo, argüían los peritos históricos, porque la Reina había tocado resortes de política interior y exterior y su actuación requería un sedimento «de dos generaciones, por lo menos». En cualquier caso, no será hasta el XIX cuando empiece a movilizarse una parte del mundo católico en pro de la canonización de la Reina.

En 1957 el arzobispo de Valladolid, García Goldáraz, hizo las primeras pesquisas por ver si tendría sentido poner en marcha la causa de la Reina Católica, a lo que se le contestó positivamente desde Roma.

Al año siguiente se designó a V. Rodríguez Valencia como postulador diocesano de la causa. Un mes después, en mayo, se constituyó una importantísima comisión histórica, con tres medievalistas permanentes. De ella han formado parte ocho historiadores.

Durante doce años (se empezó en 1958) se estuvo trabajando buscando informaciones de lo más variado sobre la candidata y el saldo final fue de veintisiete volúmenes de documentos y una larga lista de publicaciones y de científicos consolidados a raíz de este proyecto. De todo lo cual, intentaré hablar poco a poco. En los archivos de Simancas, Corona de Aragón, Histórico Nacional, General de Indias, Palacio Real, El Escorial, Secreto Vaticano, algunos municipales y otros particulares nobiliarios se examinaron todos los decretos de gobierno y de justicia firmados por Isabel o por los diarcas. Asimismo se vaciaron los fondos de las secciones relativas a las relaciones diplomáticas y en especial a las relaciones con el Papado. No dejaron de lado el análisis de la documentación de la Casa Real o de la «economía doméstica» de Isabel: contadurías, casas reales, sitios reales y los libros de limosna regios. Se analizaron bulas y dispensas, reacciones políticas a tal o cual acontecimiento y cuanta documentación se pueda imaginar. Los resultados fueron esos veintisiete tomos documentales aludidos que han salido a la luz en catorce volúmenes impresos.[7]

En el otoño de 1958 tuvo lugar la primera renovación de la Comisión Histórica. Formaron parte de ella Antonio de la Torre y del Cerro, Antonio Rumeu de Armas y Luis Suárez Fernández. A don Antonio de la Torre le sustituyó —por su fallecimiento— el ex canónigo archivero de Burgos y obispo de Ciudad Rodrigo, Demetrio Mansilla Reoyo. Igualmente, en 1970 por renuncia de Rumeu, ocupó su puesto el padre Quintín Aldea Vaquero, ilustre historiador. De los aquí mencionados, Suárez, Aldea Vaquero y Rumeu son académicos de la Historia. Rumeu, además, ha sido director de la misma institución. Ellos tres y Antonio de la Torre tuvieron diversas vinculaciones con el CSIC. También han sido catedráticos de universidad.

Junto a esos investigadores, situados en cabeza, hubo otros que prestaron su buen hacer en cuestiones determinadas: desde el mundo archivístico, Vicente Rodríguez Valencia; para allanar los problemas iniciales de la vida de Isabel con Juana de Castilla, el marqués de Lozoya, Luis Ortiz Muñoz y Ricardo Magdaleno. Colaboró con A. de la Torre su esposa Engracia Alsina; y aún hubo más participantes en esta magna empresa: José García Oro, Miguel Ángel Ladero, Adela González Vega, Concepción Álvarez Terán, Amalia Prieto Cantero, Pilar León Tello, M. Arenal y Mercedes Palau de Iglesias.

Con fecha de 3 de julio de 1970 la *Congregatio pro causis sanctorum* autorizó a que empezasen los trabajos preparatorios. El 26 de noviembre de 1971 se constituyó el Tribunal de Valladolid y se inició el proceso que se clausuró el 15 de noviembre de 1972 haciéndose entrega en el palacio episcopal de la capital castellana del *Instrumento de clausura del «Proceso Ordinario»* en estuche de cuero, sellado y lacrado, así como otros once paquetes con la ingente masa documental a don Vicente Rodríguez Valencia, para que lo llevara a Roma y lo presentara todo ante la *Congregatio pro causis sanctorum*.

En efecto, Roma había designado en el 1971 al canónigo de Valladolid, Vicente Rodríguez Valencia, como encargado de preparar la *Positio* histórica, habida cuenta que él había sido el coordinador de los primeros trabajos de investigación. Sin embargo, su muerte, acaecida en la primavera de 1982, dejó sin concluir mucha de su tarea. Desde entonces pasó el relevo de postulador de la causa a un claretiano, Anastasio Gutiérrez, asistido por otro sacerdote de la misma congregación, José María Gil.

El 18 de noviembre de 1972 se presentó la documentación en Roma y dos días más tarde tuvo lugar la apertura canónica del proceso, aprobándose en junio de 1973 el proceso *super scriptis*. Finalmente, en 1990 fue aprobado el Proceso de Valladolid.

Los rectores de la *Congregatio* aceptaron que, extraordinariamente aunque no fue la única vez, no se llevaran a examen los miles de documentos recopilados y que, por el contrario, se ofrecieran en síntesis. Desde 1985 en que Justo Fernández-Alonso —director del Instituto de Historia Eclesiástica de Roma— fue designado «Relator para la causa» la *Positio* modificó su método, exponiendo la síntesis e importantes apéndices documentales: era el análisis de los trabajos de la Comisión Histórica que había exhumado más de cien mil documentos de archivo, de los que se seleccionaron tres mil ciento sesenta, que se presentaron encuadernados en los veintisiete volúmenes aludidos a la Congregación de los Santos. Luego hubo una segunda fase, entre 1970 a 1972, que fue la de la instrucción del Proceso Ordinario en Valladolid, que se reunió en ochenta ocasiones y en 1972 se redactó el documento final de Introducción de la Causa. A la vez que se instruía el proceso canónico de Valladolid, llegaban desde La Plata, Salta, Buenos Aires, Filadelfia, México y Quito otros tantos procesos rogatoriales.

La Información desarrollaba en 24 capítulos una biografía de la sierva de Dios y en un vigésimo quinto capítulo se recogía la «Fama de santidad», esto es, la opinión desde sus coetáneos hasta las *auctoritates* del siglo XX en que se hablaba de sus múltiples virtudes.

De todo ello, el relator de la causa podía afirmar con satisfacción que lo que «una crítica ligera podía oponer a la santidad de la reina Isabel (legitimidad de la sucesión al trono, legitimidad del matrimonio con don Fernando de Aragón, la Inquisición, la expulsión de los judíos, la reforma de la Iglesia y de las Órdenes religiosas, las tensiones con Roma, etc.)» no era óbice porque de todas las tareas antes reseñadas, «emerge una figura señera de santidad [...] ensalzada a cumbres que parecían increíbles».

De esa montaña de documentos se extrajeron poco más de doscientas cartas tenidas por «escritos personales de la sierva de Dios» que, en mi opinión, no tienen el carácter netamente privado que pudiéramos desear. En efecto, estas cartas son de carácter político, según sus destinatarios[8] y los temas tratados[9]: reflejan bien la cultura política del momento más que la verdadera e íntima personalidad del personaje que firma los documentos.

¿Cuáles son los criterios seguidos para que toda esta ingente, sobrehumana tarea, tenga los resultados necesitados? Veamos los «Rasgos biográficos de la Sierva de Dios» que se describían en esta *Positio*. En las páginas dedicadas a sus primeros años, se deja claro que tiene una dirección espiritual encomendada primero a fray Llorente del Convento, franciscano, y a fray Martín de Córdoba. Igualmente, que rehúsa vivir en la corte segoviana «porque le resultaba peligrosa para su alma»[10]. Isabel, igualmente, aceptó no derrocar a su hermano tras la muerte de Alfonso «porque Enrique es el rey legítimo», por lo que se acordó el Pacto de Guisando en el que Enrique IV reconoció no tener sucesión legítima porque Juana era hija de la Reina, «no suya», o porque el matrimonio con doña Juana de Portugal era nulo por falta de dispensa pontificia. Por su parte, Isabel en 1469, «previa dispensa pontificia», contrae matrimonio con Fernando «echando las bases de la unidad de España» (como se vería tras su muerte y el caos en que acabó su reinado). Y siguen las afirmaciones: «El matrimonio fue muy afortunado en sus empresas. De él nacieron cuatro hijas y un hijo.» El análisis textual me hace dudar sobre qué quiere decir la primera de las frases, en especial qué son las *empresas* de un matrimonio y cuáles fueron las de éste en concreto, si sólo tener cinco hijos, o los enfermizos celos que se acallan de momento.

Entre las virtudes de la Reina estarían las de haberse asesorado de Talavera y Cisneros.

Los años transcurridos entre 1469 a 1474 fueron los de «un calvario durísimo» que puso en repetidas ocasiones «a prueba su virtud», llegando a estar dispuesta a renunciar al trono «por la paz del Reino». Sin embargo, muerto el Rey, su primer acto fue el de «consagrar su reinado a Dios» y además le ofreció «el pendón por manos de un sacerdote y puso en el escudo el águila de Patmos». Durante la jura no se olvidó de acatar los fueros de las ciudades, sino también «las leyes de la Iglesia».

Luego vino la guerra civil en la que intervino Alfonso V tras casarse con Juana la Beltraneja (en la *Positio* se habla siempre de «la Beltraneja» y en este caso no sé si tiene mala intención el que la citen, predisponiendo al lector contra el rey casado con una mujer hija adulterina). Isabel actuó con los vencidos «con regia generosidad y caridad cristiana ejemplar».

Luego llegó la reorganización del reino. Una frase me ha llamado la atención en este análisis del texto que hago: el reino, se afirma, fue «dejado en un estado lastimoso por su hermanastro el impotente». Creo que «el impotente» no fue el único culpable de las guerras civiles de Castilla. Creo, que, según tengo entendido, hubo algunos más.

Entre las virtudes, la convocatoria de todos sus vasallos. Así, en primer lugar, la constitución en 1478 de la congregación del clero, que sirvió «para echar las bases de una amplísima reforma eclesiástica del clero». En las Cortes de Toledo de 1480 se reunió a nobles y pueblo. De ambas asambleas hubo un resultado general, «el inmenso ascendiente que se conquistó la Reina viniendo a ser moralmente Reina absoluta».

Por otro lado, luchó denodadamente por la reforma del clero, una reforma necesaria que ella encauzó desde unas premisas esenciales: por medio del derecho de «suplicación» (que no era —dicen— patronato regio) o de intervención en la designación de los obispos que «debían ser santos, letrados y residentes». Para evitar el absentismo de las sedes, debían ser «nacionales». Así logró reformar el clero, los institutos religiosos y las costumbres públicas. Su acción de gobierno en materia religiosa es aplaudida, porque lo hizo todo casi un siglo antes que el Concilio de Trento y «con ello preservó a España de las guerras religiosas que ensangrentaron a Europa y preparó a la Iglesia para la evangelización de América».

Lo que no tiene desperdicio es la interpretación de la implantación de la Inquisición en Castilla (1478), lo cual se hizo «por deseo insistente de Sixto IV [...] para conjurar el peligro de los falsos conversos judaizantes». Y continúa la exculpación: con la Inquisición se estaba ventilando «el ser o no ser del catolicismo en España». Sin embargo, algo inmoral debió haber en esa institución cuando se asevera, ¿de manera exculpatoria?, que «trató de hacerla innecesaria con una intensa campaña misional reteniendo entre tanto la Bula [fundacional] por casi dos años». El tema queda expuesto en cuatro renglones.

Con respecto a la reconquista de Granada, llama la atención cierto infantilismo: empeñó las joyas y al no haber dinero circulante, la Reina «se inventó el resguardo de papel (el billete de banco)» (¡qué dirían de esa afirmación los grandes hombres de negocios italianos, flamencos o alemanes!); y como quiera que ella proveía y abastecía su hospital ambulante, se anticipó «en siglos a la Cruz Roja» (!). Igualmente como Fernando solía estar en el frente y ella en retaguardia ocupándose del avituallamiento de los ejércitos, «creó la intendencia militar». Esa guerra contra los musulmanes se llevó a la península Itálica: si los turcos no conquistaron Roma en 1500 «se debió a la acción de la armada del Gran Capitán organizada por los Reyes Católicos». Gracias al Patronato Real (1486) lograron, se afirma de manera poco verdadera, que «en los primeros años del siglo XVI ya no había infieles en el Reino». ¿De verdad que en los primeros años del siglo XVI ya no había infieles? Entonces, ¿qué ocurrió después: una nueva invasión? Porque tal vez don Juan de Austria tras lo de Lepanto luchó en Las Alpujarras contra molinos de viento, en vez de contra musulmanes; o los protagonistas de la deportación de 1571 fueron sombras inánimes; o la expulsión de 1609 se hizo con maniquíes. No, la verdad es otra: en los primeros años del XVI y del XVII en España había musulmanes. Aunque fueran apóstatas o descendientes de apóstatas. Se recoge la concesión del título de «Reyes Católicos» de 1496.

En ocho líneas queda reflejada la opinión de la *Positio* sobre la expulsión de los judíos: «Les retiran el permiso de estar en sus Reinos» (¡como si no fueran suyos también!) por una causa que era su «ley constitucional»: la de «salvar la fe católica». Con estas palabras se sintetiza el carácter de la presencia judaica en España: faltaban «pertinazmente al pacto de tolerancia»; «grave atentado»; «causa de mucho desorden social y político» y eso que habían sido beneficiarios de una «situación privilegiada» incluso en la misma corte, en la que había judíos «de gran valor». Con estos vaivenes de exaltación y exposición de sus traiciones, no hay otra salida para la conclusión general: «La medida era la más humana y benévola que se podía tomar en aquellas circunstancias» y la ejecución del decreto «se hizo de la forma más justa que se podía desear».

Por su parte y con respecto al descubrimiento de América, se parte del principio de que «el Gran Kan deseaba y estaba esperando misioneros cristianos» (!). Desde esa idea inicial es de suponer que quien mandara allá misioneros, sería moralmente laudable. ¿Quién sino la sierva de Dios? Pero es que resulta que obró contracorriente: nadie creía en la posibilidad del viaje que proponía Colón excepto ella que «queda impresionada y acoge benignamente a Colón». El fin último —como se demuestra por los más de cien documentos que hacen alusión a ello— era el de llevar allá la fe católica. Así que dejó puestas las bases de la evangelización y nuevas concepciones sobre los indios americanos; «se preocupa maternalmente de sus nuevos súbditos, a quienes llama sus hijos». Como resultado de sus intereses, la mitad del catolicismo actual está en las Américas.

Uno de los temas tratados con más detenimiento es el del derecho de gentes. A la Reina le repugnaba la esclavitud, «aun respecto de los infieles» (¡qué excepcional humanidad!). En función de ese principio durante la conquista de Canarias determinó que no se pudiera esclavizar a ningún guanche que estuviera siendo cristianizado, a lo que se añade que en proceso de conversión lo estaban siendo todos los canarios porque era una conquista «evangelizadora». Si esto es admirable, mucho más lo es lo hecho en América. Primero, encargó a comisiones de teólogos que analizaran si era o no «lícito hacer esclavos a los indios» (¿no lo tenía ella tan claro?). A los primeros indios traídos a Sevilla y vendidos como esclavos, tras cinco años de esperar la respuesta de las comisiones anteriores, los fue rescatando con su dinero, uno a uno, y los repatrió a sus familias de origen (¡qué historia tan impresionante la de los «perdidos»: náufragos, prisioneros devueltos, esclavos libertos...!). La verdad es que la actitud de la Reina es irreprochable y una cuestión de conciencia. Pero tuvo como resultado el que «los futuros conquistadores harían esclavos en África, pero no en América». En conclusión, se nos propone ver a la Reina, de nuevo, adelantada en cuarenta años a la escuela del derecho de gentes y que sus *Leyes de Indias*, dejadas en esbozo, son un código social «no superado por ninguna legislación posterior».

Otra de las grandes campañas de propagación de la fe fue en África, iniciada en 1495 pero no llevada a cabo con la intensidad deseada en un primer momento, ya que quedó bruscamente interrumpida por la muerte de la Reina. Se puso en marcha con rigor desde tiempos de Cisneros.

Capítulo especial merecen las alusiones a su papel como esposa y madre. «Amó a su esposo apasionadamente.» Ella fue superior a él en ingenio y dotes de gobierno, pero hacía «que el mérito se atribuyese a él». Era celosa, sí, pero cuando alguna dama se acercaba al Rey más de lo necesario, «procuraba apartarla del modo más delicado y ventajoso para ella». Se dan por hechos —no hay manera de negarlos, claro— los devaneos amorosos del Rey, «cubrió sus infidelidades hasta el punto de no saberse de reacción alguna por ellas» (!), aunque tampoco toleró que los vástagos de Fernando arrollaran por doquier. Asimismo, «la fidelidad de Isabel es proverbial»; «era la castidad misma»; cuando el Rey se ausentaba, «solía dormir en cámara común con sus damas, después con las hijas» (todo esto no es de extrañar viendo lo que vio cerca de Enrique IV); por el amor al Rey «dio pruebas conmovedoras en el caso del atentado de Barcelona» (lo cual es absolutamente cierto); quiere ser enterrada junto a su esposo y todo el testamento es contemplado como una manifestación más de ese amor... que ya sabemos como lo respetó el de Aragón.

Amó y educó esmeradamente a los hijos, y a ellas les dio una formación inusual. Sin embargo, «no tuvo suerte con los hijos; fueron su cruz interior en los últimos diez años de su vida».

La corte que heredó era «frívola, mundana y corrompida» y ella la transformó con hombres y mujeres «extraordinariamente cultos, honrados y auténticamente cristianos». Era un «monasterio ambulante». Fue, concluyen, una corte «nómada» para «acudir donde había necesidad». Esto es en parte cierto, pero también la corte es trashumante porque, según la costumbre castellana, el rey, cualquier rey, tiene la obligación de oír a sus vasallos cuando acudan a darle consejo y suplicarle justicia. Si es loable que la corte sea nómada con los Reyes Católicos, debería serlo también con Enrique IV.

Las abundantes líneas dedicadas a la promoción de la cultura son interesantes, pero exageradas, porque de un fenómeno aislado, se generaliza y así parece que estamos ante un gobernante por lo menos liberal de los de hace dos siglos: se habla de «campaña cultural», desarrollo de las ciencias «tanto a favor de los hombres como de las mujeres», «apertura absoluta», «rigor en el conferimiento de los grados» universitarios y nombramiento de profesores; «gratuidad de los estudios para los pobres»; establecimiento de «años de estudio y de prácticas antes de recibir cargos públicos»; fomento de las universidades; le entusiasmó la imprenta; eximió de impuestos los libros; fue protectora y propulsora de las bellas artes; en definitiva, «con los Reyes Católicos vivió España la primavera de su siglo de oro, de impronta acendradamente cristiana y misionera».

Fomentó, pues, la cultura general «en una forma no superada en toda la historia de España», y también la palatina «masculina y femenina» en escuelas áulicas en las que se explicaban «la educación social, literaria, científica y religiosa a los hijos e hijas de la nobleza y de los altos funcionarios», todo ello, naturalmente, «por separado». Contó con grandes maestros y se preparó así «pacíficamente una revolución social» (!), pero no temamos, «beneficiosa» (a veces me parece estar ante una precursora de Falange). Fue una «idea original y sin precedentes y sin imitadores posteriores». En la escuela de palacio se acallaban rivalidades nobiliarias y se encauzaban matrimonios en los que la Reina adquirió un papel de «maestra casamentera». De haber sido todo así, ¿por qué las disensiones nobiliarias a su muerte? De haber sido todo hermoso, ¿por qué la necesidad de censura regia para la impresión de libros y por qué la actividad de la Inquisición?

La creación de un «Libro de descargos» para el pago de deudas propias o heredadas, con oficio presidido por su confesor, demuestra que tenía una conciencia y un sentido de la justicia que superaban el mero y digno escrúpulo.

Con respecto a sus formas de gobierno, se destaca el que el pueblo la admitía con una mezcla de amor y temor. Tuvo «religioso respeto a los usos, costumbres y leyes locales» (unidad y diversidad de España, decían en el régimen no constitucional; además, ¡qué iba a hacer sino jurar los fueros y privilegios!). Fue «sagacísima» en la elección de sus consejeros y llevaba «un registro reservado con los nombres de las personas dignas de atención». Logró, nuevamente sale la alusión, «una revolución social pacífica». Se reunía con nobles y plebeyos los viernes... (lo cual no era más que cumplir con su obligación como reina de Castilla, al margen de que fuera acertado cumplir con ese deber).

La codificación legislativa quedó dispuesta con los comentarios o glosas de Montalbo y Ramírez a las *Siete Partidas* y el deseo de recopilación de Leyes de Indias. La verdad es que hasta el segundo humanismo (con Felipe II) la tarea de la codificación no se tomará verdaderamente en serio.

La política internacional que se expone en estas páginas que resumo destaca unos principios: no querer combatir jamás con otros príncipes cristianos; evitar las guerras entre ellos; organización directa de cuatro cruzadas (Canarias, Granada, América y África) y participación en la antiturca; defensa y expansión de la fe. En resumen, «es un caso típico de cómo se puede elevar a un pueblo de la extrema postración a primera potencia mundial gobernándolo con la base de la prudencia y justicia naturales, con criterios sobrenaturales» (!).

Por fin, la muerte. Al testamento y al codicilo se les da una importancia extrema y se aclara: «El testamento real tenía entonces un valor de ley constitucional.» (La diferencia está en que si no se cumplía, podía no pasar nada, sólo se incumplía una voluntad; la Constitución hoy la hemos refrendado los españoles y es ley de obligado cumplimiento para todos los ciudadanos e instituciones, no sólo para los albaceas.) Es de destacar la humildad del enterramiento que quiere (tampoco quiso grandes dispendios Carlos V en Yuste) y se sintetizan varios testimonios sobre su santa vida y mejor tránsito.

En su perfil religioso se comentan sus oraciones diarias o su participación en oficios religiosos durante el día o la noche. Pero en ella se obraron señales divinas: la primera, la muerte de don Pedro Girón cuando iba a tomarla en matrimonio, muerte debida a sus súplicas. Logra que en 1503 la retirada de Luis XII de Francia del Pirineo sea contemplada como una respuesta a sus oraciones y a las de los conventos segovianos. Se niega a que se impermeabilice España de franceses si ello implica cerrarles el camino de Santiago. Fue cofundadora de las concepcionistas franciscanas y propulsora del misterio de la

Inmaculada Concepción (misterio, por cierto, muy vinculado a la religiosidad española). Propugnó el respeto debido al Sacramento, tanto apoyando a Teresa Henríquez (la «Loca del Sacramento») cuanto a todos los obispos. Pidió al fraile Ambrosio Montesinos que compusiera varios poemas, a San Juan o a la Agonía de Cristo: ella quería imitarle en los últimos momentos. Compartió cierta religiosidad intimista precursora de los ejercicios espirituales de San Ignacio. Estudió latín para, entre otras cosas, poder leer textos sacros y fomentó su traducción a la lengua vernácula.

Fue, en fin, «religiosísima». En conclusión, se le reconocían huellas sobrenaturales, o en las palabras empleadas por la *Positio:*

> «Los escritos de la reina Isabel I de Castilla son una auténtica revelación de su sorprendente personalidad, de la que destacaríamos la fe y entrega total al servicio de Dios; su clarividente conciencia de Iglesia y amor entrañable a ella; su veneración al Papa y a la Sede Apostólica; su generoso mecenazgo de las Órdenes religiosas en general y de los conventos femeninos de clausura en particular.
>
> »Brillan en ellos también con luz propia las virtudes de la justicia, humildad, perdón y misericordia, amor a la paz y sus devociones características: a la Santísima Trinidad, al Santísimo Sacramento, a la Virgen María, a algunos Santos.»

Según esas bases —de indudable calidad y que nunca se podrán superar o desdecir en lo que hace referencia exclusivamente a la aportación documental, no así a la interpretativa—, no es de extrañar que en uno de los tomos documentales (el IV que concluye con el matrimonio con Fernando)[11], se buscara aglutinar todos los datos que hacían alusión a su «índole natural, religiosa y sobrenatural de la Infanta y Princesa» y su «segunda educación» en la corte. El tomo concluye con la legitimidad de la ascensión al trono de Isabel de Castilla.

El V tomo, dedicado al matrimonio, la proclamación y la guerra con Portugal, lanza una hipótesis que, se dice, queda contrastada: «La limpia trayectoria moral de la princesa en su matrimonio» y el trato correcto dado «especialmente a la inocente criatura de quince años de edad, doña Juana la Beltraneja» (no pierda de vista el lector el paternalismo de la aseveración y la disimulación para mantener la ignominia).

En el volumen VI se guardan los documentos del perdón a los vencidos o del respeto a los derechos consuetudinarios territoriales, todo ello efectuado con «política inteligente y cristiana». El siguiente se adentra en las Cortes de 1480 y la reincorporación del Patrimonio Real a la Corona que, «como hecho de justicia y como prudencia política, la medida puede pasar como uno de los pilares en que iba fundándose el crédito de la joven Reina de Castilla». En el VIII se recogen algo más de cien documentos que versan sobre la reforma del clero que se completarían con otros documentos del volumen X dedicado específicamente a la reforma de las órdenes religiosas regulares. Se hace hincapié en que tenía obsesión porque las dignidades eclesiásticas fueran dadas a no extranjeros, «no es ésta una pura cuestión patriótica» sino para evitar «la irresidencia». A mi modo de ver, no sólo es ésa la cuestión, sino que esto es secundario, porque algún que otro arzobispo, en sus tiempos, no residió en su sede. Era necesario que las autoridades civiles (virreyes, por ejemplo) o eclesiásticas fueran «naturales», es decir, que para Castilla, castellanos, y para Aragón, aragoneses. No, es, en efecto, una cuestión patriótica («no-extranjero» no habla de «no-españoles», sino de castellanos por un lado y aragoneses por otro), ni de evitar la no-residencia, sino que nos habla de mantenimiento de fueros y privilegios autóctonos. En ese tomo se trata de la cruzada de Granada como algo natural, por convertirlo en un nuevo «Reino cristiano» (se estudia la conversión de reino musulmán en reino cristiano en el tomo XI y en el tomo XII se presenta a Isabel como conciliadora entre los dos métodos de evangelización y proponiendo que no se use la fuerza «salvo por las vías que el derecho quiere» y no absolutamente, como muchas veces se quiere hacer creer). Con respecto a los judíos y a la Inquisición... «este tribunal no va contra la minoría judía, cuya libertad religiosa fue y era entonces un canon de la sociedad española[12]; sino contra la falsificación del judaísmo y cristianismo[13] que eran los falsos conversos». Lo que pasa es que Inquisición hubo hasta el siglo XIX y desde 1492 no había judíos en España: es más fácil pensar y se ajusta más a la realidad afirmar que, primero, la Inquisición no actúa contra judíos; segundo, que sólo persigue a herejes, entre los cuales están, claro, los apóstatas. En ese sentido, la expulsión de los judíos constituye uno de los tomos editados. Por su parte, la libertad civil y religiosa del aborigen fue estudiada en el tomo dedicado a la evangelización de Canarias.

El volumen XV se interesa por su fama de santidad. Se recogen unos ochenta testimonios de los siglos XV y XVI. Es cierto, pero se olvida que muchos testimonios no son de contemporáneos, que otros son creaciones políticas y que otros, en fin, no son más que reiteraciones de famas historiográficas, construidas y asentadas desde tiempos de la propia Reina por sagaces cronistas.

Hay cuatro volúmenes dedicados al estudio de la economía doméstica, en donde los postuladores se empeñan, fundamentalmente, en la defensa de la austeridad de la Reina, en lo cual, tras las páginas precedentes, no puedo creer. El volumen XXI dedicado a la corte de Isabel destaca las aficiones culturales de la Reina y la fundación de escuelas áulicas con las que, educados los nobles, influirían en la «cristianización interior del Reino hasta sus capas populares». Me cuesta imaginar a los nobles creando escuelas en sus territorios señoriales para educar a los hijos de los campesinos.

El XXII es el final de la Reina y el estudio de sus descendientes. El XXIII analiza la testamentaría. Quieren destacar la humildad de la Reina al despegarse de sus bienes a su muerte. En realidad es la práctica común para poder pagar las deudas personales y las mandas pías que un erario estatal inexistente no pagaba. El XXIV es el testamento, codicilo y capitulaciones con Colón.

En el XXV y XXVI se incluyen las cuentas de Baeza, su tesorero, y se canta «la mano rota de la Sierva de Dios, en caridades de toda índole», máxime si pensamos que estamos ante una «economía pobre» (?). Parece acallarse que para un buen cristiano de la época, el que hubiera pobres era necesario, porque encarnaban a Cristo, por lo que dar limosna era un derecho del rico para redimirse de sus pecados. En ese sentido el acto de San Martín no es de generosidad plena, sino un mecanismo para asegurarse una plaza entre los Justos. Pocos años más tarde las críticas de Juan Luis Vives con su *De subventione pauperum* pondrán todas estas cosas en su sitio, enfrentando las visiones tradicionales de la limosna y la caridad en un debate dialéctico que llegará hasta finales del XVI (Pérez de Herrera) y que será retomado en el XVIII por la Ilustración (Campomanes). El tema de la limosna es, pues, mucho más complejo como para explicarlo sólo por la dulzura con que una reina regala sus excedentes.

Al margen de todos los testimonios de coetáneos o no en que se alaban las virtudes de Isabel la Católica, conviene traer a colación algunas apreciaciones provenientes sobre todo de la comisión histórica que preparó su beatificación.

La mencionada comisión tiene la convicción de que al ser la monarquía una institución tan débil en aquella transición del siglo XV al XVI, los logros políticos conseguidos se debieron «a su inmenso ascendiente moral unánimemente reconocido y acatado»; y se desarrolla el argumento: «Tal ascendiente personal procedería [...] de su santidad, es decir, de la gracia divina animando íntimamente y sublimando las virtudes naturales [...] todo al servicio de su pueblo.» Más adelante se defiende que los aciertos de ese gobierno no se explican suficientemente ni con su prudencia, ni con la acertada elección de sus colaboradores y sus sanas indicaciones o la sagacidad de Fernando, sino «en una especial Providencia divina». En ella hubo —continúa la comisión— una «presencia de lo sobrenatural y de lo divino» que se encuentra en los elegidos por Dios. Otra afirmación más, acaso no exenta de cierta exageración: «Isabel la Católica constituye un caso típico, quizás único, de cómo se puede elevar un pueblo de la extrema postración a cumbres nunca imaginadas guiándolo siempre con criterios sobrenaturales, además de los naturales, es decir, tratando de conducir a su reino temporal *secumdum Deum.*»

De lo que no nos cabe duda es de que ella debió sentirse, en alguna manera, señalada por Dios. Desde el mito del matrimonio con el Girón, que no se celebró por sus súplicas a Dios, a Dios Terrible que provocó la muerte del pretendiente, en adelante, todos sus actos estuvieron dirigidos a la satisfacción de la religión (Granada, América, Expulsión, Reforma religiosa). Ya Reina, no creo que se pueda entender su reinado si se separa su mentalidad política de sus convicciones religiosas. En ese sentido probablemente fracasó: porque una cosa es lo que manda la piedad y otra las consecuencias de las leyes del mercado o la expansión del poder o los métodos con que se hace. Ahora bien, su inmensa piedad le hizo promover la ejecución de esas injusticias que suelen hacerse en nombre de Dios en todas las religiones.

Un anónimo escribió tras su muerte: «Desta Reina, considerada la fe, vida, religión y fin, no sería temeridad afirmar que está en el cielo.» Mas continúa, «a lo menos que purgadas algunas culpas de sus pecados, pues como dice el Apóstol, no hay justo ni quien pueda decir que está sin pecado»; y concluye, con cierto aire de premonición: «En breve será colocada en la celestial gloria con los santos, dejando el reino temporal para alcanzar gloria para siempre jamás.»[14] Si el mundo católico desea hacerla santa por sus virtudes y su sentido providencial de la existencia, que la haga. Si cree en ella como un modelo que se debe seguir, que la haga. Pero que no se frene la santidad de una mujer por presiones políticas, porque han de ser cosas distintas la religión y el quehacer de los hombres. A fin de cuentas, santa es una persona que merece serlo por sus virtudes; santo no es un reinado.

Notas

[1] «Mejor hubiera estado secreto siempre [...]. Por otra parte, recogemos en este trabajo todo lo que se dijo, que sepamos; e, indudablemente, esto se dijo.» Son palabras de RODRÍGUEZ VALENCIA, V.: *Opinión de españoles y extranjeros...*, I, p. 281. Parece dolido porque se editen *todas* las fuentes. En ocasiones críticas, el trabajo del historiador es fascinante y polémico. Escribe sobre la Libertad.

[2] Es evidente que el mundo cristiano necesitaba un estudio filológico y una buena exégesis de los textos sagrados para fijar los correctos y limpiar de impurezas los demás: «Doquier más verdaderamente están escritos...» Pero esto son asuntos de otro costal... y de enormes costes.

[3] Bibliothèque Nationale, París, *Manuscrits Espagnols,* Côte 187, fols. 49r-52r.

[4] Lugar situado en Capadocia, actual Turquía, en el que estuvo dos veces San Pablo. Sirvió de refugio a los apóstoles que habían ido a evangelizar la zona y habían sido apedreados por los judíos y los gentiles. Véase *Hechos de los Apóstoles,* 14. La pista me la ha abierto el Dr. Enrique García Hernán.

[5] MÜNZER, J.: *Relación del viaje (1494-1495)* en GARCÍA MERCADAL, J.: *Viajes de extranjeros por España y Portugal,* 3 vols., Madrid, 1952, I, p. 396. «La reina gusta sobremanera de este monasterio, al cual llama su paraíso...»

[6] Palabras de Luis Suárez, en *Positio,* p. XXI.

[7] Éstos son: RODRÍGUEZ VALENCIA, Vicente: *Isabel la Católica en la opinión de españoles y extranjeros, siglos* XV-XX, 3 vols., Valladolid, 1970; MATILLA TASCÓN, Antonio: *Declaratorias de los Reyes Católicos sobre reducción de juros y otras mercedes*, Madrid, 1952; SUÁREZ FERNÁNDEZ, Luis: *Política internacional de Isabel la Católica: estudio y documentos,* 5 vols., Valladolid, 1965-1971; SUÁREZ FERNÁNDEZ, Luis (ed. lit.): *Documentos acerca de la expulsión de los judíos,* Valladolid-Burgos, 1964; GARCÍA ORO, José: *La reforma de los religiosos españoles en tiempo de los Reyes Católicos*, Valladolid, 1969; LADERO QUESADA, Miguel Ángel: *Los mudéjares de Castilla en tiempos de Isabel I*, Valladolid, 1969; RUMEU DE ARMAS, Antonio: *La política indigenista de Isabel la Católica,* Valladolid, 1969; PRIETO CANTERO, Amalia: *Casa y descargo de los Reyes Católicos,* Valladolid, 1969; TORRE Y DEL CERRO, Antonio de la: *Testamentaría de Isabel la Católica,* Valladolid, 1968; TORRE Y DEL CERRO, Antonio de la, y ALSINA, Engracia (eds. lits.): *Cuentas de Gonzalo de Baeza, tesorero de Isabel la Católica,* 2 vols., Madrid, 1955, además del facsímil del testamento y de las capitulaciones con Colón.

[8] Tres al Papa, una al Emperador; cinco al rey de Inglaterra; dos al de Francia; dos al de Nápoles; una al de Navarra; dos al dux; dos a su esposo; ocho al suegro; tres a su hermano Enrique IV; dos al yerno; treinta y cinco a eclesiásticos; dos a su confesor, veintiocho a sus embajadores y veinticuatro a nobles y otras autoridades: se registran ciento veinte destinatarios.

[9] Sobre su matrimonio con Fernando, sobre temas generales de gobierno y justicia, sobre la reforma de los monasterios religiosos, otras materias dispares.

[10] *Positio,* p. XII. Las citas textuales siguientes proceden de las pp. XII a XX. Como voy a hacer muchas alusiones, elimino las notas a pie por hacer

más ligera la lectura de estas alusiones. Sintetizo a continuación CONGREGATIO PRO CAUSIS SANCTORUM OFFICIUM HISTORICUM: *Vallisoletan. Beatificactionis et canonizationis Elisabeth I* (v. *Isabel la Católica) Reginae Castellae in Hispania (1451-1504). Positio super vita, virtutibus et fama sanctitatis ex officio concinnata*, Valladolid, 1990.

[11] A continuación expongo la síntesis de la *Positio* sobre el contenido de cada uno de los tomos publicados y a los que hemos hecho referencia en nota *supra*.

[12] Probablemente sea así si cerramos los ojos a las persecuciones del XIV y XV.

[13] A este paso Isabel sería una defensora de la ortodoxia de la religión de Moisés y defensora a ultranza de que no volvieran a ella los nuevos bautizados. Con la expulsión concluirían las tentaciones de recuperación de apóstatas.

[14] ANÓNIMO DE LA BIBLIOTECA DE OSUNA, *Continuación de la crónica de Pulgar,* en ROSSELL, C.: *Crónicas de los Reyes de Castilla,* BAE, LXX, Madrid, 1923, p. 523.

A modo de colofón

En las páginas precedentes he mostrado unas opiniones personales sobre Isabel la Católica basadas en documentos de primera mano, fundamentalmente impresos por la comisión de su beatificación, he manejado a sus cronistas y he leído y releído la historiografía clásica y la más moderna sobre los temas que he desarrollado.

Si la lectura del libro te ha suscitado inquietudes, está bien, era mi intención. Si no, lo siento aunque me alegro: andamos por caminos diferentes y en la multiplicidad de interpretaciones del presente y del pasado está la esencia de la libertad.

La vida de Isabel, como la de cualquier ser humano, conoció varias etapas. La primera culminaría con la adquisición de dos estatus sociales de «Madurez»: el matrimonio y la autoproclamación como Reina. Su infancia no fue fácil, antes bien al contrario es poco envidiable: muertes, conspiraciones e inquietudes por doquier. Mas así fue haciéndose dura y exigente. Llegó al matrimonio con Fernando y al trono de manera turbia; despreció siempre a Juana y en los momentos clave obró de manera espectacular, lo cual —por su juventud— nos habla bien de sus consejeros más allegados.

La segunda etapa sería la de la consolidación en el trono: de la falta de apoyo popular a los baños de multitudes; de los pactos con Fernando, a la guerra civil y la victoria en Granada, cuando se han emprendido reformas y se han ejecutado tareas de gobierno de primera magnitud.

La tercera fase sería la de la gloria: Granada, América y la apertura por la vía matrimonial con el mundo lejano. En acontecimientos de aquellos años se basa la Historia ulterior de España. Así debe decirse y así debe reconocerse: no sólo en lo político, sino en lo cultural también o en la presencia regia en el mundo del Arte, las actividades de Isabel I marcan el futuro de la Casa de Austria.

La cuarta fase es la del fin: desde fecha imprecisa, pero como dicen los cronistas, desde que la muerte y la locura acechan a su alrededor, hasta el óbito. Cuestiones materiales, intelectuales y espirituales me han servido para seguir con mi acercamiento a la Reina.

La última fase de su vida es, precisamente, la más próxima a nosotros o la que ella no conoció en absoluto: su fama histórica después de la muerte y el proceso de beatificación.

Isabel ha sido y es un importante sujeto histórico. Aunque es verdad que las estructuras y las coyunturas marcan el devenir de las sociedades, devenir en el que el individuo no pasa de ser masa cuantificable, en medio de esas situaciones algunos individuos sirven, por su carácter, por sus dones naturales, por sus habilidades, pero sobre todo por su formación, para mostrar caminos a esas sociedades. Es el caso de Isabel. Ella es incomprensible si se le extrae de todo su mundo, de los ambientes que vivió virtuosos y desmoralizadores. Tal vez de no haber habido esa crisis social en Castilla, su vida no hubiera despertado interés o respeto a sus coetáneos. Mas, sin embargo, éstos necesitaban —como ocurre siempre— encarnación de modelos. Y la encarnación era esa mujer que, a la sazón, se llamó Isabel de Trastámara. Ahora bien, su trascendencia política, cultural, personal, ¿no las podría haber tenido igualmente Juana? En efecto, una mujer hastiada de ver lo inenarrable, con carácter o con ambiciones, podría haber hecho sombra a Isabel.

Debo despedirme de ti, lector amigo. Me alegro de habernos conocido. Me encantaría, sin duda, que las inquietudes que te he suscitado, si lo he hecho, las calmaras con otras lecturas. Sin prisa. *Si tu vales, bene est, ego valeo,* que decía Cicerón.

APÉNDICES

I. Los bienes terrenales de la Reina

«Las llaves con que se abrieron las arcas...»

El día 30 de noviembre, el Rey se retira a La Mejorada, monasterio jerónimo, como años después haría Carlos V yéndose a La Sisla. Fernando pasa en reclusión monacal una semana; luego, vuelto al mundo, Medina y, al fin, Toro que se convierte así en sede de la corte itinerante. Allí estará hasta abril de 1505 (con unas breves salidas a Zamora durante unos días de marzo). En Toro se convocarán Cortes de Castilla, de las más importantes de nuestra historia, pues, además de proclamar a Juana como reina y a Fernando como gobernador, reorganizaron el sistema hereditario castellano que ha durado hasta el siglo XIX.[1]

Sólo han transcurrido unas pocas semanas, ni siquiera un mes, desde la muerte de la mujer-propietaria, cuando se empiezan a ejecutar las mandas económicas de su testamento. Para ello, hay que dar libranzas e inventariar los bienes.

Desde mediados de diciembre se empieza a pagar misas por orden del esposo viudo. La Reina había mandado que se dieran veinte mil. Con fecha del día de Navidad se pagan diecisiete mil setecientas. Cisneros recibe el importe para sufragar diez mil. Aquel dinero se distribuye así: los observantes de Castilla consiguen 68.000 maravedíes a cambio de dar cuatro mil misas; los de Andalucía y Santiago, 34.000 por dos mil a cada uno; los observantes agustinos quedan obligados a celebrar dos mil setecientas misas a cambio de 45.000. En segundo lugar, fray Diego de Deza organiza siete mil misas por

119.000 maravedíes, mientras que los testamentarios se reservaron la distribución de otras tres mil misas más, según quisieron. En La Mejorada, por ejemplo, se dieron quinientas misas por valor de 5.100 mrs. y en Toro, en cumplimiento del codicilo en el que Isabel manda dar 20.000 misas por los muertos en su servicio, se celebraron siete mil misas por 119.000 mrs. Es impresionante contemplar cómo una localidad cualquiera puede recibir una inyección económica a cargo del culto a la muerte, porque algunas de las misas por la Reina llevarían cierto boato y atraerían a gentes de los alrededores y el dinero recibido en su totalidad se invertiría en la fábrica de la Colegiata, se distribuiría entre los pobres, o se usaría como fuera, pero era, al fin y al cabo, un ingreso extraordinario.

En segundo lugar, el inventario de los bienes de la Reina. Para ello, se decide por concentrarlos en Toro. Desde todos los rincones en los que hubiera algo de la Reina, se manda a la ciudad castellana la recua con las arcas. Éstas las recibirían Juan Velázquez, un personaje más de trascendencia en la administración de los Reyes Católicos; Juan López de Lazárraga que, a sus órdenes, registraría las entradas de dinero. Los oficiales regios dependientes de la Cámara, con el camarero al frente, fueron y vinieron con registro por escrito de cuanto se les entregaba ora en Segovia, ora en Madrid, ora en Granada.

Conforme iban llegando a Toro las acémilas cargadas, expertos oficiales manufactureros escogidos por Juan Velázquez, o recomendados a él, tasaban todas las piezas y artículos para prepararlos para la ulterior almoneda a la que, aprovechando que la corte y las Cortes de Castilla estaban allá, acudirían en persona los individuos interesados en hacerse con algún bien de la Reina, en ocasiones por recuerdo, en las más de las veces, por utilidad. E irían en persona, o irían por testaferros. Pero las almonedas eran públicas, aunque se pudiera restringir la participación en ellas.

El 21 de diciembre de 1504 Juan Velázquez, Juan López y el secretario Gricio abren las primeras arcas en las que la Reina tenía guardadas llaves. Imposible saber cuántas llaves de cuántos armarios y baúles. El caso es que se ha traído a Sebastián de Palacios desde Segovia para que tase esos muebles y los han ido comprando él mismo, Gricio, y otros. Veo que el arca de cajones guarnecida de cuero castaño y que compró el arzobispo de Toledo, está «rota»; otra «arca almario, vieja, quebrada»; hay otra «vieja quebrada y desgoznada», la otra tiene «terciopelo negro viejo» y, en fin, se tasó en seis reales la última, «labrada de atarçes, quebrada». A Toro ha llegado un armario «en la que había una calderuela de plata blanca llena de reliquias». La «calderuela» se la quedó la marquesa de Moya, las reliquias «pasáronse al cofre morado, sonde se ponen las reliquias». En el mismo armario ciertas recompensas dadas por la Reina en «cinco memoriales, todos de mano de la Reyna, nuestra señora»; cuatro libros de oraciones de menos de diez hojas cada uno, en latín y castellano; varios libricos de rezar con música; algunas baratijas y otras piezas más interesantes, como las sortijas o los papelillos en los que hay almizcle, o aquella piedra «como un huevo de perdiz que es sapina»; en otra caja, cuerno de algalia para perfumarse la Reina; una patena de ámbar con un espejo dentro; otra esmaltada de rosicler; un relicario de oro esmaltado con varias historias sagradas labradas; había por allí un trozo del cuerno del unicornio; ámbar en otro papel; una patena con diecisiete reliquias; una escribanía de plata dorada; una jarrilla llena de algalia; una cuenta de azabache recubierta de ámbar; una poma de ámbar; otro cuerno lleno de algalia; y otro bote de cuerno de algalia; y más cuernos vacíos y más algalia y «vna verengena de cuerno vazía, para algalia».

Los oficiales regios pasaron la semana de la Natividad sin tasar nada. El día 28 de diciembre se abrió otro armario lleno de algalia, así como cien perlas gruesas y rematadas en amatista; «ciertas joyas de oro y de coral que diz que heran del príncipe don Miguel»; también de él, un libro con la oración de san León, con una encuadernación de orfebrería; una sortija de oro lisa, con una esmeralda engastada; otra de oro con la cara de un viejo; una sortija de plata blanca de las de Inglaterra y otro engaste de plata. Además de ello, otros engastes de oro, corales pequeños en oro, coral colorado; un relicario de oro, con sus historias; otro relicario menor y de oro; seis zafiros llanos; aljófar, hilos de perlas gruesas, perlas medianas en seis hilos, unos con catorce perlas, otros con dos más; perlas deformes; perlas «berruecas de las de las Yndias, horadadas por los suelos»; y otras veintitantas perlas más e hilos de oro en madejicas, cuentas de oro, grandes, torcidas, talladas; y allí ciento cuarenta y dos perlas, «mal fechas, de mal color» y ámbar y aljófar y más hilos y más perlas a centenares, algunas «berruecas negras, de poco valor» casi todas de las Indias...

Cuando el último día del año se abrió en Toro otro armario, las cajas y recipientes de marfil, las cazoletas de plata, los papeles de perfumes, el almizcle y el ámbar debieron llamar la atención de los tasadores. En otro armario, un libro de 22 hojas de pergamino con un rotundo «este libro es mío, Yo la Reina», dejaba a las claras el aprecio directo por ciertos bienes; tenía al lado un manuscrito en pergamino con una oración; otro titulado *dieta salutis*; otro que comenzaba «la misa de nuestra Señora»; otro que empezaba con una oración de San Agustín; un impreso sobre la confesión; otro de San Juan Crisóstomo; tres cuadernos grandes de oraciones; una regla de la orden de Santiago; uno pequeño que empezaba «Señor, Dios, Todopoderoso»; otro en verso redactado por el embajador de Francia Pedro Ludovico, del que se tasó sólo el oro de la encuadernación; y otras joyicas cerca. Espejos, cajuelas, bujetas de esmalte, cantaricos, vidrios para perfumes o bálsamos, oros y sedas, maderas blancas, un retablo con figuras del Viejo Testamento, alfombrillas turcas, una verónica labrada en oro, los restos de algalia en una arqueta, un poco más de coral, decenas de cajas para algalia, una escribanía de oro pequeña, un par de relojes de oro, un relicario de oro, sortijas y cadenas, pesos, manzanas de plata, cajas de cuernos para perfumes, sartas de cuentas esmaltadas, cuentas blancas de las Indias con un ídolo en un extremo; más sortijas y más cruces de oro, aunque una de ellas con «cinco diamantes tabla, que dize Pero Fernández que son falsos» —cosas de la vida— , más perlas de poco valor algunas y más «rrubís falsos»; algún incensario, bolsoncicos; una piedra negra como si fuera un escorpión; y más sortijas y piedras cornerinas, y más ámbar.

Tenía también la Reina «vna caxa morisca» con sus ajorcas de oro moriscas y cordones moriscos y un *Diurnal* impreso que con su guarnición pesó cuatro onzas y cinco ochavas y dos tomines de ley castellanos. Otro libro de plata tenía historiados los misterios del Rosario y pesó más de dos onzas; otro libro de oraciones manuscrito, en pergamino e iluminado; otros cuatro cuadernos escritos en pergamino manuscritos y otro que empezaba: «Que el que es devoto cristiano...»

En el arca sexta, un retablo de madera con la Magdalena, la Flagelación y la Oración en el Huerto; un retrato «de los pechos arriba» de Nuestra Señora; y otros lienzos similares; además, historias de la Pasión y de San Cristóbal, historias de la Resurrección y representaciones del *Ecce Homo*, y paños y más paños con más historias sagradas y libros de valiosa encuadernación y un *agnus dei*, y más relicarios pequeños y un laúd de oro, un molino de oro de viento y más y más; y la Virgen puesta en el sol y los pies en la luna y una cabeza de San Juan hecha de hueso y otra figura del unicornio y otra cruz de oro esmaltada y más cruces de oro y más cajas de oro y más relicarios de oro pequeños y una venera de oro con una leyenda alrededor, *O beate Jacobe lux et decor Yspanie;* y un cáliz de San Juan y no sé cuánto oro más en cadenicas, ajorcas, manillas, cofres, candadicos, burjacas, tablillas, libricos con las cubiertas historiadas, y arquillas de nácar y «seys efes de oro chequitas, lisas, que están en un papelejo...».

En la séptima, abierta el 8 de enero, tenía a mano la traducción de Trogo Pompeyo de Fernán Núñez; unas Revelaciones de Santa Brígida; la Primera parte del Cartujano; un *Contentus mundi*; un *Espejo de pecado* de San Agustín; una *Breve forma de confesión*; otro que empezaba «Don Juan por la gracia divina, diácono de San Nicolás»; un manuscrito que contenía un sumario de las leyes y ordenanzas del Reino... Al lado, la octava de las arcas, con las coplas de Diego Guillén; las Partidas de Montalbo y un cofre vacío: ¿lo habrían «vaciado» durante el traslado?

En el arcón siguiente, diecisiete libros de oración, un *Tratado de las cosas del mapamundi*, y textos en manuscrito y en impreso.

Por otro lado, desde el 9 de enero de 1505 Juan Velázquez recibió cuarenta arcas de propiedades de la Reina en Segovia.

Probablemente eran pertenencias de Arévalo las que se recibieron el 10 de julio: más joyas de oro, plata y tapicería, que ya ni puedo resumir ni citar. La relación tiene unas ciento noventa entradas, esto es, varios centenares de artículos que se vendieron tanto al rey Fernando como a otros súbditos. Veintiún folios del inventario contienen otros centenares de joyas y piezas preciosas, algunas de ellas fundidas en la Casa de la Moneda de Segovia, pero que en su conjunto nos hablan bien de cómo una colección real irradia luego por todo el reino.

En julio, en agosto, en Toro seguía haciéndose inventario y tasación de los bienes y seguían concurriendo a la subasta desde el cardenal de Toledo a damas de palacio. Y en Arévalo se registraba la entrega de más arcas.

No puedo resistirme a citar entre tanto oropel, entre tantas magníficas colecciones, esa «gorra grande amarilla que está apolillada» y que compró un Gonzalo Fernández de Sevilla por 20 mrs.

Y aún se podrían citar los cientos o miles de piezas que compusieron sus bienes muebles, sus vestidos de brocado de seda y de paño; las ropas de vestir y ropa blanca y los lienzos (16 folios en el inventario); los manteles; los chamelotes, lienzos, tafetanes y guarniciones de ornamentos; los paños de devoción... en el inventario esas entradas ocupan cuarenta y siete folios.[2]

De esta manera, por un lado, se descargaba la conciencia de la Reina, porque con el producto de la almoneda se podían pagar sus deudas y dar limosnas y pagar misas; por otro lado, los gustos culturales de Isabel, los regalos recibidos, las formas que llegaban a su cámara, se distribuyeron entre algunos de sus vasallos, dándose un paso más en la introducción del Renacimiento en Castilla... y manteniéndose, ¡cómo no!, gustos tradicionales, porque no todo en el haber de la Reina iba a ser italianizante o flamenco.

«Recabdos e nómina de la Reina por donde fueron pagados a ciertos criados...»

Hasta tiempos de Carlos V, Emperador, se están recibiendo en la Contaduría Mayor reclamaciones de dinero que hay que satisfacer con cargo a las arcas reales (en 1533 colean un par de peticiones), con cargo a diversas rentas, de las que las generadas por la almoneda anterior llevan una parte importante. Se está cumpliendo con la voluntad de la Reina de abonar todas las deudas contraídas por ella y la de la satisfacción económica a quienes han perdido la vida en su servicio. Vea el lector la confusión existente (y no lo digo peyorativamente) entre situaciones públicas y privadas: el servicio a la Reina bien podía ser guerrear en Granada o aderezar un tapiz de su cámara. Adviértase cómo no se ha cumplido aquel plazo que Isabel quería de que todo se zanjara en un año: va para tres décadas.

Por otro lado, la Reina, que era muy escrupulosa con algunas cosas, tenía conciencia. Una conciencia que le induce a crear una institución (la Audiencia de los Descargos) con la que purgar las turbaciones. Desde ella se pagarían deudas contraídas de todo tipo. A esa institución se le suma la ejecución de la postrimera voluntad regia y de esta manera nos encontramos con un sinfín de documentación que nos habla de cómo unos vasallos piden, la Reina o sus albaceas dan. Mientras que entre 1454 y 1474 sólo hay poco más de una deuda anual, en 1475 se registran veintisiete y en 1501 (por tomar un año de referencia al azar) hay unas cuatrocientas cincuenta —frecuencia que se repite en los años siguientes hasta 1506—, lo cual no quiere decir que desaparezcan las libranzas, porque en 1516 aún se constatan casi un centenar, o en 1521, veinticinco.

Este mecanismo de compensación económica está al margen, estrictamente, de lo que es la caridad, ya que aquí no hay un servicio directo, sino una obligación y un derecho reales que se ejercitan sobre la reencarnación de Cristo en la Tierra. Con estas libranzas, con la claridad en la contabilidad regia, se da un paso más en el robustecimiento del Estado: al margen de la irregularidad en los pagos, los servicios prestados a la

Corona se recompensan económicamente y no de otra manera; igualmente, el dinero, las acémilas o los soldados puestos al servicio de la Corona se reintegran por su valor en oro o plata y no en territorios o jurisdicciones. La existencia de una contabilidad implica, pues, un paso más en la independencia de los reyes con respecto a sus iguales o sus súbditos y es un paso más, decidido, hacia la consolidación del Estado.

Amalia Prieto fue quien, en medio del trajín documental por la canonización de Isabel, preparó un catálogo con los documentos de los ¡diecisiete legajos! que contienen los «Descargos de conciencia de la Reina»[3].

La Audiencia de los Descargos fue instituida por Isabel a instancias de fray Hernando de Talavera. Los primeros pasos asistemáticos se dieron hacia 1480, al conceder la Reina al prior del monasterio de el Prado ni más ni menos que veinte millones de maravedíes con los que abonar deudas, indemnizar a quienes se hubieran arruinado batallando por ella o dar pensiones a viudas, mutilados o huérfanos por su servicio.

Todo este aluvión documental tiene, a mi modo de ver, cierto sabor testamentario. Me explico. En 1492 Fernando sufre un atentado en Barcelona y la Reina desespera por el amor que le tiene y por sus padecimientos. Vista de cerca la Parca, sin haber testado aún, Isabel pide a fray Hernando de Talavera que le prepare una relación de sus acreedores. Es así como fray Hernando fue componiendo un libro en el que se registraron aquellas deudas primeras —antes de la muerte de Enrique IV— en las que, al parecer no escaseaban los judíos. Ese primer libro sirvió de registro con cierto carácter oficial: los acreedores, con certificación expedida por el prior, esgrimían sus derechos. El mecanismo es, por otro lado, la base de la existencia de un archivo: anotar un derecho, guardar un documento, para poder defender lo propio frente al abuso o el error ajeno. Cuando Isabel redacta su testamento histórico, el tema de las deudas y la conciencia vuelven a mortificarle.

Aquel primer esbozo de contabilidad fue titulado *Libro de los descargos de la conciencia de la Reina nuestra señora*. Ese libro —desaparecido tal vez durante la revolución de las Comunidades en 1521— era compuesto por un secretario: así se dieron los primeros pasos de la Audiencia de los Descargos. Sin embargo, hacia 1501 —probablemente tras entrevistarse con fray Hernando, y tratar su alejamiento de la corte al ser promovido a arzobispo de Granada y su imposibilidad de seguir descargando la mente de la Reina— Isabel dispuso que participaran, en ese Consejo tan especial, dos consejeros reales con título de doctor y de licenciado, además del personal de pluma y de letras subalterno, con el fin de que la Audiencia estuviera siempre «abierta», quiero decir, que no se paralizara la limpieza de la conciencia real: oidores, relator, escribano, solicitadores, tesorero de los descargos, contador de los descargos, registrador, amén de otros oficiales, secretarios, pagadores generales... No pensemos que por ahí pasan los hijos del clientelismo inexperto o mercenario: los tesoreros son individuos con un excelente *cursus honorum*, como siguió ocurriendo a lo largo de más de un siglo: ¿cómo, si no, mantener un Imperio multicultural si no es con —entre otros pilares— el rigor y la abnegación de la administración real? En España no sólo ha habido pícaros. El primer tesorero importante de esta Audiencia fue, desde 1501, Martín de Salinas, anteriormente secretario de la reina de Portugal (Isabel, hija de la Reina Católica), de donde pasó a la Casa del príncipe don Miguel y de ahí al servicio de la Reina. Tuvo un criado muy especial, Ochoa de Landa que aparece por doquier en la documentación económica del reinado. A Salinas le sucedió Bartolomé de Zuloaga y a éste, por fin, Ochoa, que venía de ser tesorero de la reina Juana. Murió en 1532: la conciencia se descarga con misas y rezos, sí; pero también dando a Dios lo que es de Dios y al César lo que es del César. Es una manera más de impartir justicia rectamente y de ser querida y admirada por los vasallos.

De la documentación emanada por esta Audiencia se extractó por real orden en 1498 lo que percibían los que eran específicamente criados de la Casa de Isabel: estamos, pues, en los orígenes burocráticos de algunas de las secciones archivísticas más interesantes de la España de los Austrias, *Casas y Sitios Reales*, que tiene su propia historia que no puedo sintetizar aquí. El hecho cierto es que Isabel ve la necesidad de dar una autonomía especial al funcionamiento de la Casa Real, tanto desde la etiqueta, cuanto desde la contabilidad. Queda de manifiesto que la Reina era lenta, muy lenta, en el pago de sus obligaciones, no por tacañería o cualquier otra minucia humana, sino porque al tratarse de un reinado, de un periodo de reorganización, todo anda destartalado. De una economía regia poco menos que casera, se pasa en cuestión de diez, quince años, a una tesorería complicadísima con intervenciones en Flandes, África e Indias. No es de extrañar que rijan por todas partes el confusionismo o el desorden, empero lo cual, los vasallos sabían que la Reina, aunque tarde, pagaría.

Entre estos descargos están los pagos para el mantenimiento —en todas sus necesidades— de la Casa de don Juan y de las demás princesas e infantes, de tal manera que es una documentación imprescindible para conocer la vida cotidiana de la corte de los hijos de los Reyes; recepciones a embajadores extranjeros; hay cientos de poderes para cobranzas o de recibís firmados por mercaderes, criadas, mozos de espuelas, monteros, viudas, huérfanos, heridos y monjas de monasterios arruinados. Hay relaciones de lo que le prestaron ahora en Sevilla, o lo que gastó en Granada; del rescate de cristianos y de moros en virtud de los pactos con los nazaríes; testamentos y curadurías de menores cuando van a recibir la indemnización por la muerte del padre; pagos de préstamos como ese que hizo Pantaleón Italiano al tesorero de la armada contra el Turco en Sicilia (territorio aragonés, pago hecho por la reina de Castilla); obras en Granada y en la Alhambra; limosnas; pagos a guías por tortuosos caminos en viajes reales; más limosnas a monasterios; pagos a carpinteros que hicieron arquitectura efímera para una Semana Santa, para una entrada regia; la indemnización a Guiomar de Castro, madrileña, que en cierta ocasión le quemaron la casa las damas de la Reina durante un aposento cortesano; pagos de dotes o ayudas de casamiento; la indemnización a Juan Ortega de Prado «escalador», que imagino moriría trepando por alguna muralla; a la Villa de Cañas se le pagan las fanegas de cebada y harina con que contribuyeron al sitio de Baza; por fin recibe en 1502 Antonia lo que se le debía por haber amamantado a un niño por mandato del príncipe don Juan; a sastres por las telas dadas para ornamentos; un sinfín de quitaciones de corte; a los remadores de la Reina en un paso que hizo en barca; a don Fadrique de Portugal que dio un anticipo para que la Reina pudiera pagar a sus criados; al otro que hizo las andas para unas damas en un viaje real; a Juan de Rojas se le paga por lo que había servido al príncipe don Alfonso; a Alonso de Pliego, capellán, por el acompañamiento del cadáver de la Reina hasta Granada; o al físico Fernando de Guadalupe, por haberla atendido; a Salvador Calvo, boticario, por las medicinas vendidas en la Casa de la Reina en 1504; una extensa nómina de lisiados en el cerco de Nápoles (territorio perteneciente a Fernando de Aragón); entre 1508 y 1509 se paga a Juanote Alegre, valenciano, y a Fadrique Manrique sus servicios como pajes de don Juan y en esos años a los herederos de un conquistador de Gran Canaria; se dan en ese año cerca de un millón de maravedíes para rescatar cautivos y así podríamos seguir mostrando en qué consistieron los descargos de la conciencia de la Reina y cómo se fusionaban con los gastos ordinarios y extraordinarios de aquel incipiente Estado...

Notas

[1] Sigo usando AZCONA, T.: *Isabel la Católica*..., pp. 946 y ss., y RUMEU DE ARMAS, A.: *Itinerario de los Reyes Católicos*..., pp. 308-314.

[2] Y unas 500 páginas la obra que me ha servido de guía ahora y que leo y releo calladamente, pues es una excelente colección documental: TORRE Y DEL CERRO, A.: *Testamentaría de Isabel la Católica,* Valladolid, 1968.

[3] PRIETO CANTERO, A.: *Casa y descargos de los Reyes Católicos. Catálogo XXIV del Archivo General de Simancas,* Valladolid, 1969. Como dato de interés para el lector le comunicaré que el libro en cuestión tiene 679 páginas.

II. Isabel la Católica a los ojos de sus coetáneos

En las páginas siguientes ofrecemos algunas elogiosas descripciones de los rasgos de Isabel y de sus formas de hacer gobierno.[1]

UN HUMANISTA ITALIANO: ABSORTO ANTE ISABEL; OPTA POR LA GUERRA ANTES QUE POR LAS LETRAS; DESCRIBE SUS VIRTUDES AUNQUE SEA MUJER.

ANGLERÍA, Pedro Mártir de: *Epistolario*. LÓPEZ DE TORO, J. (ed. lit.), vol. I, Epístola 14, pp. 19 a 21. 9 de mayo de 1488.

> Entre los sagrados pilares de nuestra religión andaba yo en Roma, excelsa Reina, cuando en boca de todos los italianos corría la voz de que en nuestro tiempo había bajado del cielo una mujer admirable, la cual había juntado en un cuerpo sano y robusto los grandes reinos de sus abuelos, destrozados por los ladrones internos [...]. Yo en persona te vi, yo escuché con avidez las vivas palabras que de tu boca salían. Es evidente que bajo esa tu cobertura humana se esconden virtudes celestiales. Esto es, altísima señora, lo que siento acerca de ti sin el menor asombro de adulación. Quienes te tratan más íntimamente, si observan mayores prendas, se encarguen de publicarlas. Yo declaro que me advierto tan preso en la serenidad de tu rostro, que no siento la menor nostalgia de mi patria —que es Italia—, ni tengo libertad para mover un pie de aquí.
>
> Por el obispo de Ávila ¡oh, altísima señora!, en tu nombre se me ofreció un nuevo vínculo, con la oferta de un sueldo. Yo escogí el de soldado, mientras dure esta laudable guerra que preparáis y que es-

peramos dentro de pocos años bajo tus felices auspicios y los de tu esforzado esposo el Rey, llegue al final deseado. Entonces adoptaré la postura que me ordenéis. Tal vez hubieras querido, altísima señora, pues —según me refirió el obispo de Ávila— eres amante de las letras, que abriera una academia para los jóvenes nobles de tu Corte. Te ruego perdones que de momento la toga ceda a las armas. Cuando suene la hora de la toga, si hemos sobrevivido a la guerra, nos consagraremos a aquellos menesteres en lo que sepamos.

ANGLERÍA, Pedro Mártir de: *Epistolario*. LÓPEZ DE TORO, J. (ed. lit.), vol. I, Epístola 30, pp. 39 a 41, 1 de agosto de 1488.

Deseas saber —según dices—, ilustrísimo príncipe [Ascanio Visconti], por qué se habla tanto de la Reina —cosa rara tratándose de mujeres—, en fuerza de qué derecho ella se ciñó la Corona, de qué auxilios se valió después para expulsar al enemigo y cómo recuperó lo perdido [...]. A juicio mío, esta mujer no se puede comparar con ninguna de las reinas alabadas por la antigüedad: es valerosa, grande y digna de elogio en sus empresas. Suelen las mujeres, en su mayoría, revestirse de una invencible firmeza para lo malo. Esta es más constante que la misma constancia, lo que es del todo contrario a la fragilidad de la mujer, animal imperfecto; es admirable ejemplo de honestidad y pudor, caso rarísimo cuando se tiene la máxima libertad; está dotada de prudencia más allá de los límites de lo imaginable. Llevó en dote y por derecho dotal le cupieron en suerte muchos más reinos y más poderosos que los del marido. En todos ellos se hace cuanto ella ordena; pero de tal manera manda, que siempre parezca hacerlo de acuerdo con el marido, pues los edictos y demás documentos se publican con la firma de ambos. En cambio, los reinos que por derecho hereditario vinieron a manos del rey, como el de Aragón, Valencia, Baleares, Sicilia y Cerdeña, son gobernados por él solo, pero en lo fundamental para la guerra, es decir, el dinero, hombres, caballos y armas, en modo alguno se pueden comparar con los de Castilla, siendo esta la razón de que siempre vivan en Castilla y de Castilla salen todos los preparativos y gastos para las guerras. Estas virtudes, inauditas en una mujer, juntamente con la magnanimidad de su esforzado corazón, le han ganado esta merecida fama.

FLÓREZ, Alonso (?): ***Crónica Incompleta,*** **Manuscrito de la Real Academia de la Historia,** ***Col. Salazar,*** **16/9-3-4, letra del siglo XV. Edición crítica y estudio de PUYOL ALONSO, Julio: «Los cronistas de Enrique IV»,** ***Boletín de la Real Academia de la Historia*** **(Madrid), LXXVIII y LXXIX (1934).**

La prinçesa tenía los ojos garços, las pestañas largas muy alegres, sobre grand honestidad y mesura; los dientes menudos y blancos; la risa de la qual era muy templada y pocas y raras veces era vista reyr como la juuenil edad lo tiene de costumbre, mas con gran mesura y templamiento mucho, y en esto y en todas las cosas el exemplo y honestidad para el virtuoso viuir a las mugeres, pareçía en su cara; la qual assí luego mostraua, en el acatamiento de quien la mirase, tan grand vergüença, que el mayor prínçipe del mundo que la viese, por mucho que fuera despachado, non touiera atreuimiento a ese desonestar en el menor mote con ella, la qual, desde su niñez, fue así; de tan exçelente madre en la muy honesta y virginal limpieza criada, que jamás a pensamiento de quien mas enemigo le era, nunca tuvo razón ni color cómo su fama se maculase. Tanto en el ayre de su pasear y beldad de su rostro era luzida, que si entre las damas del mundo se hallara, por reyna y prinçesa de todas, uno que nunca cognosçiera, le fuera a besar las manos.

PULGAR, H. del: ***Crónica de los señores Reyes Católicos don Fernando y doña Isabel,*** **en Cayetano ROSSELL (ed. lit.),** ***Biblioteca de Autores Españoles,*** **LXX, Madrid, 1923, p. 257. Nació en 1436 y murió en 1493.**

Esta reina era de mediana estatura, bien compuesta en su persona y en la proporción de sus miembros, muy blanca y rubia, los ojos entre verdes y azules, el mirar gracioso y honesto, las facciones del rostro bien puestas, la cara muy hermosa y alegre. Era mesurada en la continencia y movimientos de su persona; no bebía vino; era muy buena mujer y placíale tener cerca de sí mujeres ancianas que fuesen buenas y de linaje. Criaba en su palacio doncellas nobles, hijas de los Grandes de sus reinos, lo que no leemos en crónica que hiciese otro tanto otra reina ninguna. Hacía poner gran diligencia en la guarda de ellas y de las otras mujeres de su palacio y dotábalas magníficamente y hacíales grandes mercedes por las casar bien. Aborrecía mucho las malas; era muy cortés en sus hablas. Guardaba tanto la continencia del rostro que aun en los tiempos de sus partos encubría su sentimiento y forzábase a no mostrar ni decir la pena que en aquella hora sienten y muestran las mujeres. Amaba mucho al rey su marido y celábalo fuera de toda medida. Era mujer muy aguda y discreta, lo cual vemos pocas y raras veces concurrir en una persona; hablaba muy bien y era de tan excelente ingenio, que en común de tantos y tan arduos negocios como tenía en la gobernación de sus reinos, se dio al trabajo de aprender las letras latinas y alcanzó en tiempo de un año, saber en ellas tanto, que entendía cualquier escritura o habla latina. Era católica y devota; hacía limosnas secretas en lugares debidos. Honraba las casas de oración; visitaba con voluntad los monasterios y casas de religión, en especial aquellas donde conocía que guardaban vida honesta; las dotaba magníficamente. Aborrecía extrañamente sortilegios y adivinos y todas personas de semejantes artes e invenciones. Placíale la conversación de personas religiosas y de vida honesta, con los cuales muchas veces había sus consejos particulares [aunque] por la mayor parte seguí a las cosas por su arbitrio [...]. Era muy inclinada a hacer justicia, tanto que le era imputado seguir la vía de rigor que la de la piedad y esto lo hacía por remediar a la gran corrupción de crímenes que halló en el reino cuando sucedió en él [...]. Esta reina fue la que quitó y extirpó la herejía que había en los reinos de Castilla y Aragón de algunos cristianos de linaje de judíos que tornaban a judaizar e hizo que viviesen como buenos cristianos [...]. Era mujer de gran corazón, encubría la ira y disimulaba y por esto, que de ella se conocía, así los grandes del reino como todos los otros temían de caer en su indignación. De su natural inclinación era verdadera y quería mantener su palabra [...]. Era muy trabajadora por su persona [...]. Era firme en sus propósitos, de los cuales se retraía con gran dificultad. Érale imputado que no era franca porque no daba vasallos de su patrimonio a los que en aquellos tiempos la sirvieron. Verdad es que con tanta diligencia guardaba lo de la corona real, que pocas mercedes de villas e tierras le vimos en nuestros tiempos hacer, porque halló muchos de ella enajenadas. Pero cuan estrechamente se había en la conservación de las tierras, tan franca e liberal era en la distribución de los gastos continos e mercedes de grandes cuantías que hacía. Decía ella que a los reyes convenía conservar las tierras porque enajenándolas perdían las rentas de que deben hacer mercedes para ser amados y disminuían su poder para ser temidos. Era mujer ceremoniosa en sus vestidos y arreos y en el servicio de su persona. Quería servirse de hombres grandes y nobles y con gran acatamiento y humillación. No se lee de ningún rey de los pasados que tan grandes hombres tuviere por oficiales como tuvo. Y como quiera que por esta condición le era imputado algún vicio diciendo tener pompa demasiada, entendemos que ninguna ceremonia de esta vida se puede hacer tan extremo a los Reyes, que mucho más no requiera el estado real: el cual, así como es uno y superior en los reinos, así debe mucho extremarse y resplandecer sobre los otros estados, pues tiene autoridad divina en la tierra. Por la solicitud de esta reina se comenzó y por su diligencia se continuó la guerra contra los moros hasta que se ganó todo el reino de Granada [...]. Por la gran constancia de esta reina y por sus trabajos y diligencias que continuamente hizo en las provisiones y por las otras fuerzas que con gran fatiga de espíritu puso, dio fin a esta conquista, que movida por la voluntad divina pareció haber comenzado...

ANÓNIMO: *Continuación de la Crónica de Pulgar por un autor anónimo* en CAYETANO ROSELL, C. (ed. lit.): Crónicas de los Reyes de Castilla, Biblioteca de Autores Españoles, LXX, Madrid, Apéndice I, pp. 522-523. Posterior a 1492.

No pasemos en silencio tantas excelencias como esta Reina tuvo: tractemos de algunas dellas, pues que la natura no crió otra semejable que en su reino así gobernase; que si en la antigüedad se alabó a Semiramis, o a las Amazonas, o a algunas otras hembras por fechos claros que hiciesen o por grandeza o hermosura que tuviesen, todas estas, si algunas gracias tuvieron, con algunas mancillas las ensuciaron; mas esta excelentísima Reina Doña Isabel desde el día de su nacimiento fasta el día de su muerte se halló siempre no menos fuerte que constante y magnánima haber sobrepujado a las que arriba hemos dicho. Vivió tan sobre bondad compuesta, que nunca demasiada palabra alguna se halla haberle oído que dixese. Fue castísima mujer, llena de toda honestidad, enemicísima de palabras ni muestras deshonestas; nunca se vio en su persona cosa incompuesta; nunca se halló en sus obras cosa mal hecha, ni en sus palabras palabra mal dicha. Por cierto debe creerse en sus pensamientos muy sanctos e justos; aunque mujer, y por eso carne flaca, era alumbrada de dones y gracia espiritual. Fue fiel amiga, subjecta cara y carísima de sus amigos, favorescedora de las mujeres bien casadas, y de lo contrario muy enemiga, cathólica y christianísima devota, fidelísima de Dios, madre muy piadosa a sus súbditos, reina muy justa a sus vasallos; dada a contemplación y dedicada a Dios: ocupábase en los oficios divinos muy continuamente; no por eso dexaba la gobernación humana. Era religiosa y devota a todas las religiones; tenía grand caridad, suma prudencia, grandísimo favor de justicia, mucha modestia, grand honestidad, y estudio de vida apartada: era exemplar de buenas e loables costumbres, magnánima, liberalísima en mandas y dones repartidos por todo el mundo. A los embaxadores que venían de otros príncipes y a sus servidores y criados muy gracta; a todos los suplicantes y negociadores de sus reinos muy apacible. Descargó en su vida y en días de salud y alegría grandes sumas de quentos de dineros de sus descargos, deudas e promesas y obligaciones que dende su tierna edad era obligada, y también descargó las conciencias de sus progenitores. Su mansedumbre fue admirable; su majestad la mayor que jamás fue vista; su misericordia sobre todo loor; mas aunque así usaba de piedad, no olvidaba el cetro de la justicia. Todas estas virtudes tenía esta Reina, de tal manera así allegadas, que siguiendo la doctrina de Sant Gregorio, en todas las cosas que duda tenían, más a misericordia que a rigurosa justicia se inclinaba, e por esperiencia de sus obras así lo demostraba dando grandes limosnas que a todas las órdenes mendicantes, personas menesterosas e pobres necesitados larguísimamente repartía; a doncellas huérfanas doctaba, y a otras con grandes dotes las casaba. Al sepulcro sancto de Jerusalem con grandes limosnas e devoto ánimo de corazón visitaba, pues que por la flaqueza mujeril e por la dinidad real con los pies corporales no podía. Fue esta tan excelentísima Reina, que ni después que Roma fue fundada, ni tampoco desde que España fue poblada, rey, príncipe ni emperador, ni otra excelentísima mujer que reinos gobernase, ninguna hubo a quien con gozo maravilloso esta Reina no sobrepujase, y todos los pasados que por seguimiento de sus virtudes se puedan en ausencia alabar, todas en presencia desta Reina e Señora, con la mucha grandeza de sus obras e sin comparación se deberían callar; e segund dice la Sacra Escriptura, ninguno en su voluntad deba ser loado. Cosa digna de publicar e manifiesto es que el poderoso Rey Don Fernando así es doctado e compuesto de todas aquellas excelentes virtudes que desta christianísima Reina a hablar comenzamos, faltaría ingenio para haberlas de contar. Fueron Rey e Reina juntos por Dios escogidos, por Él ayuntados, que juntamente así ayuntados reinaron e gobernaron treinta años, y aunque en cuerpos dos, en voluntad y unión eran solo uno. Estos Reyes de templos y casas de Dios constituyeron obras innumerables, y hazañas tantas hicieron, que para más verdaderamente hablar no se podían escribir más brevemente.

MÜNZER, J.: *Relación del Viaje,* en GARCÍA MERCADAL, J.: *Viajes de extranjeros por España y Portugal,* vol. I, Madrid, 1952, p. 406. El viaje lo hizo entre 1494 y 1495.

La Reina tiene cuarenta y ocho años; es, pues, mayor que el rey, peor no representa más de treinta y seis; de elevada estatura, un tanto gruesa y de agradable faz. Son tales sus conocimiento de las artes de la paz, tal su sabiduría en las artes de la guerra, que parece mentira que una mujer pueda entender de tantas cosas. Piadosa sobre toda su ponderación, gasta grandes sumas en ornamentos para las iglesias; honra y respeta a los religiosos; funda monasterios. Durante la guerra de Granada, estuvo constantemente al lado de su esposo, siendo siempre atendidos sus consejos y advertencias. Siéntase con el rey a administrar justicia: oye los pleitos y las causas; resuelve los litigios ya por conciliación, ya por sentencia inapelable. Diríase que el Omnipotente, al ver languidecer España, envió a esta mujer excepcional para que, en unión de su marido, salvase a su patria de la ruina. Es, en fin, tan devota, tan pía, tan dulce de condición que intentaría en vano ensalzar cual se merecen todas sus virtudes. Hace la Reina infinitas limosnas. A los frailes de San Francisco que residen en Jerusalén les da todos los años mil ducados y preciosos ornamentos para el culto [...]. Doña Isabel se desvela constantemente por dotar a sus reinos de buenas leyes. Los judíos y conversos lleváronse mucho oro de España cuando fueron expulsados; pero el pueblo español, muy ostentoso en el vestir, emplea en sus trajes brocados de oro, telas de seda y otras de no menor valor, por lo cual se han dictado ordenanzas prohibiendo tales excesos, que mirado a evitar dispendios tan costosos, ya que, por despertarse la ambición, salgan las riquezas fuera del reino.

Hasta no ha mucho, cuando el rey estaba ausente, la reina dormía con sus doncellas y con los chiquillos; pero ahora, cuando acontece ausencia de su esposo, duerme con sus hijas y con algunas dueñas. Usa de esta costumbre con el fin de conservar incólume la reputación de su honestidad, pues la gente de Castilla es harto suspicaz y muy propensa a echar las cosas a mala parte.

El general de los franciscanos contóme en Toledo que en cierta ocasión oyó decir a la Reina que, de todos los bienes que con tanta largueza quiso concederle Dios, aquel por el que le está más obligada es el de haberle dado tan cumplido esposo. Este fraile ponderaba grandemente las virtudes de la Reina, y cierto que son bien dignas de elogio y de públicas alabanzas. Dos veces por semana, es, a saber: los martes y los viernes, reciben los reyes en audiencia a quienes lo solicitan, sin reparar en que sean ricos o pobres.

BERNÁLDEZ, A.: *Historia de los Reyes Católicos don Fernando y doña Isabel*, CAYETANO ROSELL, C. (ed. lit.) Biblioteca de Autores Españoles, LXX, Madrid, p. 722. Muerto en 1513.

Fue mujer muy esforzadísima, muy poderosa, prudentísima, sabia, honestísima, casta, devota, discreta, cristianísima, verdaderamente, clara, sin engaño, muy buena casada, leal y verdadera y sujeta a su marido, muy amiga de los buenos y buenas, así religiosos como seglares, limosnera, edificadora de templos, monasterios e iglesias [...] fue muy feroz y enemiga de los malos y de las malas mujeres.

Fue mujer muy hermosa, de muy gentil cuerpo y gesto y composición; muy celosa del pro y bien de estos reinos y de la justicia y gobernación de ellos; soberana en el mandar, muy liberal, y en su justicia, justa; en el juicio siempre proveída de muy alto consejo, sin el cual no se movía. Amiga de su casa, reparadora de sus criados, criadas y doncellas; muy concertada en sus hechos, celosa de su casa; dio de sí muy gran ejemplo de buena casada, que durante el tiempo de su matrimonio e reinar, nunca hubo en su corte otros privados en quien pusiese el amor sino ella del rey, y el rey de ella. Fue la más temida y acatada reina que nunca fue en el mundo que todos los duques, marqueses, condes, marqueses y grandes señores la temían y habían miedo de ella durante el tiempo de su matrimonio; y el rey y ella fueron muy temidos y obedecidos y servidos así de los grandes de sus reinos, como de las comunidades reales y de los señoríos, en tal manera que hubieron todos sus reinos y señoríos todo el tiempo que reinaron en paz y concordia y mucha concordia y los bandos fenecidos, los caminos seguros, los tableros del jugar quitados, los rufianes azotados y desterrados, los ladrones asaeteados; los pobrecillos se ponían en justicia con[tra] los caballeros y la alcanzaban.

¿Quién podrá contar la grandeza y el concierto de su Corte, los Prelados, los Letrados, el altísimo Consejo que siempre la acompañaron; los Predicadores, los Cantores, las músicas acordadas de la honra del culto divino, la solemnidad de las misas y horas que continuamente en su palacio se cantaban, la caballería de los nobles de toda España, Duques, Marqueses, Maestres, Condes y ricoshombres; los galanes, las damas, las justas, los torneos, la multitud de poetas y trovadores y músicos de todas artes, la gente de armas y guerra contra los moros que nunca cesaban, las artillerías e ingenios de infinitas maneras [...].

España fue, en tiempo de estos bienaventurados reyes don Fernando y doña Isabel, *durante el tiempo de su matrimonio*, más triunfante y más sublimada, poderosa, temida y honrada que nunca fue. Así, de esta muy noble y bienaventurada reina vivirá su fama siempre en España.

LA FORMA DE ADMINISTRAR JUSTICIA POR ISABEL LA CATÓLICA

FERNÁNDEZ DE OVIEDO, Gonzalo: *Las Quincuagenas*. Tercera parte, Estancia XI. BN. Ms. 2.219, ff. 27v-28r.

No me paresçe poco atrevimiento para mi flaco ingenio querer ya discantar la vida e historia de la Serenissima e Catholica Reyna doña Ysabel de inmortal memoria. Pero aunque yo no sea tan sufiçiente ni tal mi estilo para nauegar o discurrir por la muy alta e profunda mar de sus exçelençias, por poco que diga dellas será mucho comparado con todas las otras reynas de nuestro tiempo, pues aunque se junten todas y todo lo dellas se compare con ella, quedarán muy atrás cotejadas con esta crystianísima reyna nuestra, a la qual en deuoçión las muy religiosas [no] le darían ventaja y a todas sobrepasaua.

En hermosura puestas delante de su alteza todas las mugeres que yo he visto, ninguna vi tan graçiosa ni tanto de ver como su persona no de tal meneo e autoridad honestisima. Verla hablar era cosa divina el valor de sus palabras e con tanto e tan alto peso e medida que ni dezía menos ni más de lo que hazía al caso de los negoçios e a la calidad de la materia de que tractaua. Acuérdome verla en aquel alcázar de Madrid con el cathólico rey don Fernando 5. de tal nombre, su marido, sentados públicamente por tribunal todos los viernes e dando audiençia a chicos e grandes quantos querían pedir justicia, e a los lados en el mismo estrado alto, al qual subían por çinco o seys gradas, en aquel espacio fuera del cielo del dosel, estaua un vanco de cada parte en que estauan sentados doze oidores del Consejo de la justiçia e el presidente del dicho Consejo Real e de pies estaua el escriuano de los del Consejo llamado Castañeda que lehía públicamente las peticiones e al pie de las dichas grada estaua otro escriuano de cámara del Consejo que en cada petiçión asentaua lo que se prouehía e a los costados de aquella mesa, donde dichas peticiones parecían, estauan de pies seys vallesteros de maça e a la puerta de la sala desta audiencia real estauan los porteros que libremente dexauan entrar, e así lo tenían mandado, a todos los que querían dar petiçiones. E los alcaldes de corte estauan allí para lo que convenía o se auía de remitir o consultar con ellos. En fin aquel tiempo fue áureo e de justiçia e el que la tenia valíale. E visto que después que Dios llevo esa sancta reyna es mas trauajoso negoçiar con un moço de un secretario que entonces era con ella e su Consejo, e más cuesta, oficio es del mundo que ninguna cosa esté en su ser. Yo escreuí el Cathálogo de los reyes de España e quise por sus quatro abuelos dezir al Emperador su prosapia e çesárea magestad se quiso seruir de aquel tractado que era de quinientas o mas hojas de marca real y desta mi mano e letra e allí dixe parte de lo que vi e alcançe de aquella bendita reyna a su nieto el año de 1535 años, al tiempo que su magestad cesárea se partió para África cuando tomó la goleta de Túnez, e ni allí ni en otros muchos volúmenes no se podría dezir tanto en su loor quánto ella meresció e fue dotada de Dios. Se yo muy bien como testigo de vista que de su muerte, que fue en Medina del Campo a de 1504 [*sic*] años, a ningún malo en España le pesó ni a ningún bueno le plugo ni dexó de llorarla, porque luego los viciosos triunpharon y los honestos y virtuosos fueron en menos tenidos o estimados e luego la justiçia se eclipsó en sus ministros e mostró la cara muy diferençiada de sus sentençias y efecto, los estados de los ombres mudaron la costumbre e in fin todo se trocó e mudó en tan diferente manera como es lo blanco de lo prieto e el día de la noche. Y pues biuen muchos que son testigos de quanto digo no es menester dilatar esta historia.

Otras muchas victorias e notables fechos pasaron en tiempo desta catholica e bendita reyna doña Isabel de gloriosa memoria que sin mucho tiempo no se pueden expresar por su gran número. Pero solo una quiero que sepais, que por ser ella tan parcial e amiga de buenas mugeres e tan enemiga de las deshonestas, no avia en sus reynos muger tan mala que no procurase de paresçer honesta e virtuosa, ni ombre tan viçioso e torpe que no se esforçase en aparesçer bueno e modesto o no avia de biuir en poblado sin que le faltase su castigo a proporçión de sus delitos conforme a la justiçia.

LA CONTINUACIÓN DE LA LEYENDA EN TIEMPOS DE CARLOS V: COMO EJEMPLO, LOS ELOGIOS POR BOCA DE UN HUMANISTA SICILIANO HISPANIZADO

MARINEO SÍCULO, L.: *De Rebus Hispaniae memorabilibus*. Compluti, per Michaelem Eguía, mense maii, anno MDXXXII. Alcalá 1533, fols. 105v, 122 r y v. (Versión de Rodríguez Valencia, pp. 201-204).

Aunque fue persona encumbrada, sin embargo era humilde, mansa, afable; aunque mujer, pero fuerte, varonil y constante; poderosa, pero recta en la justicia y de ella inseparable; rica, pero dadivosa, no ávida de riquezas, sino obsequiosa, espléndida, liberal y magnánima; reina absorbida por múltiples y graves asuntos de gobierno, pero religiosísima como un sacerdote entregado al culto de Dios, de la Virgen, de los santos, rezando las horas canónicas como los sacerdotes y otras muchas oraciones y devociones particulares, como devotísima y cristiana que era; dada a las cosas divinas mucho más que a las humanas. Y por estas oraciones, méritos y santas obras de Dios miró benignamente a su pueblo y al reino de España y le ayudó engrandeció, defendió y encumbró. Y así, del estado de postración en que se encontraban Reyes y pueblo les elevó al más encumbrado honor, a la más alta prosperidad, al más sublime destino divino. Con razón se les ha dado ese título de religiosa grandeza, porque siempre estuvieron unidos a Dios, el solo altísimo, óptimo, máximo, omnipotente, en la contemplación de sus misericordias y en la acción de gracias por sus beneficios inmensos. Todo les salía bien, porque anteponían lo divino a lo humano.

Fue abstemia, no bebía vino ni jamás lo probó. Amaba apasionadamente al Rey hasta el punto de que los celos la tenían atenta y al acecho de cualquier insidia e infidelidad que pudiera producirse en su casa o en la corte para alejarla con prudencia y reserva. Tenía consigo gran número de damas virtuosas y nobles, a quienes distinguía con un trato llano y familiar. Educaba a sus expensas a gran número de jóvenes hijas de los Nobles, atendiendo con solicitud a su custodia; después las procuraba un honorable partido y proveía con esplendidez a su dote matrimonial, principalmente a las más honestas y recogidas. En lo tocante al culto divino era activa y dispendiosa; tenía gran número de sacerdotes elegidos por su ciencia sagrada y por su cuidadosa celebración de los actos de culto; también, cantores y niños para el servicio de la capilla, con profesores competentes para su educación. Sentaba a su mesa a hijos de nobles y proveía a su educación literaria y moral alejándoles así del juego y demás vicios. En la provisión de los Obispados y Beneficios mayores, atendía más a la virtud y honestidad que a la nobleza o la ciencia; por eso se vio a algunos, de los más remisos y deficientes en el ministerio y en la tonsura clerical, cambiar de vida, andar despacio y con los ojos bajos, simulando más que practicando virtud. Imposible contar los gastos que hacía en ornamentos sagrados y necesidades del culto; era una mujer que a todo atendía y en todo proveía lo mismo al culto divino que al Gobierno del Reino; tan ardiente era en el amor y en el celo de la religión cristiana y del culto divino, que, a pesar de los múltiples asuntos de gobierno que día y noche la obligaban, era su vida más contemplativa que activa: nunca faltaba a los divinos oficios y actos religiosos, y además de sus muchas y especiales oraciones y devociones particulares, rezaba todos los días las Horas canónicas de los sacerdotes. Medía a los hombres por la modestia, la gravedad, el poco hablar, la constancia.

LUCIO MARINEO SÍCULO: *De las cosa memorables de España*. Alcalá de Henares, en Juan de Brocar, 1539. (De Rodríguez Valencia, pp. 204-205 y 206-208).

Hallarán finalmente los grandes Príncipes, y trabajarán de imitar la humanidad, clemencia, fortaleza y prudencia del rey don Fernando, y las muchas virtudes de la Reyna doña Ysabel. Y aunque era muy alta, era mansa, humilde, y afable. Y aunque muger era varonil, fuerte y constante. Y aunque muy poderosa guardaua la rectitud de la justicia continuamente. Era rica, no escassa, no guardadora ni cobdiciosa de riquezas, hazía mercedes, era liberal y magnánima. Y aunque Reyna y ocupada en muchos y grandes negocios, muy religiosa, muy deuota de Dios y de la Virgen sancta María, y de todos los sanctos y sactas. Cada día dezía no solamente las horas canónicas, mas como Christianissima muchas oraciones votiuas. Holgaua mucho de saber las cosas diuinas y humanas. Y por sus oraciones y sanctas obras y méritos la benignidad de Dios siempre fauoreció sus deseos y las cosas de España, y assí las defendió y ayudó y engrandesció. Y de pocos principios sublimó Dios a estos Príncipes Cathólicos y fieles a muy grandes honrras, y a muy subida cumbre de cosas, y para sí los allegó; y no sin causa fueron llamados muy altos. Porque contemplando ellos las obras marauillosas de Dios y sus grandes beneficios, y dándole continuamente gracias siempre se llegaron a Dios: el qual solo es muy alto, muy grande, solo Él muy bueno, solo Él todopoderoso. Sucedíanles todas las cosas prósperamente; porque siempre tenían en mas las cosas diuinas que las humanas. Dióles Dios de más de otros bienes no solo grandes varones en sus consejos llenos de sciencia y de fe, más caualleros estremados [...]. Inspirados por Dios honrrauan mucho y aprouechauan a los buenos y virtuosos.

Pues hemos hecho mención de las condiciones y virtudes del Rey, pide razón que también digamos las grandes excellencias y loores de la Reyna memorables. Mas por no ser muy prolixo primeramente digo que quanto toca a la estatura de su cuerpo y hermosa composición de sus miembros y persona, todo se puede dezir della lo que del Rey diximos. Porque todo lo que auía en el Rey de dignidad se hallaua en la Reyna de graciosa hermosura, y entrambos se mostraua una majestad venerable, aunque a juizio de muchos la Reyna era de mayor hermosura, de ingenio más biuo, de coraçón más grande y de mayor grauedad. Fue esta excelente Reyna gran amadora de virtud, deseosa de grandes loores y clara fama. Fue abstemia, que vulgarmente dezimos aguada. La qual no solamente no beuió vino más aún ni lo gustó jamás. Amaua en tanta manera al Rey su marido que andaua sobre auiso con celos a ver si amaua a otras; y si sentía que miraua alguna dama o doncella de su casa con señal de amores, con mucha prudencia buscaua medios y maneras con que despedir aquella tal persona de su casa con mucha honrra y prouecho. Tenía consigo muchas damas nobles de linaje y señaladas en virtud y gran número de donzellas; a las quales trataua con mucha humanidad y les hazía muchas mercedes. Assimismo criaua en su palacio muchos hijos de grandes señores, con grandes gastos; y a las donzellas mandaua guardar con gran diligenzia, y después de crescidas magníficamente las casaua, y con ricos dotes honrradamente las enbiaua a sus casas; y especialmente a las que casta y honestamente hauían biuido. Hablaua el lenguaje castellano elegantemente y con mucha grauedad. La cual, aunque no sauía la lengua latina, holgaua en gran manera de oyr oraciones y sermones latinos; porque le parescía cosa muy exellente la habla latina bien pronunciada. A cuya causa siendo muy desseosa de lo sauer, fenescidas las guerras en España, aunque estaua en grandes negocios ocupada, començó a oyr lectiones de grammática; en la cual aprouechó tanto que no solo podía entender los Embaxadores y oradores latinos, mas pudiera fácilmente interpretar y transferir libros latinos en lengua castellana. En las cosas del culto diuino se puede fácilmente juzgar si más era diligente que liberal, porque en estas dos virtudes tenía gran perfición. Tenía gran número de capellanes y cantores. Escogía los sacerdotes muy sabios y diestros en las cosas sagradas y cerimonias de la Iglesia. Assí mismo tenía moços de capilla para los quales tenía maestros de letras y de canto muy doctos que los enseñassen [...]. Para los pajes que la siruían a la mesa de noble linaje, porque no se ensuziassen en juegos y otros vicios estando ociosos, mandaua también que fuessen enseñados en letras y buena criança. Demás desto, tenía por costumbre que cuando auía de dar alguna dignidad o Obispado, más miraua en virtud, honestidad y sciencia de las personas que las riquezas y generosidad, aunque fuessen sus deudos. Lo qual fue causa que muchos de los que hablauan poco y tenían los cabellos más cortos que las cejas, començaron a traer los ojos baxos mirando la tierra y andar con más grauedad y hazer mejor vida, simulando por ventura algunos más la virtud que exercitándola. Sería cosa muy difficultosa saber el precio de lo que gastaua en comprar ornamentos para los altares y ministros dellos, y otras cosas al culto diuino necessarias.

Era tan proveyda en todo que teniendo mucha attención y deuoción en lo diuino, no dexaua de tener cuydado de proueer lo humano. Era tanto el ardor y diligencia que tenía cerca del culto diuino que aunque de día y de noche estaua muy ocupada en grandes y arduos negocios de la gouernación de muchos reynos y señoríos parescía que su vida era más contemplativa que actiua. Porque siempre se hallaua presente a los diuinos officios y a la palabra de Dios. Era tanta su attención que si alguno de los que clebrauan o cantauan los psalmos o otras cosas de la yglesia erraua alguna dición o syllaba lo sintía y lo notaua y después como maestro a discípulo se lo enmendaua y corregía. Acostumbraua cada día dezir todas las horas canónicas de más de otras muchas votiuas y extraordinarias deuociones que tenía. Era gran amadora y hazía mucha honrra a las personas graues, modestas, calladas y constantes en la virtud y assí mismo aborrescía los hombres liuianos parleros, importunos y mudables.

Notas

[1] Para más textos documentales, puede consultarse la obra de RODRÍGUEZ VALENCIA, V.: *Opinión de españoles y extranjeros...*, en especial el vol. I. No obstante, el autor no ordena los textos pensando en la facilidad de su uso y, por otro lado, no se distingue qué texto es informativo o cuál ideológico. Naturalmente podríamos insertar más textos de los que aquí van, pero entonces entraríamos en otro estudio, apasionante sin duda, pero que nos desborda ahora: la fama de Isabel a lo largo de la Historia.

III. Árbol genealógico

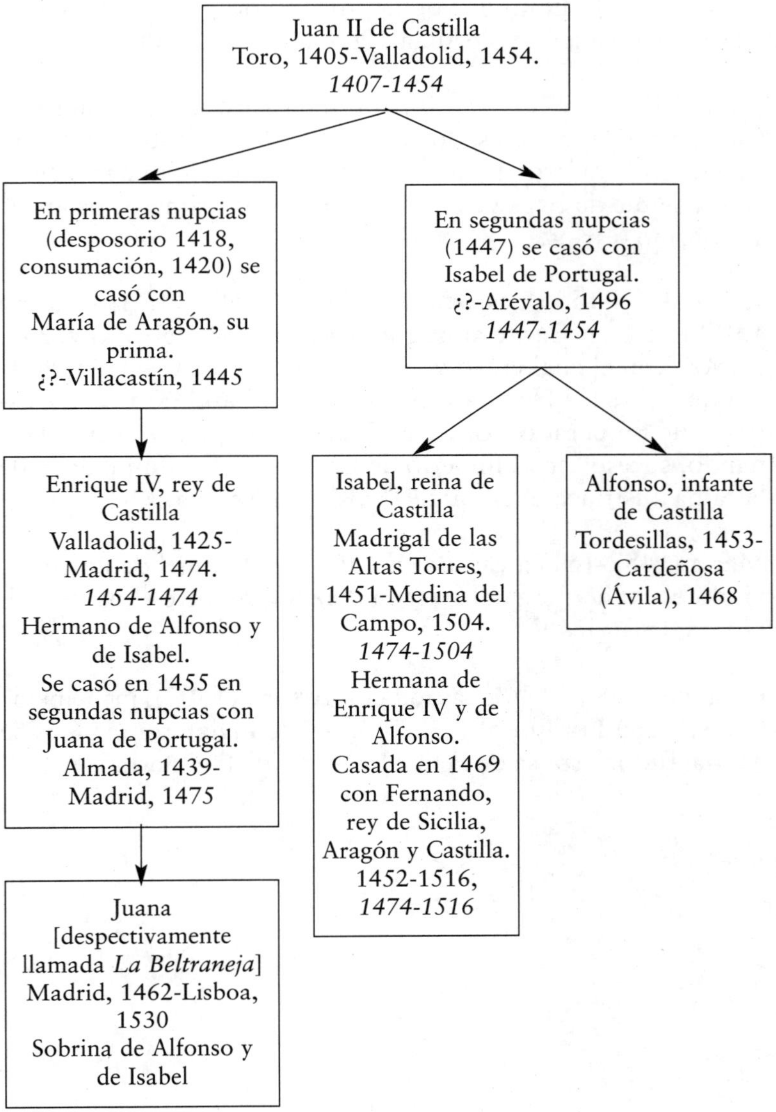

Los hijos de Isabel y Fernando fueron:

Isabel (1470-1498), casada en 1490 con Alfonso de Portugal y en segunda nupcias con su hermano Manuel (1497). Murió de parto en 1498. El niño, Miguel, fue jurado príncipe heredero de Castilla, Aragón y Portugal. Pero murió en 1500.

Juan (1478-1497). Gran ilusión de los Reyes. Heredero de Castilla y Aragón. Casado en 1497 con la infanta Margarita de Austria. Tuvieron un hijo póstumo que nació muerto. Margarita se fue de España y se encargó de los primeros pasos de su sobrino Carlos.

Juana (1479-1555), casada en 1496 con Felipe de Austria. En 1500 nació en Gante su segundogénito, primer hijo varón, Carlos, con el cual entró una nueva dinastía en España, la de la familia de los Habsburgos, que formaban la Casa de Austria. Fue Emperador. En 1503 Juana y Felipe tuvieron a Fernando, sucesor en el Imperio de Carlos V y «re-fundador» de la rama austríaca imperial de la Casa de Austria.

María (1482-1517), casada en 1500 con Manuel de Portugal, viudo de su hermana. Tuvieron diez hijos, entre ellos, Isabel, esposa de Carlos V.

Catalina (1485-1536), casada con Arturo (1502), príncipe de Gales, y con Enrique VIII (1509), rey de Inglaterra. Madre de María Tudor, esposa de Felipe II y reina de Inglaterra.

IV. Algunas fechas clave

1405. 6 de marzo. Nace en Toro (Zamora) Juan II, padre de Enrique, Isabel y Alfonso.

1421. Primer matrimonio de Juan II. Su esposa, María de Aragón.

1425. 5 de enero. Nace en Valladolid el futuro Enrique IV.

1440. 15 de septiembre. Primer matrimonio del príncipe Enrique con Blanca de Navarra. Será anulado sin consumación (1453).

1447. 2 de julio. Segundo matrimonio de Juan II, con Isabel de Portugal.

1451. 22 de abril. Nace Isabel de Trastámara en Madrigal de las Altas Torres.

1453. 13 de noviembre. Nace el infante Alfonso en Tordesillas (Valladolid).

1453. 20 de diciembre. Capitulaciones matrimoniales entre Enrique y Juana de Portugal, la que será su segunda esposa.

1454. Muerto Juan II, Enrique IV, rey de Castilla.

1454-1461. Isabel vive en Arévalo con su madre, Isabel.

1455. 25 de febrero. Segundo matrimonio de Enrique IV por poderes. El 20 de mayo, se celebra la velación en Córdoba.

1461. Isabel y Alfonso son trasladados de Arévalo a Segovia, a la corte.

1462. 28 de febrero. Nace Juana de Castilla que es jurada princesa heredera por las Cortes de Castilla, en Madrid, el 9 de mayo.

1464. La nobleza se revuelve contra Enrique IV. Se proclama a Alfonso príncipe de Asturias.

1465. Isabel tiene Casa propia en Segovia.

1465. 6 de junio. Farsa de Ávila. Enrique IV es depuesto por una parte de la nobleza y se proclama al niño Alfonso como rey.

1465-1468. Guerra civil.

1468. 5 de julio. Muere Alfonso en Cardeñosa. Isabel no acepta el título de Reina, sí el de Princesa heredera que le propone una parte de la nobleza.

1468. Agosto. La reina Juana huye de Alaejos embarazada por su amante.

1468. 19 de septiembre. Guisando. Isabel, princesa de Asturias. Juana de Castilla, humillada.

1469. Septiembre-mayo. Isabel en Ocaña a la espera del cumplimiento de los acuerdos de Guisando. Múltiples negociaciones matrimoniales.

1469. 7 de enero. Capitulaciones matrimoniales de Isabel y Fernando en contra de la voluntad del Rey tal y como se había pactado en Guisando. Enrique IV sigue sin cumplir totalmente sus compromisos.

1469. Mayo. Isabel se fuga de Ocaña y llega a Valladolid en agosto.

1469. 19 de octubre. Matrimonio de Isabel y Fernando en Valladolid.

1470. 25 de octubre. Valdelozoya: Enrique IV deshereda a Isabel y legitima a Juana.

1471. 1 de diciembre. Bula de Sixto IV por la que se dispensa la consanguinidad de los príncipes. Vendría a soslayar todos los problemas canónicos que se pudieran aducir del matrimonio entre Isabel y Fernando a pesar de contar con una dispensa extrasacramental del legado papal Venier, de 19 de octubre de 1469.

1474. Diciembre. Reconciliación de Segovia entre Enrique, su hermana y su cuñado.

1474. 11 de diciembre. Muere en Madrid el rey Enrique IV.

1474. 13 de diciembre. Isabel se proclama reina de Castilla.

1475. Enero. Fernando, rey de Castilla. Concordia de Segovia por la que se definen las líneas maestras de la gobernación de los territorios de los cónyuges.

1475. 30 de mayo. Alfonso V de Portugal y Juana de Castilla, reyes.

1475-1479. Guerra civil. 28 de enero de 1476, Burgos se rinde a los isabelinos. 1 de marzo de 1476, batalla de Toro. 24 de febrero de 1479, batalla de Albuera. 9 de octubre de 1478, paz con Francia, aliada de Portugal y de Juana. 4 de septiembre de 1479, Tratado de paz de las tercerías, firmado en Alcaçovas. 15 de noviembre de 1480, Juana profesa en las clarisas de Coimbra.

1478. Noviembre. Bula de fundación de la Inquisición.

1480. Cortes de Toledo.

1482. 2 de enero de 1492. Guerra de Granada.

1486. 12 de octubre de 1492: América. 20 de enero de 1486, primera entrevista de Colón con Isabel en Alcalá. 1488, Colón se entrevista con el rey de Portugal. 1489, Colón de nuevo en la corte de Castilla. 1491, Colón en La Rábida. 17 de abril de 1492, Capitulaciones de Santa Fe. 3 de agosto de 1492, zarpan las naves. 12 de octubre, Descubrimiento de América. 13 de abril de 1493, Colón en Barcelona ante los Reyes.

1492. 31 de marzo. Decreto de expulsión de los judíos.

1492. 7 de diciembre. Atentado contra el Rey en Barcelona.

1495. Empiezan las Guerras de Italia.

1496. 19 de diciembre. Alejandro VI les concede el título de Reyes Católicos.

1499. Cisneros en Granada.

1500. Procesos de conversión forzosa de los musulmanes granadinos. Guerra. 12 de febrero de 1502, expulsión de los musulmanes no convertidos. Los que permanezcan son *moriscos*.

1499-1500. Los «cuchillos» de Isabel. La muerte le arrebata a hijos y nieto.

1504. Verano. Fernando e Isabel, enfermos.

1504. 12 de octubre. Testamento. 23 de noviembre, codicilo.

1504. 26 de noviembre. Fallece en Medina.

1504. Noviembre-diciembre. Sus restos son trasladados a Granada.

BIBLIOGRAFÍA

El sentido de este texto no está en hacer una exhaustiva recopilación de obras escritas sobre Isabel, lo cual es, por otro lado, prácticamente imposible. Sin embargo, un historiador no se siente bien si no cita aquellos textos que ha manejado y que le han servido para fijar opiniones, desterrarlas o construirlas. El historiador debe trabajar tanto sobre documentación de archivo, cuanto sobre textos impresos, y todo sirve, independientemente de cuándo se publicó o por quién: así la historiografía es tan importante como el escribir historia.

En las páginas siguientes señalo sólo algunos títulos, los mencionados en las notas a pie de página. Si son insuficientes, el lector bien puede ampliar su acervo cultural yendo a la bibliografía de esos trabajos o bien consultando alguna dirección de Internet. Te propongo que manejes la red de bibliotecas del CSIC: como es el único Organismo Público de Investigación del Estado español (las Universidades son autónomas), puede permitirse ciertas actividades que son imposibles en un estado autonómico. Entre esos logros está el de que se pueda consultar qué hay disperso por las bibliotecas españolas de la institución: http://sauco.csic.es:4505/ALEPH

Desde que este libro se concluyó hasta que aparezca han salido varias biografías de la Reina y algunos estudios sobre el reinado. La ventaja de lo que hacen los historiadores está en que sus creaciones responden a un rigor epistemológico que otros no pueden tener.

Una colección documental de capital importancia es el CODOIN, esto es: *Colección de Documentos Inéditos para la Historia de España*, realizada en el siglo XIX y reeditada por la ed. Kraus Reprint Ltd., Vaduz, 1964.

ALBA, duque de Berwick y de: *Correspondencia de Gutierre Gómez de Fuensalida. Embajador en Alemania, Flandes e Inglaterra (1496-1509)*, Madrid, 1907.

ALONSO-FERNÁNDEZ, F.: *Historia personal de los Austrias españoles*, Madrid, 2000.

ALVAR EZQUERRA, A. (coord.): *Imágenes históricas de Felipe II*, Centro de Estudios Cervantinos, Alcalá de Henares, 2000.
—, «Carlos V, de Bruselas a El Escorial», en *Torre de los Lujanes* (Madrid), 41 (2000), pp. 87-110.
—, *Carlos V, de Gante a El Escorial,* eds. TF para BBV, Madrid, 1998.
ALVAR, M.: *Endechas judeo-españolas*, Granada, 1953.
—, *Nebrija y estudios sobre la Edad de Oro*, CSIC, Madrid, 1997.
—, *Poesía tradicional de los judíos españoles*, Méjico, 1966.
ANGLERÍA, Pedro Mártir de: *Epistolario, estudio y traducción* por J. LÓPEZ DE TORO, en *Documentos inéditos para la Historia de España*, tomos IX a XII, Madrid, 1953.
ANGULO ÍÑIGUEZ, D.: «Isabel la Católica: sus retratos, sus vestidos y sus joyas», discurso de apertura del curso académico de 1951, Libr. Moderna, Santander, 1951.
AZCONA, T. de (O.F.M.): *Estudio crítico de su vida y su reinado,* Biblioteca de Autores Cristianos, Madrid, 1964.
—, «El príncipe don Juan, heredero de los Reyes Católicos en el V centenario de su nacimiento (1478-1497)», en *Cuadernos de Investigación Histórica* (Madrid), 7 (1983), pp. 219-252.
—, *Juana de Castilla, mal llamada La Beltraneja (1462-1530),* ed. FUE, Madrid, 1998.
BECEIRO PITA, I.: «Modelos de conducta y programas educativos para la aristocracia femenina (siglos XII-XV)» en LÓPEZ BELTRÁN, M. T.: *De la Edad Media a la Moderna: mujeres, educación y familia en el ámbito rural y urbano,* Málaga, 1999, pp. 39-72.
BENITO RUANO, E. (ed. lit.): *El libro del limosnero de Isabel la Católica*, Ministerio de Asuntos Sociales, Madrid, 1989.
BERMEJO DE LA RICA, A.: *El triste destino de Enrique IV y la Beltraneja*, eds. Lepanto, Madrid, s. f., pero 195?
BRANS, J. V. L.: *Isabel la Católica y el arte hispano-flamenco*, Ediciones de Cultura Hispánica, Madrid, 1952.
BUJANDA, J. M.: *Index de l'Inquisition espagnole (1551, 1554, 1559),* Université de Sherbrooke, Quebec, 1984.
CAMÓN AZNAR, J.: «Sobre la muerte del príncipe don Juan», discurso leído en el acto de su recepción pública el día 24 de marzo de 1963, Real Academia de la Historia, Madrid, 1963.
CARMELO DEL NIÑO JESÚS, O.C.D.: «Dirección espiritual de Isabel la Católica», en *Revista de Espiritualidad* (Madrid), 42 (1952), pp. 166-192.
CHECA CREMADES, F., Y DÍEZ DEL CORRAL, R. (comisarios): *Reyes y mecenas. Los Reyes Católicos-Maximiliano I y los inicios de la Casa de Austria en España*, Madrid, 1992.
COMENDADOR ROMÁN: *Décimas al fallecimiento del príncipe don Juan*, Sevilla, 1890.

CONTINUACIÓN de la Crónica de Pulgar por un autor anónimo, ed. lit. CAYETANO ROSELL, C. 3 vols. en Biblioteca de Autores Españoles, LXVI, LXVIII y LXX, Madrid, 1953.
CÓRDOBA, fray Martín de: *Jardín de nobles doncellas*, estudio preliminar de RUBIO, F. (O.S.A.), en Biblioteca de Autores Españoles, *Prosistas castellanos del siglo* XV. II, eds. Atlas, Madrid, 1964.
CRÓNICA anónima de Enrique IV de Castilla, 1454-1474 (Crónica castellana), Ed. crítica de María Pilar SÁNCHEZ-PARRA, Eds. de la Torre, Madrid, 1991.
DOMÍNGUEZ CASAS, R.: *Arte y etiqueta de los Reyes Católicos. Artistas, residencias, jardines y bosques*, Editorial Alpuerto, Madrid, 1993.
DOMÍNGUEZ ORTIZ, A.: *passim.*
ENRÍQUEZ DEL CASTILLO, Diego: *Crónica del rey don Enrique el Quarto de este nombre*, ed. de Aureliano SÁNCHEZ MARTÍN, Universidad de Valladolid, Valladolid, 1994.
FAGEL, R.: «La cultura de Corte en España y los Países Bajos alrededor de 1500», en *Torre de los Lujanes* (Madrid), 44 (2001), pp. 27-41.
FERNÁNDEZ ÁLVAREZ, M.: *Corpus documental de Carlos V...*, 5 vols. Univ. de Salamanca, 1973-1981.
—, *Juana la Loca. La cautiva de Tordesillas*, Madrid, 2000.
FERNÁNDEZ DE OVIEDO, G.: *Libro de la Cámara Real del Príncipe don Juan e offiçios de su casa e seruiçio ordinario*, Sociedad de Bibliófilos Españoles, Madrid, 1870.
FERRARA, O.: *Doña Isabel la Católica y doña Juana (La Beltraneja). Réplica a las críticas de don Féliz de Llanos y Torriglia*, eds. Orbe, S.A., Madrid, 1947.
FIRPO, A. R.: «Los reyes sexuales (ensayo sobre el discurso sexual durante el reinado de Enrique IV de Trastámara, 1454-1474)», *Melanges de la Casa de Velázquez* (Madrid), XX (1984), pp. 217-227.
FONSECA, Luis A.: «La época de Enrique IV de Castilla y Juana II de Aragón» en *Historia General de España y América*, vol. V, Rialp, Madrid, 1981.
GALÍNDEZ DE CARVAJAL, L.: *Crónica de Enrique IV*, ed. de Juan TORRES FONTES, CSIC, Murcia, 1946
GARCÍA MERCADAL, J.: *Viajes de extranjeros por España y Portugal*, 3 vols., Madrid, 1952.
GARCÍA ORO, J.: *El cardenal Cisneros. Vida y empresas*, 2 vols., Biblioteca de Autores Cristianos, Madrid, 1992.
—, *La reforma de los religiosos españoles en tiempos de los Reyes Católicos*, Instituto Isabel la Católica de Historia Eclesiástica, Valladolid, 1969.
GIL FERNÁNDEZ, L.: *Panorama social del humanismo español, 1500-1800*, ed. Alhambra, 1981.
GÓMEZ MORENO, A.: *España y la Italia de los humanistas. Primeros ecos*. Ed. Gredos, Madrid, 1994.

LADERO QUESADA, M. A.: *La España de los Reyes Católicos,* Alianza ed., Madrid, 1999.
—, *Los mudéjares de Castilla en tiempos de Isabel I,* Instituto «Isabel la Católica» de Historia Eclesiástica, Valladolid, 1969.
LLANOS Y TORRIGLIA, F.: *Catalina de Aragón, Reina de Inglaterra (conferencia leída en la Unión de Damas Españolas...)*, Madrid, 1914.
—, *En el hogar de los Reyes Católicos y cosas de sus tiempos*, Eds. Fax, Madrid, 1946.
LUCAS-DUBRETON, J.: *El rey huraño. Enrique IV de Castilla y su época,* eds. Morata, Madrid, 1945.
MARAVALL, J. A.: *Antiguos y modernos. La idea de progreso en el desarrollo inicial de una sociedad*, Sociedad de Estudios y Publicaciones, Madrid, 1966.
MATA CARRIAZO, J. (ed. lit.): *Crónica de don Álvaro de Luna. Condestable de Castilla. Maestre de Santiago*, Espasa-Calpe, Madrid, 1940.
MATEOS, I.: «Los trabajos de Hércules en las sillerías de coro góticas españolas», en *Archivo español de Arte* (Madrid), 189 (1975), pp.43-55.
MATILLA TASCÓN, Antonio: *Declaratorias de los Reyes Católicos sobre reducción de juros y otras mercedes*, Madrid, 1952.
MATTINGLY, G.: *Catherine of Aragon,* Londres, 1942.
MEMORIAS de don Enrique IV de Castilla..., Real Academia de la Historia, Madrid, 1835-1913.
MORALES MUÑIZ, María Dolores-Carmen: *Alfonso de Ávila, rey de Castilla,* Institución Gran Duque de Alba, Ávila, 1988.
PADILLA, L. de: *Crónica de Felipe I, llamado el Hermoso*, en CODOIN, 8, Madrid, 1846.
PALENCIA, A. de: *Crónica de Enrique IV*, 3 vols., estudio introductorio por PAZ Y MELIA; A. en Biblioteca de Autores Españoles, 171, 257 y 267, eds. Atlas, Madrid, 1964, 1973 y 1975.
PÉREZ PRENDES, J. M.: «Felipe II, hombre de Estado», en RODRÍGUEZ GIL, M. (ed. lit.): *Interpretatio. J. M. Pérez-Prendes Muñoz-Arraco. Pareceres (1956-1998),* 2 vols., Madrid, 1999.
PÉREZ PRIEGO, M. A.: *El Príncipe don Juan, heredero de los Reyes Católicos y la literatura de su época,* UNED, Madrid, 1997.
PÉREZ, J.: *La revolución de las Comunidades de Castilla,* ed. Siglo XXI, México-Madrid, 1985.
—, *La España de los Reyes Católicos,* ed. Cambio16, Madrid, 1992.
—, *Historia de una tragedia: la expulsión de los judíos,* ed. Crítica, Barcelona, 1993.
—, (dir.): *La hora de Cisneros,* eds. Complutense, Madrid, 1995.
—, *Isabel y Fernando, los Reyes Católicos,* eds. Nerea, Madrid, 1997.
—, «Felipe I y Juana la Loca», en *Torre de los Lujanes* (Madrid), 39 (1999), pp. 135-146.

—, *Carlos V,* ed. Temas de Hoy, Madrid, 1999.
—, *Las Comunidades de Castilla,* Madrid, 2000.
PFANDL, L.: *Juana la Loca, madre del Emperador Carlos V: su vida, su tiempo su culpa*, eds. Palabra, Madrid, 1999 (última ed.).
PRIETO CANTERO, A.: *Casa y descargos de los Reyes Católicos,* Instituto Isabel la Católica de Historia Eclesiástica, Valladolid, 1969.
PUYOL ALONSO, Julio: «Los cronistas de Enrique IV», *Boletín de la Real Academia de la Historia,* (Madrid) LXXVIII y LXXIX.
RODRÍGUEZ VALENCIA, V.: *Isabel la Católica en la opinión de españoles y extranjeros*, 3 vols., Instituto Isabel la Católica de Historia Eclesiástica, Valladolid, 1970.
RODRÍGUEZ VILLA, A.: *Doña Juana la Loca*, s.l., s.f.; hay edición en CD-ROM, Madrid, 1999.
RUIZ GARCÍA, E.: «El poder de la escritura y la escritura del poder», en NIETO SORIA, J. M. (dir.): *Orígenes de la Monarquía Hispánica: propaganda y legitimación (*ca. *1400-1520)*, Dykinson eds., Madrid, 1999, pp. 275-313.
RUMEU DE ARMAS, A.: *Itinerario de los Reyes Católicos (1474-1516),* CSIC, Madrid, 1974.
—, *Política indigenista de Isabel la Católica,* Instituto «Isabel la Católica» de Historia Eclesiástica, Valladolid, 1969.
SÁNCHEZ ALONSO, B.: *Historia de la historiografía española,* 3 vols. CSIC, Madrid, 1947.
SÁNCHEZ CANTÓN, F. J.: «Libros, tapices y cuadros que coleccionó Isabel la Católica», CSIC, Madrid, 1950.
SARASOLA, fray M.: *Isabel la Católica y el destino de doña Juana, La Beltraneja,* Univ. de Valladolid y CSIC, 1955.
—, *Isabel la Católica y la Beltraneja*, Universidad de Valladolid y CSIC, Valladolid, 1955.
SITGES, J. B.: *Enrique IV y la Excelente Señora, llamada vulgarmente doña Juana la Beltraneja*, Sucesores de Rivadeneyra, Madrid, 1912.
SUÁREZ FERNÁNDEZ, L.: *Isabel I, la Reina,* Ariel, Barcelona, 2000.
—, *Nobleza y Monarquía. Puntos de vista sobre la Historia política castellana del siglo* XV, Univ. de Valladolid, 1975 (2ª).
—, *Política internacional de Isabel la Católica,* Instituto «Isabel la Católica» de Historia Eclesiástica, Valladolid, 1965.
TESTAMENTOS de los Reyes de la Casa de Austria, 4 vols., ed. Nacional, Madrid, 1982.
TOLEDO, Dr. de: *Cronicón de Valladolid (1333-1539);* manejo la ed. facsímil de 1984, sobre la primera edición de mediados del XIX.
TORRE Y DEL CERRO, A. de la: «Maestros de los hijos de los Reyes Católicos», en *Hispania* (Madrid), LXIII (1956), manejo la separata.
—, *Cuentas de Gonzalo de Baeza, tesorero de Isabel la Católica*, 2 vols., CSIC, Madrid, 1955-1956.

—, *Testamentaría de Isabel la Católica,* Instituto Isabel la Católica de Historia Eclesiástica, Valladolid, 1968.

—, *La Casa de Isabel la Católica*, CSIC, Madrid, 1954.

TORRES FONTES, J.: *El príncipe don Alfonso y su itinerario. La contratación de Guisando (1465-1468),* ed. Univ. de Murcia, 1985 (2ª).

VAL, M. I. del: *Isabel la Católica, princesa (1468-1474),* Instituto Isabel la Católica de Historia Eclesiástica, Valladolid, 1974.

VALERA, Mosén Diego de: *Memorial de diversas hazañas, crónica de Enrique IV,* ed. de Juan de MATA CARRIAZO, Espasa-Calpe, Madrid, 1941 (1ª en la BAE, 1878).

—, *La muerte del rey. El ceremonial funerario de la Monarquía española (1500-1885),* eds. Turner, Madrid, 1990.

YARZA LUACES, J.: *Los Reyes Católicos. Paisaje artístico de una Monarquía,* eds. Nerea, Madrid, 1993.

ÍNDICE ONOMÁSTICO

p. 202 _76-14